期刊编辑与策划

姜　妍　著

吉林文史出版社

图书在版编目（CIP）数据

期刊编辑与策划 / 姜妍著. -- 长春 ：吉林文史出版社，2023.10
ISBN 978-7-5472-9923-4

Ⅰ．①期… Ⅱ．①姜… Ⅲ．①期刊编辑－研究 Ⅳ．①G237.5

中国国家版本馆 CIP 数据核字（2023）第 204977 号

期刊编辑与策划
QIKAN BIANJI YU CEHUA

出 版 人　张　强
著　　者　姜　妍
责任编辑　张焱乔
出版发行　吉林文史出版社
地　　址　长春市福祉大路 5788 号
印　　刷　武汉鑫佳捷印务有限公司
开　　本　710mm×1000mm　　1/16
印　　张　12.25
字　　数　220 千
版　　次　2023 年 10 月第 1 版
印　　次　2023 年 10 月第 1 次印刷
书　　号　ISBN 978-7-5472-9923-4
定　　价　78.00 元

前　言

　　《期刊编辑与策划》是一本系统研究期刊编辑与策划相关知识的专著。本书在阐述期刊的概念、外观要素、起源与发展、组织结构、类别、功能、定位等知识的基础上，对期刊编辑工作的主要内容、流程、模式等进行了详细的解析，并对期刊的集稿、组稿、审稿、编辑加工、校对、出版等进行相应的论述。同时，本书还提出了期刊经营策划、选题策划、栏目策划的方法与途径，并展望了期刊的数字化出版的未来前景，希望能够为我国期刊编辑与出版相关理论研究添砖加瓦。

目 录
CONTENTS

第一章　概论

第一节　期刊概述

一、期刊的概念

期刊是市面上一种常见的出版物。在街头报刊亭、书店、超市、地铁站和火车站中，总能发现期刊的存在。几十种甚至上百种各式期刊密密麻麻地摆放在货架上，看似拥挤，却总能吸引读者的注意，令其慷慨解囊。在街头面向大众发行的期刊只是期刊业的一角。事实上，更多的期刊作为一种专业出版物只在特定的行业领域内发行和流通，发行量虽然有大有小，但却都是重要的行业信息来源和学术交流渠道。

人们常常把"期刊""图书""报纸"并称为三大类型的出版物，我们也见过成千上万种形形色色的自称为期刊的出版物，那么这些出版物到底有什么共性呢？

到底该如何定义"期刊"呢？

联合国教科文组织（1964）：凡用同一标题连续不断（无限期）定期与不定期出版，每年至少出一期（次）以上，每期均有期次编号或注明日期的称为期刊。

《辞海》（1989）：期刊又名杂志。定期或不定期的连玉说续出版物，每期版式基本相同，有固定名称，用卷、期或年、月顺序编号出版。它有专业性和综合性两类。

国家新闻出版总署《期刊管理暂行规定》（1988）：期刊是指有固定名称，用卷、期或年、月顺序编号，成册的连续出版物。

《中国大百科全书》（新闻出版卷）（1990）：有固定刊名，以期、卷、号或年、月为序，定期或不定期连续出版的印刷读物。

国家新闻出版总署《期刊出版管理规定》（2005）：期刊又称杂志，是指有固定名称，用卷、期或者年、季、月顺序编号，按照一定周期出版的成册连续出版物。

从以上定义来看，其内涵大致相同，都把期刊定义为具有固定名称，以期、卷、号或年、季、月为序，按照一定周期出版的成册连续出版物。

在期刊编辑学研究领域中，众多学者对期刊的定义也进行了论证和阐述，并各自提出了自己的定义和观点。

徐柏容认为："期刊是一种定期出版的连续出版物，它按一定的方针编辑，刊登众多作者多样内容的文章，并以固定的刊名、相对固定的形式顺序编号、成册出版。"[①]

陈仁风认为："期刊至少应包括下列构成要素：刊名（或同一标题）；连续出版物每年至少出一期，用卷、期或年、月顺序编号，或注明出版日期；众多作者的作品汇编成册。"[②]

许清茂认为："杂志，又称期刊，是面向公众，定期或不定期成册连续出版的印刷品。刊期往往在一周以上，半年以内，有固定名称，以卷、期或年、月顺序编号出版，每期版式基本相同。"[③]

龚维忠认为："期刊是一种具有明确的编辑方针，刊登文章内容呈多样性，刊名、版面与开本有固定性，并以卷、期与年、季、月（旬、周）相连编序，定期连续印装成册的出版物。"[④]

比较以上几种定义可以看出，学者们都强调期刊必须具有统一的刊名、特定的编序方式和较为固定的开本与版式，内容则具有多样性，并连续出版。略微不同的是，有的学者特别强调期刊是印装成册的出版物，即期刊必须是一种基于纸张的印刷品。我们认为这种强调期刊载体形式的定义有待商榷。事实上，近年来随着出版业数字化转型，越来越多的出版物都在以数字媒介的形式展现。电子期刊早已不是新鲜事物，所以继续在期刊定义中强调其印刷属性，已显过时。

另外一个需要特别注意的问题是，在对期刊进行定义时，普通大众常常将杂志与期刊混为一词，互换使用。从期刊的发展历史以及这两个词汇的字面意思来

---

① 徐柏容 . 期刊编辑学概论 [M]. 沈阳：辽海出版社，2001：26.
② 陈仁风 . 现代杂志编辑学 [M]. 北京中国人民大学出版社，1995：2.
③ 许清茂 . 杂志学 [M]. 厦门：厦门大学出版社，2002：6.
④ 龚维忠 . 现代期刊编辑学 [M]. 北京北京大学出版社，2007：27.

看，它们既十分相似又略有差别。

我们常说的"杂志"源自英文单词"magazine"，最初它并不是指可以阅读的东西。追溯该词的来源可知 magazine 一词来源于阿拉伯语的"makhazhin"，原本是指"仓库"和"弹药库"。在用于指代"杂志"这类出版物以后，该词就有了"知识仓库"的意思，它强调出版物内容的多样性。"期刊"一词对应的英文词汇是 Journal。除期刊含义外，Journal 还有"航海日记、分类账"的意思。在表示期刊的意思时，Journal 强调出版的周期性和连续性，常见于国外科技学术类期刊的名称中。

在日常生活中，普通大众使用"杂志"一词比"期刊"一词略多。在 1949 年之前，大众对这种用同一名称、分卷期成册的连续出版物，一直称为杂志而很少称为期刊。例如文化界曾定 1936 年为"杂志年"而不是"期刊年"；张静庐办的"上海杂志公司"而不称"上海期刊公司"。在西方，Journal 常被用于称呼学术性刊物，而 Magazine 则被视为综合性、大众化一般刊物。

从编辑与制作的角度来看，期刊和杂志是同一类出版物在不同情景、语境或行业领域下的偏好称呼，其编辑流程、制作方法和生产工具都是一致的，并无明显区别。在本书中，我们将"期刊"等同于"杂志"，根据上下文情景会互换使用这两个相同的概念。

二、期刊的外观要素

当一本印刷好的期刊放置在你面前时，你必须清楚它的基本组成，对于期刊出版从业者来说尤其要掌握印刷期刊外观要素的专业名称。随着期刊出版技术发展和流行趋势的变化，期刊的外观要素在不断增加，表现形式也越来越丰富多彩，但一般来说，期刊的基本要素没有太大变化，包括以下几个方面。

（一）封面（又称封一、前封面）

期刊的封面通常印有期刊的刊名、标志、发刊日期、出版机构名称等内容，此外还有部分文章的标题、人物照片、条形码及定价信息。封面起着美化期刊和保护内页的作用。

（二）封底（又称封四、底封）

封底是期刊的最后一页，通常放置非正文部分的文字和图片，有些期刊在此页放置广告。

（三）书脊（又称封脊）

书脊是连接封面和封底的部分，通常印有刊名、发刊日期、出版机构等信息。不是所有的期刊都有书脊。

（四）封套

封套指单本期刊的外包装袋。在运输和展示时，封套可以保护期刊不受损伤。

（五）拉页

期刊的一类特殊页面，分为封面拉页、内页拉页。拉页一般是由尺寸与期刊开本相同的两页或多页以上的连续页面组成。拉页会增加期刊成本，只有广告主购买的时候才会使用。拉页可以提升广告展示的效果。

（六）夹页

夹页又称插页，包括征订卡、读者调查表、招聘表等，夹页的版面尺寸一般小于期刊开本范围，单独印刷，插装在期刊内的单页。

（七）广告刊例

广告刊例是期刊的广告报价单，展示广告呈现方式及其价格，以独立单页或者小册子的方式夹在期刊内。

（八）小礼品

小礼品是随杂志赠送的礼物，通常是生活常用的小物品，它能起到促销杂志的效果，在时尚类杂志中常见。

（九）别册

别册指定期或不定期，随期刊一起发售并赠送的小册子，功能多样，如周年庆典、读者论坛、广告、专题画册等。

（十）海报

海报指随杂志一起印制并免费发售的宣传单页，功能类似于别册。

（十一）前扉页

前扉页指一本杂志里位于右手的第一个页面。杂志类型不同，前扉页的功能也不同。通常消费类杂志的前扉页都是广告，有时候根据需要还有扉二、扉三、扉四，主要都是广告页面。

（十二）后扉页

后扉页指杂志里位于左手的最后一个面，很多杂志都在该页面发布与杂志相关的各种消息或者广告。

（十三）目录页

即期刊的栏目和文章目录，起到索引的作用。有些杂志将目录页放在封二、封三或封四上。

（十四）卷首页

卷首页通常出现在目录页之后。它是期刊主编的开场白，有时也会放主编的肖像照片或插图。

（十五）版权页

版权页是介绍期刊版权相关信息的页面，包括主办单位、出版单位、印刷单位、发行单位、出版日期、编辑姓名、发行范围、定价、国内统一刊号、广告许可证编号等信息。

（十六）篇章页

篇章页是指正文各篇、章起始前排的，印有篇、编或章名称的一面单页。篇章页只能利用单码，双码留空白。篇章页插在双码之后，一般做暗码计算或不计页码。

（十七）广告页

广告页是杂志中刊登广告的页面。广告页面的多少取决于杂志的类型、广告销售情况及其厚度。在直投杂志中，杂志的所有页面都是广告页。除此之外，大多数杂志中广告页是可有可无的。

（十八）软文（又称软宣）

软文是广告的一种类型，属于有偿刊登的内容，比广告页价格略低。软文通常是一段看似为新闻或故事的文字，它以一种潜移默化的说教方式达到宣传品牌或者产品的效果。

（十九）栏目

栏目是将期刊内容按照一定的分类规则进行划分的版块。一个栏目可以由一篇或多篇文章组成。栏目的标题一般较为固定。

（二十）正文

正文指构成文章主体内容的文字。在多数期刊中，正文部分体现了期刊的编辑方针、风格和灵魂。

（二十一）版面

期刊的版面由版心和边白构成。边白又由天头、地脚、切口和订口组成。版心指图文所占据刊物页面的面积。页眉是版心的一部分，排在横排刊物正文的上部或下部，其内容包括刊名、栏目名、题目、卷、期、年、月和页码等。

（二十二）图片／插图

图片和插图是期刊必不可少的组成部分。早期的杂志由于印刷技术的限制，主要使用插图。近年来随着印刷技术的进步和流行趋势的发展，越来越多的期刊开始使用大幅图片以吸引读者的眼球，达到更好的传播效果。尽管如此，部分期刊依旧保持着使用插图的传统。在某些情况下，使用插图比图片更能表达某种含义，所以两者相得益彰，相互补充。

（二十三）抽文

抽文是从文章正文中抽出的能高度概括或能吸引读者阅读的句子或段落。通常情况下，抽文以窗口的形式插在正文中，但在字体字号上与正文文字有区别。

（二十四）开本

开本是期刊的成品尺寸，考虑到印刷成本等因素，多数期刊选择标准开本（如16开、32开），少数杂志选择大16开和大32开的开本形式。

（二十五）纸张

纸张是期刊的印刷载体，它与期刊的定位关系十分密切。纸张的选择对期刊的成本影响很大。通常来说，广告页较多的"高端"杂志会选择使用高档纸张。纸张的选择也体现了杂志的风格。

（二十六）装订

装订就是将杂志所有的页面按顺序订在一起。它是期刊制作的最后一道工序。期刊的装订方式多样，常见的方式包括骑马订、无线胶订等。

三、期刊的性质

（一）从传播学角度看，期刊是一种大众传媒

从传播学的角度来看，传播形式主要包括五类：人内传播、人际传播、群体传播、大众传播和组织传播。期刊是一种典型的大众传播媒介，它和报纸、广播与电视都是在互联网出现之前最重要的大众传播载体。期刊在社会影响力上超越了一般的以新闻报道为主的报纸，如《时代》周刊、《财富》杂志、《明镜》周刊

在拥有悠久历史的同时，还拥有巨大的社会影响力和号召力。

（二）从出版学角度看，期刊是一种出版物

从出版学的角度来看，期刊是一种典型的出版物，它具有出版物所应包含的所有要素：经过编辑加工，以文字、图形、图像、声音或其他符号形式表现的内容，可供阅读、欣赏；有承载这些精神文化内容的载体；有一定量的复本，向公众发行传播。在电子期刊出现之前，期刊作为一类市面常见的印刷出版物，与报纸、图书、音像制品、电子出版物并称为五大出版物种类。

（三）从情报学角度看，期刊是一种科学交流工具

从情报学角度看，现代科学交流体系分为两大类：非正式交流和正式交流。非正式交流又被称为直接交流过程，是指科学信息在社会成员之间或非正式组织之间自由进行的交流。常见的非正式交流过程包括学术会议、私人通信、访问讲学、暑期研讨班、论文预印本等。正式交流是指科学信息通过社会合法组织之间的正规渠道，采用法律保护的形式进行的交流。今天，学术出版的形式已变得多种多样，学术期刊和图书著作已成为科学交流体系中最主要的正式交流渠道。

（四）从社会属性看，期刊是一种舆论宣传工具

期刊作为一种精神文化产品，在传播文化信息和科学知识的同时，也在传播和宣传某种文化思想或意识形态。"五四"前后，杂志称为宣传新文化和革命思想的阵地。中华人民共和国成立后，杂志又称为宣传社会主义建设思想的平台。

四、期刊的特点

（一）连续出版

所谓连续出版物（serials），是指具有统一题名，印有编号或年月顺序号，定期或不定期，在无限期内连续出版发行的出版物。它包括期刊、报纸、年鉴、年刊、指南、学会报告、丛刊、会刊、会议录等形式。由于连续出版物报道及时，出版连贯，数量、种类庞大，成为现代文献的一种主要类型。连续性出版物中最重要的品种形式就是期刊和报纸。

连续性出版物并无预定终结期，但这不意味着可以无期限连续出版下去。实际上，由于出版机构、出版资金等多种因素影响，所有的连续性出版物都有中止出版的一天。只是期限之长短，事先未曾计划和预定。

（二）出版周期固定

期刊的出版周期通常是固定的。当代期刊有周刊、双周刊、月刊、双月刊、季刊、半年刊以及年刊之分。所谓月刊就是每月出版一期，双月刊就是两个月出版一期，季刊就是每个季度出版一期，年刊就是每年出版一期。

近年来，期刊的出版周期有缩短的趋势。为了增加广告收入，部分时效性较强的期刊开始从双月刊改为月刊，月刊改为半月刊甚至周刊。如《读者》和《财经》由月刊改为半月刊、《三联生活周刊》由半月刊改为周刊。在科技类期刊中，期刊出版周期过长，会使许多质量较高的论文不能及时发表，以致影响学术交流，所以在保证稿件质量的前提下，缩短出版周期，减少发表时滞成为众多学术期刊不约而同的选择。新创期刊通常在初期选择季刊或月刊，随着办刊经验的成熟，逐渐缩短出版周期，改为半月刊或周刊。

（三）名称和风格稳定

为使读者能够很快辨识某一期刊，一般期刊在封面的外部特征相对成熟之后就让其相对定型，基本上不做大的变化，有助于树立期刊品牌形象。例如美国《国家地理》杂志创刊百年以来，封面上的黄边特征基本未曾改动过，读者无论何时何地都能一眼分辨出来，这种相对稳定的品牌形象给《国家地理》带来了无数荣誉。

除了在外观上拥有较稳定的风格外，期刊的编辑风格也是相对稳定的。期刊虽然是一期一期陆续编辑出版的，但各期都是按同样的编辑方针和编辑风格来制作的，体现了期刊编辑部，特别是期刊主编或总编的个人风格、思想与品位。

（四）题材多样、作者众多

期刊又称杂志，所以内容上的"博杂"是其显著特点之一，特别是某些大众杂志。由于读者对象的广泛性、层次的多样性、兴趣的丰富性存在，杂志的内容往往是博杂多样的。不同内容主题的文章被期刊编辑按照一定的编辑方针安排在同一本期刊中，这些文章也分别由不同的作者撰写完成。通常来说，文章的作者在写作时是分头进行的。为了将不同主题的文章组成一个有机的整体，从而构建和维护期刊的风格特征，期刊编辑必须熟悉期刊的编辑方针并掌握众多编辑技巧，以处理各种复杂的情况。

第二节 期刊的起源与发展

一、世界期刊的起源

世界上最早的杂志是 1665 年 1 月 5 日，法国戴·萨罗在巴黎创办的《学者期刊》（*Le Journal des Scawans*，后来刊名改为 *Le Journal des Savants*）。该刊是一种图书目录性质的期刊，主要报道在法国和国外出版的各类图书。也有人认为 1663 年由强·里斯特在德国出版的《启示月谈》（*Erbauliche Monaths-Unterredungaen*）是世界上最早的期刊，但是这份期刊只刊载里斯特的个人作品，缺乏杂志刊载多个不同作者作品的特征，所以多数人仍认为世界上第一份杂志是《学者期刊》。

第一份用于学术交流的期刊是亨利·奥尔登伯格等人于 1665 年 3 月 6 日创办的英国皇家学会汇刊《哲学会报》（*Philosophical Transactions*）（也译作《哲学汇刊》）。该刊现名为《伦敦皇家学会哲学会报》，分为 A、B 两辑，它是世界上创刊最早、寿命最长的学术期刊。自 1665 年出版第一卷以来，《哲学会报》曾经刊登过包括牛顿、达尔文、法拉第、赫歇耳在内的众多著名科学家的经典论文，为科学交流与现代科学思想的广泛传播作出了不可磨灭的贡献。

二、中文期刊的出现

中文最早的期刊是英国传教士马理逊 1815 年在马六甲创办的《察世俗每月统计传》。此刊为木版雕印，中国线装书式，宗教内容占了较大篇幅，但也有一些阐释伦理道德和介绍天文、地理等科学知识的作品。每月一期，每期 6~7 页，文体有论文、小品、对话、书信、诗、告帖等，主要在东南亚华人中发送。

《六合丛谈》是上海最早的一本中文刊物，由英国传教士伟烈亚力主编，墨海书馆出版，每期在 13~18 页之间，一万字左右，形式上仍然类似今天 32 开本的一本线装书。《六合丛谈》从 1857 年 1 月至 1858 年 3 月，共出版了 15 期。

中国第一本以"杂志"命名的杂志是 1862 年 7 月在上海创刊的《中外杂志》，

月刊。中国早期的杂志还有 1868 年的《中国教会新报》，它由美国传教士林乐知主编；1872 年 8 月改名为《教会新报》。这份刊物的宗旨是联系教友和沟通传教信息，读者对象是外国传教士和信教的华人。从 1874 年 9 月 5 日第 301 期起改名为《万国公报》，从此逐渐转变为一份以时事政治为主的综合性刊物。《万国公报》周刊出版到 1883 年 7 月 28 日第 750 期停刊，1889 年 2 月才复刊，成为广学会的机关刊物，并改为月刊，册数另起，篇幅由 8 页扩充到 12 页、16 页，仍由林乐知主编，仍然是一本以时事政治为主的综合性刊物，但也有明显的变化，即时评增多。在《万国公报》上发表的评论，大到中国的政治制度和外交事务，小到一般的具体问题，各种内容都有。《万国公报》扩大了当时中国知识分子的眼界，激发了仁人志士对祖国命运和前途的思考。

三、国际期刊业的发展

（一）美国

美国的第一本期刊是由费城第一家报纸创办人安德鲁·布拉德福在 1741 年创办的《美洲人杂志》，该期刊只存活了三个月。本杰明·富兰克林在《美洲人杂志》创刊后随之出版了《大众杂志》，该杂志也仅仅存活了六个月。尽管这两本期刊的生存期都很短，但它们的创办开启了美国期刊出版的先河。1787 年美国宪法第一修正案获得通过，它使得美国新闻检查制度得以废除，其新闻出版自由的体制在 1797 年基本确立。

进入 19 世纪以后，美国杂志发展十分迅速，并逐渐成为传播美国文化的重要媒介。19 世纪，比较有名的是 1815 年创刊于波士顿的《北美评论》，被认为是美国历史上最优秀的杂志之一。分别创刊于 1850 年、1857 年的《哈泼斯新书月刊》（ *Harper's New Monthly Magazine* ）、《大西洋月刊》（ *The Atlantic Monthly* ）是美国文艺杂志的先驱，至今仍然深孚众望。《哈泼斯新书月刊》是哈泼兄弟为促销其出版的图书而创办的杂志，20 世纪 80 年代改名为《哈泼斯》（ *Harper's* ），目前其内容涵盖了文学、政治、文化、艺术等诸多方面。《大西洋月刊》自创刊之初就一直坚持其编辑理念，以纯文学作品和政治评论为主，是一本拥有很高采编品质和文学水准的杂志。

美国内战后到"一战"之前，杂志业进入成熟时期。1865 年有 700 家杂志，到 1900 年达到 5000 家。和报纸出版机构一样，杂志出版商努力使刊物吸引大量的读者，发行量猛涨，这部分得益于 1879 年邮政法的改革，使得杂志的邮寄费用大为降低。更为重要的是，19 世纪末美国的杂志出版商采取降低价格吸引读者，扩大发行量，以争取广告客户的策略。后来的事实证明，"广告革命"使美国期刊后来居上，超过了欧洲的同行。

进入 20 世纪后，美国杂志业更加繁荣。20 世纪 20 年代，《读者文摘》《时代》《纽约客》三大杂志应运而生，开启了美国杂志史的辉煌时代。德惠特·华莱士与妻子莉拉·艾奇逊·华莱士在 1922 年 2 月出版了第一期《读者文摘》。创刊号印刷了 5000 本，定价 25 美分，以邮寄方式送往 1500 个付款订户。1929 年，《读者文摘》开始批给报摊及零售商发售，到 1935 年，《读者文摘》发行量已达到一百万册。2009 年 8 月 17 日读者文摘公司宣布申请破产，这标志着这家知名杂志在新媒体时代的落幕。在此之前，《读者文摘》是世界上最畅销的杂志之一，在全球约有 50 个版本，以 21 种语言印刷，在 60 多个国家发行。

《时代周刊》是美国第一本新闻周刊杂志，由亨利·卢斯与他的耶鲁同学布里顿·哈登在 1923 年 3 月创刊。《时代周刊》正式出版后，主要对国际问题发表主张和对国际重大事件进行跟踪报道，逐渐成为全球颇有影响力和风向标意义的顶级杂志。

《纽约客》也是美国杂志界的代表性刊物，它由哈罗德·罗斯和妻子简·格兰特创办，最早发行于 1925 年 2 月 17 日。罗斯最初的目的是想办一份有深度的幽默刊物，以区别于当时已有的幽默杂志的庸俗格调。自创办起，《纽约客》就一直以其独特的大都会文化的成熟风格而自豪，一方面它保持了轻松幽默的主题风格，另一方面也很快成为严肃新闻报道和文学创作的代表刊物。

（二）英国

英国在 1476 年就有了第一架欧式印刷机，当时所印内容主要是宗教和文学类作品。随着欧洲政治与宗教斗争的复杂化，印刷业的不断扩大和印刷品的广泛传播对皇权带来一定的威胁，于是从 1528 年起，英国皇室开始对出版业实行管制措施，主要包括建立皇家出版特许制，并于 1557 年建立皇家特许出版公司，这是最早的官方控制的出版同业公会，出版成为一种特权行业；建立皇家出版法庭，最早起于 1570 年，用于处罚各种不合规制的印刷品。

18 世纪是英国期刊业大发展时期。在 18 世纪初期，由散文家艾迪生和斯梯尔所办的《旁观者》和《闲谈者》最为脍炙人口。《闲谈者》于 1709 年 4 月创刊，每周 3 期，共出了 271 期。开始设想分 5 类题材：娱乐性的、有关诗歌的、学术性的、国内外新闻、杂感，后杂感逐渐占了优势。内容谈修养、礼貌、家庭生活、尊重妇女，着意刻画一个理想绅士的形象，不谈政治。在塑造人物方面接近小说。作者的教育启蒙目的十分明显，提倡适度、合理、节制和高尚趣味的社会道德标准，这是当时整个社会改造道德风尚潮流的一部分。

《旁观者》于1711年3月创刊，主要由艾迪生撰稿，斯梯尔和其他少数作家也供稿。它的主要精神与《闲谈者》无异，但创造了一个6人俱乐部，有地主、军官、律师、花花公子、牧师和商人，他们既是社会中、上层的代表，也是刊物的服务对象。此外，艾迪生还写了有分量的文学批评，如对弥耳顿、美和悲剧的论述。他还很早提倡古代谣曲，开以后浪漫主义诗歌的风气。这个刊物比《闲谈者》影响更大。

从18世纪末到19世纪中叶，英国妇女在社会政治、生活中的作用与地位发生了变化，具有一定新知识和新思想的妇女，渴望能参与社会与政治活动，且对家政、服饰等也有了新的追求。当时英国国内正在缓慢发展的期刊业也敏锐地注意到妇女读者的阅读兴趣，并对此加以鼓动，陆续创办了一批满足妇女爱好、售价低廉的期刊。较为典型的妇女期刊为1770年的《女士杂志》（月刊），售价6便士，主要刊登小说、诗歌、时装以及妇女针织手工艺术等内容。1798年的《女士博物馆》（月刊），此刊的主要特色是采用50％的篇幅，刊登时装图片吸引妇女读者，后被确认为英国第一份女性图片期刊。1806年的《文萃》，该刊办刊的读者意识很强，专门开设了读者来函栏目，听取和反映读者意见。1832年《女士杂志》《女士博物馆》和《文萃》3种女性期刊合并，但保留了《女士杂志》为刊名，办刊风格集三家之长，红火了一个时期，到1872年停刊。

1852年，塞缪尔·比顿创办了《英国妇女家务杂志》，当时刊物售价多为一先令，而该刊售价只有两便士。这是英国第一份妇女家政管理的期刊，其读者对象为一般妇女，主要刊登家庭生活、家政知识等方面的文章。该刊不同于其他妇女时装类刊物，既考虑女性读者欣赏时装服饰审美，又提供时装制作指导，成为世界首刊服装裁剪纸样的期刊，很受妇女读者的欢迎。

（三）法国

法国是世界上期刊最早出现的地方，但在法国资产阶级大革命之前，权力集中于国王。为了控制思想传播，从1474年起，法国官方开始着手管制出版业，并于1537年建立出版检查制度，由此导致许多进步期刊只能在出版比较自由的荷兰出版。1789年，法国发生了资产阶级大革命，报刊审查制度得以废除，此后的十年时间（1789—1800），法国国内先后创办了1350余种新的报刊。

启蒙运动的兴起，促进了 19 世纪法国期刊业的发展，一些以专题内容为主的期刊纷纷创刊，例如《夫人杂志》《医学杂志》《商业杂志》和《法律杂志》。进入 20 世纪，随着国民教育的普及，社会文明程度的提高，运输事业与通信技术的发展，报刊读者阅读兴趣的提高，期刊与报纸出版业以前所未有的势头迅速发展。

法国在期刊史上占有重要的地位，许多类型的刊物都是在法国首开。1672 年的《文雅信使》，创办于里昂。创办人为国王宠信德维泽，主要刊载政界及文学界新闻，不久，改以刊载文艺作品为主，实际成为给社交场合交谈提供材料的杂志，内容从婚姻生活、沙龙闲话到诉讼案件、社会新闻和流行娱乐。后改名《法国信使》（ *Mercurie de France* ），该刊出版几年后，效仿者趋之若鹜。因该刊主要是给人们生活休闲时阅读的，后来学界认定《风雅信使》是世界上出版的第一种文娱性期刊。

法国巴黎是世界上公认的时尚之都，时装又是时尚之魂。1785 年巴黎出版了一份名为《时装橱窗》的双月刊。该刊是世界上最早创办的时装期刊。1894 年西欧工业化革命的迅速发展，勒乌尔·布尤蒙看到汽车市场日趋火爆，于是在巴黎创办了《汽车杂志》期刊。这份刊物也是世界上最早的汽车期刊。

四、中国期刊业的发展

19 世纪末，中国的期刊陆续出现。戊戌变法以后，产生了很多宣传政治思想的期刊，如《新民丛报》《民报》月刊等。

1873 年，《时务报》创刊，主编为梁启超，内容以政论为主。1902 年 2 月，继《清议报》后，梁启超创办的《新民丛报》（半月刊）在日本横滨正式出版发行。在创刊号上，梁启超开始以"中国之新民"的笔名，发表了他的脍炙人口的论文《新民说》，全文共 20 节，约 11 万字，分期刊载。《新民丛报》对中国知识界产生很大影响。

"一战"前后，科技人文类期刊开始产生，如《电界》《矿业杂志》《北京大学学报》《新青年》等。它们宣传新文化、新思想。1919—1927 年，全国约有期刊 526 种，以周刊和月刊为主。20 世纪 20 年代末、30 年代前期，中国期刊业出现了一个热潮，时人称为"杂志年"。尤其是 1932 年"一·二八"事变以后，期刊数量猛增。

"二战"前后，时事性期刊发展加快，如《东方杂志》《大众生活》等。各种专业期刊、文学期刊也发展迅速，文摘类期刊也逐渐产生。1935 年，全国共有期刊 1796 种。

《大众生活》周刊作为中国宣传抗日救亡的时事政治性周刊，1935 年 11 月 16 日在上海创刊，邹韬奋主编，主要撰稿人有邹韬奋、毕云程、金仲华、章乃器、杜重远、沈兹九、陶行知、柳湜、沈雁冰（茅盾）等。它设有《星期评坛》《时事论文》《国内外通讯》《社会漫画》《随笔小品》《大众信箱》等栏目。以"力求民族解放的实现，封建残余的铲除，个人主义的克服"为办刊宗旨，主张团结抗日、民主自由。《大众生活》最高发行量达 20 万份，是当时国内发行量最大的刊物。

中华人民共和国成立后，期刊出版业进入复苏与变革期。为适应新中国经济、文化、科技、教育等事业建设的需要，期刊出版的品种不断增多，从 1949 年的 257 种增长到 1956 年的 484 种，总印数从约 2000 万册增长到约 3500 万册。

20 世纪 80 年代前半叶，是中国期刊发展最迅猛的时期。在 1978 年，我国仅有期刊 930 种，总印数为 7.62 亿册，至 1985 年，我国期刊已迅增至 4705 种，总印数达到 25.60 亿册。众多青年期刊发行过百万的辉煌历史是当时中国期刊爆发式增长的一个缩影。一批新的青年期刊也纷纷创办，并一跃成为当时的主流媒体。《青年一代》曾创下 500 万份的期发行纪录，《中国青年》期发行量最高达 394 万份，《辽宁青年》曾经发行到 240 万份，《山西青年》《深圳青年》《黄金时代》的期发行量也都曾超过百万份。

2000 年以后，各种新型电子期刊、网络杂志、博客杂志开始产生，传统印刷型期刊发行量和广告量下降趋势日益明显，期刊业面临网络媒体带来的冲击和挑战，逐渐开始新的革命。

第三节　期刊的组织结构

一本期刊的运作，不是一个人能够完成的，需要整个期刊社的通力协作。一个合理的期刊社结构必须有社长、总编辑、副总编辑、编辑部主任、美术总编、图片总编、责任编辑、记者等人员，必须具备编辑部、发行部等不同部门，才能按照流程完成期刊从创意、策划到编辑、加工乃至印刷、发行，最后到达读者手中。

一、期刊社组织结构

期刊社的机构设置是由期刊社的部门设置、人员配备和运行方式所体现的，期刊社内部各工作部门按照一定的运行方式来实现其职能的使用价值。具体期刊出版单位的机构设置与运行都是基于自身发展的需要进行和展开的。

长期以来，期刊机构设置较为简单，人员编制较少，在一般情况下，是以进行内容生产的编辑部为核心来运作，将期刊发行等工作委托给国家邮政部门，期刊社再设立财务、总编室等部门，形成完整的机构设置。

在改革开放初期，期刊社的机构设置延续长期以来的行政化特征，只设办公室、总编室、采编部、发行部这几个主要部门，其中采编部和发行部是主要的业务部门，办公室则囊括了人事、劳资等行政职能部门。具体业务的开展围绕采编部与发行部进行，其他部门则为采编部和发行部提供保障和支持。

随着市场经济的发展，特别是整个出版行业改革的不断深入，进行市场竞争的期刊社面临与计划经济时代及市场经济初期完全不同的市场和社会环境，期刊社的机构设置需要调整和壮大，部门分工需要细化和专业化。如一般中型期刊社因此而产生了除社长办公室和总编办公室之外的包括社办公室、人事部、财务部、编辑部、记者部、广告部、外联活动部、经营部等；规模再大一些的期刊社还有理论部、国际部等；很多期刊社都特别聘请了专职或兼职的法律顾问。

期刊社的机构、部门设置根据具体期刊的实际进行，期刊社内部管理的机构和机制表现为一种单位的组织构成和运行方式；通过工作部门的相互作用，按照一定的运行方式来实现其职能价值。常见的期刊社组织架构可以分成以编辑部为主体、以发行部为主体及现代期刊社结构三种主要类型。

（一）以编辑部为主体

以编辑部为主体的机构设置类型是期刊社中最为常见的。哲学社会科学类、自然科学技术类期刊是我国期刊中的主体，这两类期刊均偏向学术和专业，读者多为特定领域的学者和研究人员，读者总体数量不多且分散于各地高校、科研机构等，因此造成这类期刊往往限定于某特定专业领域，发行数量较小但市场相对固定。期刊在内容设置上偏重具体专业领域，强调内容的专业性与深入性，在期刊内容结构、栏目设置等方面不做太多要求，期刊内容往往是以学术论文为主要代表的文章集合，期刊的主要精力放在对内容的管理上，编辑加工过程更多体现在对学术论文质量的衡量和编辑加工。

此类期刊社人员数量较少，人员主体集中于编辑部，机构设置以期刊编辑部门为主体，往往设置编委会以及外审专家团等。此类期刊按照期刊的编辑流程对稿件进行审稿和编辑加工，其他部门主要起辅助作用。

此类期刊发行范围具有很强的针对性，主要面向特定领域和特定市场，期刊在编辑出版后通过邮发和编辑部邮寄就能覆盖绝大多数的发行范围，期刊社只要建立好编辑部与印厂、邮政的对接渠道即可完成发行，发行部门由极少数人员构成，甚至不设立专职的发行部门。期刊社以编辑出版期刊作为基本任务，由于有国家财政以各种形式的拨款，期刊社基本上很少有经济上的压力，市场性不强，直接经济效益不明显，但此类期刊多数的主管主办部门为某学科协会、政府部门、高校、科研院所等，期刊在政治、经济、科技等方面的影响较大。

（二）以发行部为主体

以发行部为主体的机构设置类型也是期刊社中较为常见的。

以发行部为主体的期刊社机构设置类型与以编辑部为主体的期刊社机构设置类型没有本质区别，只是该类型期刊更为市场化，期刊在保证内容编辑质量之外，市场化程度更高一些。期刊社的机构设置通过适时的调整而逐步完善，期刊社办公室、总编室、编辑部（亦称采编部）、出版发行部、广告经营部、活动策划部、对外联络部等部门在工作中相互作用，使期刊社成为完整的期刊出版机构。具有一定规模的期刊社，在行政管理上，设有由办公室统一领导的劳动人事部、财务部等职能机构；规模较小的期刊社办公室行政管理人员往往是身兼数职。以发行部为主体的期刊社是自收自支、自负盈亏、独立核算的期刊经营单位，以编辑出版和发行广告以及社会活动等部门为一体的组织机构，承担着创造社会和经济效益的任务。

相较于自然科学期刊、哲学社会科学期刊、高校学报等，此类期刊的发行数量相对较大，往往为几万份，但相对于大众综合性期刊百万级的发行量而言又较小，此类期刊的编辑部门完成内容编辑后，整合预留的广告版面，按照编辑出版流程进行印刷出版。此类期刊主要通过邮发渠道和报刊亭等完成发行，由于其发行数量相对较大，期刊社需要建设自身的发行力量，发行部门人员相对较多，一方面由发行人员完成与邮发和零售渠道的对接；另一方面此类期刊中较大印量的期刊为节省运输费用和降低发行成本，在外省建立的分印点等工作也主要由发行部门完成。同时，期刊的广告维护和市场开发等也主要由发行部门完成。

此类期刊的机构设置由该类型期刊的性质决定，有一定的市场和发行数量相对较大决定了该类型期刊社的主体部门除负责内容的编辑部门之外，发行部门最为庞大并承担着较多的市场职能。

整体而言，此类期刊市场性较强，直接经济效益较为明显，同时此类期刊的主管主办部门来源多样，期刊在经济、科技、文化等方面的影响作用较大，在期刊市场上表现活跃。

（三）现代期刊社结构

随着出版业体制改革的不断深入，越来越多的期刊社在保持传统的编辑部、发行部等主要部门外，也依据时代发展和市场需要，建立起了能够体现时代特色，适应出版体制改革和与国际惯例接轨的现代期刊社结构。

随着市场经济的发展，特别是期刊市场竞争力的增强，期刊社的机构设置需要调整和增加，部门的分工需要细化。刊物在国内外产生一定影响并形成一定规模的现代期刊社，一般设置社办公室、总编室、人事部、财务部、编辑部、记者部、发行部、广告部、经营部及社会活动部等内部机构；规模再大一些的期刊社还会设置国际部等；很多期刊社另外设置了法律顾问部和新媒体部门，特别聘请了专职或兼职的法律顾问。

此类期刊虽然设置部门较多，但各部门具体业务互不干涉且又相互补充，在针对各项具体业务展开工作之外，各部门共同向出版人或总编负责。此类期刊在内容上面向大众市场，也往往以细分后的具体市场为服务对象，发行量较大，在几万份到几十万份不等，且较为稳定，能够吸引广告主持续投入。

部门设置是现代期刊在经营上专业化的体现。各部门职责具体、明晰，能够专注于完成本部门的工作，并能够在出版人和主编的领导下形成合力，形成持续高质量出版的期刊内容，保持对所针对市场的持续影响。

此类期刊各部门负责人往往针对专业性业务，如期刊社各部门负责人中出版人、广告总监、发行经理、印务／印务总监、新媒体总监等的设置，涵盖了期刊内容生产以外的业务。同时，期刊的编辑部依然是内容生产的主体，编辑部的规模越大，分工越细，由主编或执行主编、编辑部主任、责任编辑、资深／首席编辑、编辑／记者、流程编辑、图片／视觉编辑、特约撰稿人等人员构成，也体现了现代期刊的专业分工。

二、期刊社工作人员

在期刊的组织架构之外，期刊社工作人员依据具体工作内容的不同，也出现了不同的工作职位，这里以市场化程度最高的大众综合类期刊为例进行分析。

（一）期刊社工作人员构成

1.期刊社主要部门负责人

（1）出版人

对一些期刊而言，出版人就是所有者，而对另一些期刊来说，出版人是负责监管期刊的编辑和业务部门及经营杂志的人。通常的情况是，出版人负责广告销售、零售、订阅、生产、宣传和财务这些重要领域。大多数出版人也同时负责预算，做财务计划，以及同期刊的高级管理层打交道。总之，出版人管理着期刊业务的各个方面，同时要协调编辑部门与其他部门的协作。

（2）广告总监

广告部的领导，负责管理广告部门，制定广告策略和办事程序，主持或协助出版人完成期刊的形象推广活动，并负责实现广告销售目标。

（3）发行经理

负责把杂志送到读者手中的人，对于那些既有订阅，又有零售的期刊来说，一个好的发行经理至关重要。

（4）印务／印务总监

大型的期刊社或出版集团通常设有印务（印务总监）一职，负责与期刊印刷有关的工作，包括参与期刊印刷价格谈判、签订印刷合同、协调印刷周期、监督期刊的印刷质量等。

2.期刊社编辑部

编辑部人员的规模和分工各不相同，差别很大。通常，编辑部的规模越大，分工则越细，反之；就需要能者多劳了，在一些情况下甚至有一个人的编辑部（如企业内刊）。

（1）主编／执行主编

主编／执行主编控制一本期刊的编辑内容并制定编辑方针，协调编辑、美术编辑和发行部门，确保期刊按时按质出版，监管编辑和校对人员，所有编辑对此人负责。通常，主编的品位将决定一本期刊的气质。

（2）编辑部主任

编辑部主任是主编的助手，协助主编管理编辑部的日常工作，使主编尽可能地远离那些辅助性的或者简单监督的非创造性工作。

（3）责任编辑

一些期刊社指派某些编辑负责特定某一期或几期的编辑工作，这些编辑通常被称为期刊的责任编辑，他们的工作与负责各期期刊的主编的工作十分相似。在或多或少地给予责任编辑自主权的同时，主编始终保留着支配和控制期刊编辑过程的任何阶段的权力，期刊责任编辑制度是一种帮助主编分担重担的方法（也有在主编职务空缺时，任命责任编辑暂时代理主编职能的情况）。

（4）资深／首席编辑

资深／首席编辑是负责策划、撰写期刊的重要选题或完成深度报道的编辑。通常他们具有丰富经验，可指导文字编辑的写作并监管一些编辑人员，能够完成主编所布置领域内所有的编辑工作。

（5）编辑／记者

在一个有一定规模的期刊社里，编辑人员（文编）应该包括文章编辑和负责某一特定专栏或选题写作的编辑。这些编辑的主要工作是负责期刊内容的构思、搜集和加工。编辑人员还应包括记者（采编），负责采访、写作工作。文字编辑不仅要负责稿件的文字编辑和校对，还要对事实进行调查与核对。

（6）流程编辑

一些期刊社还设有流程编辑一职，流程编辑在编辑部主任领导下工作（有时也由编辑部主任兼任），主要负责收集、整理编辑部所有稿件，并督促文字编辑按时交稿，以及协调美编与文字编辑的工作交接。流程编辑必须了解编辑部的工作进度，并随时向主编报告，是编辑流程中一个非常重要的环节。

（7）特约撰稿人

在一些月刊中，特约撰稿人的名字被列在刊头，在工作流程中会参加编辑会议。期刊社经常请知名作家或专家做特约撰稿人，尽管这些人很少定期投稿，但在提升期刊形象和吸引读者等方面起着相当关键的作用。

（8）图片／视觉编辑

由于期刊的性质不同，一些期刊的编辑部设有图片编辑（视觉指导、视觉编辑或视觉总监）这样的职务。负责期刊出版过程中与图片有关的编辑工作，包括图片的选择、购买、约稿等，以及指导和协助摄影师完成期刊所需要的高质量图片的拍摄工作。

（二）期刊编辑出版人的社会角色

在出版学研究中，出版人是指从事出版物经营的工作人员。出版人在出版业中扮演多重角色。我们在这里用"期刊编辑"来统称从事期刊出版各项工作的从业人员。

期刊编辑是文化生产的组织者。期刊编辑根据社会调查发现社会需求，制订相应的计划，组织作者写作，从而使文化生产和社会需求达到必要的默契。没有期刊编辑的组织，期刊生产很可能处于一种无序状态，甚至会使某些文化产品无法顺利问世。

期刊编辑是社会信息的把关人。在出版物的生产过程中，编辑出版工作是拥有选择权的。这种选择具有把关作用，需要编辑抱着对社会、对人民负责的态度，对精神产品扶正祛邪、择优汰劣。这种选择还具有导向作用，能对社会文化生活产生显著的影响，比如改变读者的阅读口味、调整作者的写作计划、催生某种文学体裁、推动某种写作风格，等等。

期刊编辑是优秀作品的助产士。编辑工作以作品原稿为劳动对象。其任务是把稿件转化为出版物，把作者个人的智慧成果转化为社会文化产品。写作作为文化创造过程，它的主体无疑是作者而不是编辑；然而，编辑对推动这一过程的顺利进行和保证产品的质量，有不可忽视的作用。编辑的介入有利于缩短作者与读者的距离，提高写作的针对性和作品的成功率。编辑还要参与将作品转化成出版物的整体设计。对成熟的稿件，编辑要通过认真地加工，弥补作品可能存在的疏漏，做到精益求精；对不成熟的稿件，编辑要提出修改方案，有时甚至要帮助作者做脱胎换骨的改动。新颖的封面或包装，别致的名称和标题，巧妙的宣传语句或营销手段，能大大增强出版物的市场竞争力。

期刊编辑能够扮演好以上的角色，才能有序、有效地完成期刊相关工作。

（三）期刊编辑的素质与能力

1.期刊编辑素质

（1）政治素质

期刊编辑出版人员素质，首先是政治素质，这是由社会主义出版工作的性质所决定的。首先要懂政治、讲政治，坚持正确的政治方向，学习法律法规，研究政策规定，遵守政治纪律。其次要有基本的理论修养，联系出版工作实际，保持高度警觉，把好政治关。

（2）思想素质

期刊编辑出版人员素质，还体现在思想素质方面，期刊编辑出版人员要有文化追求、科学信仰、高尚的道德和美好的情操。

（3）文化素质

期刊编辑出版人员素质，还体现在文化素质方面，文化素质包括基本的理论修养、扎实的专业训练、开阔的知识视野、深厚的语言文字功底、良好的思维方式、广泛的阅读兴趣、科学的学习方法。

（4）职业素质

期刊编辑出版人员素质，最直接地体现在职业素质方面。期刊编辑出版人员的职业素质即专业素养，包括出版理论修养和编辑实务经验，分别表现为职业追求、职业敏感和职业作风。编辑出版人员的职业追求，是一种执着的文化追求。编辑出版人员的职业敏感既是一种创造的敏感，也是一种市场敏感。编辑出版人员的职业作风是一种一丝不苟的求是作风，拒绝想当然、侥幸、浮躁、粗枝大叶，崇尚独立思考、勤奋敬业。

2.期刊编辑出版人员能力

现代期刊的编辑出版工作要求期刊编辑出版人具有并不断提高以下七方面的能力。

（1）策划能力

策划能力就是全面地设计、关照出版过程的能力。成功的策划有助于出版物质量的提高，有助于竞争实力的增强。期刊编辑出版人策划能力的大小，取决于信息的收集和分析是否充分；能否别出心裁，富有创造性；是否熟悉出版实务，懂得经济核算。这三个方面的能力越强，策划成功的可能性就越大。

（2）社会活动能力

期刊编辑出版人必须与社会建立广泛的联系，有积极参加社会活动的热情和能力，要有善于与有关部门沟通、协调、合作的能力，能经常以积极的姿态，走进学术文化团体，参加各种类型的聚会和讨论，及时了解文化创造的前沿动态。期刊编辑出版人要了解市场，要创造条件接近读者，通过多种途径了解读者的需求，倾听读者的意见。编辑不仅要有出版界的朋友，还应有社会各界的朋友，要自觉地扩大社交面，加强同各方面人士的情感交流、信息交流和智慧交流。

（3）判断能力

期刊编辑出版工作包含一连串的判断过程。需要提高判断能力，加强业务学习，开展市场调查，认真阅读稿件，还要设法排除判断过程中的干扰。

编辑要了解读者，站在读者的利益和需要的角度进行判断。

（4）文字能力

编辑出版工作首先是一种文字工作。编辑的文字能力既体现在自己母语的文字表达上，也体现在一定的外语运用能力上。期刊编辑出版人的文字能力大致包括三个方面。

①文字规范能力。编辑要在语言文字应用方面建立自己的职业优势，就必须比作者更熟悉《中华人民共和国通用语言文字法》以及《简化字总表》《第一批异体字整理表》《标点符号用法》等有关的语言规范文件，认真掌握并能熟练运用文字、语法、修辞、逻辑方面的知识，还要了解并能敏锐识别语言文字应用中的常见差错。

②文字加工能力。编辑认真审读原稿，体会作者的表达意图，尊重作者的文字风格，通过字斟句酌、精心润色，提高稿件的文字表达效果。

③文字写作能力。写作能力是编辑的基本功。凡是写作能力强的编辑，往往审读、加工也能独具慧眼，妙笔生花。

（5）信息感知能力

期刊编辑出版人员要有感受、认知信息的能力，能及时把握信息，具备把握和运用信息资源、了解信息技术知识及熟练操作信息设备的能力。

（6）适应能力

期刊编辑出版人员有承受压力，适应变化的能力。

（7）审美能力

出版物不仅应该具有帮助读者掌握知识、提高思想，也应该给读者以美的享受、帮助读者提高审美情趣和审美判断力，期刊也同样如此。因此，期刊编辑出版人必须有比较高的审美能力，才能使期刊的审美和审美教育功能得到充分地发挥。审美能力，指的是人们认识美、评价美的能力，包括对美的感受力、判断力、想象力、创造力等。期刊编辑出版人员必须具备一定的审美能力，才能使期刊充满美感，令人爱不释手。

第二章 期刊的类别与功能

第一节 期刊的类别

一、分类的意义

且不论一般读者对期刊类别的区分有多种方式，就连期刊业内人士对期刊的分类也有数种不同的观点，这与分类的角度与采取的归类方法有关。对待同一事物，看问题的观点与侧面不同，所得的结果也不一样，有时甚至出现截然相反的结论。如果评估各方看待事物的最终结果，事先没有一个明确的前提要求，最终是无法确定各方的正误的。

从目前国内已出版的有关期刊研究的论著上看，对期刊分类具有代表性的有两大类型：

第一种可称为通俗性分类法，即笼统地根据期刊表象来划分。这种分类法简易可行，无须遵循任何规律，完全按照分类者对期刊表象的直观映像来划分。此种方法也常见于非业界的广大读者，由此我们将其称为通俗性分类法，又可称为大众分类法。在业界采用此种方法的代表为我国台湾杂志研究学者张觉明。1981年，在他撰写的《现代杂志编辑学》中，把现代杂志笼统地分为八大类，并分别作出了定性说明。为利于探讨，现摘编于下：

一般性刊物：多以服务读者为前提，主要为读者提供文化休闲，刊登小说、政治、文学、医学、科学等方面的文章，包括一些画报类刊物，刊发剧本、影视故事等内容。例如《读者》《青年文摘》《大众电影》类期刊。

新闻性刊物：以刊登新闻摘要与背景，报道新闻信息、时事政治为主要内容。如《嘹望》《半月谈》属于此列。

高级刊物：此类刊物不以迎合大众的嗜好和兴趣来牟利，主要以内容的品质和高水平的文章来争取读者，阅读者多为专业性知识分子。如《中国社会科学》《中国科学》《文学理论研究》等。

妇女刊物：此类刊物以妇女读者为服务对象，以帮助和指导妇女的家庭生活和工作、学习与娱乐为目的。刊登内容有时装、烹饪、美容、家政服务以及言情小说之类。如《中国妇女》《家庭》《知音》《中国服饰》等期刊。

男性刊物：专为男士读者服务的刊物。主要内容分为男士工作学习和生活文娱休闲等。此类期刊远没有妇女刊物销售量大。诸如《武术》《男人世界》《企业天地》《现代企业管理》等。

关于兴趣的刊物（此种提法有待商榷）：按张觉明之意此类杂志是指专以具有特别爱好的人为对象。不同职业的人爱好有所不同，有人爱好摄影，也有人爱好栽花养草，庭院布置，还有人喜欢修身养性，保健身体。根据读者的兴趣，就有了《中国花卉》《摄影爱好》《大众医学》《健美》《钓鱼》《足球》等期刊。

星期增刊：在国外一些报纸周末随报附送星期增刊，其内容幽默有趣，形式体裁不拘一格。主要为家庭读者周末休闲而编印，是报社为扩大报纸销路增办的。此种形式的刊物在我国内地目前较为少见，而在我国台湾与港澳地区均有。

公司刊物：此种刊物是大公司为其员工和顾客所主办。主要刊登公司方针和为顾客服务的内容。一为激励员工，二为宣传公司，三为扩大公司业务和产品营销。国外许多大公司和企业均办有这种赠送的刊物。因在我国大陆有着严格的办刊"准入"制度，尽管也有部分大型企业办有内部发行的刊物，但一般不对外公开发行。目前国内飞机上供乘客阅读，并正式公开出版的《中国航空》，其办刊目的符合以上办刊宗旨与内容，应属于此列。

细心的读者从以上列举的杂志分类中可知，在划分的八种类型的刊物中，并没有一定规律可循。因为既有以刊物的内容分类的，如女性和男性刊物（其标示的是按读者的性别分类）；也有以刊物的性质分类的，如星期增刊；还有以刊物主办单位分类的，如公司刊物等。也就是说，作者是采用几种不同的标准，从不同方面对刊物进行划分类别。从严格的期刊学理上分析，此方法是欠科学的。乍看起来，此种分类似乎包罗了杂志"万象"，面面俱到，较为"全面完整"地把所有形式的刊物都囊括了。其实不然，倘若按此种分类，老年、青少年期刊归为何类？教辅读物、高校期刊又列为哪类？由于采取的方法无序，毫无规律地将各种不同类别的刊物混杂于一起，违背了科学分类法的基本原理，以致出现对期刊表象特征归类的遗漏。这样不仅难以对期刊作出全面、准确、科学的分类，而且造成对期刊规律研究的误导和产生学理概念的模糊。显然此法不适于期刊编辑学相关问题的研究。

第二种方法称为类别分类法，即按不同门类、采用不同衡量标准所做的划分。期刊学界多采用这种科学的分类法。此法源于自然科学的生物学分类法。它是依据事物的不同，分成不同的类别，有助于认识事物本质，了解事物特征，明晰事物间的关系。

随着人类社会的发展，以及人们对期刊文化传播模式的需求，期刊无论是在办刊质量，还是数量上都有了较大提高和拓展，期刊研究也随之列入我国期刊业界编辑工作的议事日程。针对近万种期刊，必须进行科学、规范的归类，按划分的种类了解认识期刊的共性与个性，深入探讨期刊活动规律，较好地掌握其功能特征，充分发挥期刊的传播作用与文化价值。

由此可得出期刊分类的主要意义是：

认识了解各类期刊的本质特征，探讨期刊编辑活动规律，掌握期刊的社会功能，有效地发挥期刊的社会传播作用与文化传播价值。

二、期刊的分类

期刊的类别分类法，包含着多种分类方式，但它们的总体分类原则是一致的，即在同一方式中，采用同一标准（明确同一前提），进行统一归类。为了便于了解比较，下面列举我国期刊学界采用类别分类法对期刊分类较有代表性的两种情况。

（一）采用期刊的类别分类法，从不同的两个视角对期刊分别进行的分类讨论

1. 从期刊的形式上分类

按期刊的开本分类：可分为大 16 开本、16 开本、大 32 开本、32 开本、24 开本等类型。

按期刊的刊期分类：可分为周刊、半月刊、月刊、双月刊、季刊、半年刊、年刊等。

按期刊的刊型分类：可分为大型期刊、中型期刊和小型期刊三种。

此种分类法，主要着重于期刊的外在属性，即以期刊的外在共性表现形式为标准来划分。

2. 从期刊内容上分类

按期刊的内容层次分类：期刊可分为高级期刊、一般性期刊和通俗性期刊三种。

按期刊的内容性质分类：可分为专门性期刊和综合性期刊两类。这里所指的专门性期刊包括刊登某学科、某专业、某体裁、某特定方面文章的期刊。综合性期刊即指经济、政治、法律、文学、艺术或者天文、地理、数学、物理、化学等各学科门类的文章都刊登的期刊。

按期刊读者的对象分类：可按读者对象年龄不同层次分类，即有青少年期刊、青年期刊、中老年期刊；也可按读者的职业分类；还可按读者性别分类等。具体细分就不一一列出了。

这种从期刊内容上的分类，注重的是期刊的内在属性特征，是以期刊的共性表现为标准来划分的。

（二）采用期刊类别分类法，按七种不同标准（前提）对期刊进行的分类讨论

1. 按期刊内容的性质分类

可分为新闻性、纪实性、学术性、技术实用性、政策指导性、虚构性、思辨性、探索性、咨询性、资料性、知识性、趣味性等期刊。

2. 按期刊内容的类别分类

可分为学科专业类和非学科专业类两大种。如学科专业方面，可分为经济类、文化教育类、政治类、法律类、军事类、科学技术类、医药卫生类等；非学科专业类，可分为婚姻家庭类保健长寿类、生儿育女类、衣食住行类、业余爱好类等。

3. 按期刊内容所涉及范围分类

可分为综合性和专门性两大类。

4. 按期刊办刊的风格分类

按期刊内在特点分类，即分为严肃型和活泼型两大类。

5. 按期刊读者对象分类

可分为两大类，一是按读者文化知识的程度划分，可分为高级、中级和初级三种；二是按不同年龄的不同需求划分，即可分为少儿、青年和老年期刊及妇女等四类。

6. 按期刊的出版形式分类

可分为印刷型和非印刷型两大类。其中非印刷型期刊指的是录音磁带版、胶片微缩版和电脑版等期刊。

7. 按期刊的刊期分类

可分为定期和不定期两大类。定期期刊分为年刊、半年刊、季刊、双月刊、月刊、半月刊和周刊等。

（三）分别从期刊的内容和外在形式来讨论期刊的类别划分

以期刊的内容划分期刊的不同类别，主要是以期刊的内在共性特征分类。实际是通过揭示期刊的内在共性进一步了解期刊的本质特性。

1. 按期刊内容的性质分类

根据期刊的内容性质分类：通常是把期刊划分为两大学科门类，一类为自然科学类期刊，另一类为社会科学类期刊。此种方式是目前国家出版行政管理部门和期刊学界较为广泛采用的分类，能较科学、规范和准确地反映各类期刊的基本性质、特色和功能。

自然科学类与社会科学类期刊：首先根据自然科学类期刊的内容性质，进行细分。

自然科学类期刊（又称科技期刊）：一般又可分为五种类型，即学术性期刊、技术性期刊、科普性期刊、医学性期刊、综合性期刊。对于自然科学期刊的以上五种不同类别的划分，有必要作出以下几点说明：

其一，直至 20 世纪 80 年代末期，国家出版行政管理部门与期刊学界都认定自然科学类期刊为学术性期刊、技术性期刊、科普性期刊、指导性期刊、文摘性期刊等五类。当时国家各级出版行政管理部门与期刊学会均按此五种分类，对自然科学期刊进行审读评估、评优和评级。在这五类中，学术性、技术性、科普性、文摘性期刊较好理解，而指导性期刊与其主办单位有着特定的联系，即指导性期刊主要是指国家各部委、省属厅局系统主办的行业性期刊。其办刊宗旨是宣传行业政策和方针，指导系统业务与信息交流。随着我国社会主义计划经济体制向社会主义市场经济体制的转轨，属于计划经济体制产物的指导性期刊，在社会主义市场经济体制之下，失去了原来行业系统的指导性权威作用，发行量也越来越小，特别是部分原本就依赖主办单位补贴出版的刊物，日子越来越不好过了，加之国家新的出版改革政策和治理措施的不断推出，已逐步在压缩和调整党政机关那些完全靠"皇粮"生存、可办可不办的期刊。此类期刊中有一部分转为技术性或科普性期刊，剩下的类似指导性的期刊就不多了。

其二，文摘性期刊在整个自然科学与社会科学类期刊中均属于一个特殊的独立的种类，它们与其他期刊的编辑内容与编排规范均有所不同，并且刊物种数极少。

其三，在自然科学类期刊中，医学学科的期刊数量又远多于其他学科的刊物，而且医学性期刊的编排规范有其专门的学科体例要求，严格区别于其他类科学技术期刊。

由此，现在我国的各级期刊评估、评级与评优中，已将原自然科学类期刊划分的五种类别中的指导性期刊、文摘性期刊合二为一，谓之综合性期刊，专门新设医学性期刊种类。这样就有了以上自然科学类期刊划分的新五种类别，即学术性、技术性、科普性、医学性、综合性期刊。

社会科学类期刊：对应自然科学类期刊的划分，结合社会科学类期刊的内容性质和特点，以及根据目前国家出版行政管理部门组织的期刊评估评级与评优和期刊学界所认同的归类，一般也将社会科学类期刊划分为五种类型，即学术性期刊、文学性期刊、教辅性期刊、时政（指导）性期刊、综合（文化）性期刊。

以上划分的类别中，前三类期刊所涵盖的内容较好理解。其中时政（指导）性期刊是指时事、政治理论及行业部门指导性的期刊，对读者政治学习和业务工作有较强的指导性作用。例如《嘹望》《新闻周刊》及《求实》《学习导报》《工商管理研究》等期刊。综合（文化）性期刊是指艺术、生活与文摘性质的期刊，如《绘画》《音乐》《艺术天地》《家庭》《健美》及《新华文摘》《青年文摘》等。

比较分析自然科学与社会科学类期刊的五种类型，其两门不同学科的特征、功能与作用一目了然。两者相同的种类有：学术性期刊、综合性期刊，而自然科学类的技术性、科普性、医学性期刊分别与社会科学类的文学性、教辅性、时政性期刊相对应，凸显了两大类不同学科的期刊特性。

2.按期刊读者对象分类

由于读者通常是根据期刊的内容挑选刊物于是也就有了按读者的年龄、性别和职业三种标准来分类。在以上三种分类中，通常习惯用到的是按读者对象的年龄分类，即将期刊分为少儿期刊、青年期刊、中老年期刊三种。

按读者的性别分类：显然只能分为女性与男性两种期刊。在期刊中，纯女性刊物较多，男性期刊极少。根据有关读者阅读心理研究的调查资料显示，女性爱读刊，男性爱看报。不论其结果是否准确，实际上，不仅女性期刊的种类不少，而且女性期刊的销售量都大于种类本就不多的男性期刊。按常理推断，同类刊物种数越少，相对单一期刊所拥有的读者应更多，反之，同类刊物种数越多，相对单一期刊的读者就越少，因刊物读者分散面太广。按此种方式分类，由于男性期刊很少，特别是男、女性期刊之外，还有许多期刊无法确定是属于女性阅读，还是男性阅读的，因此，此种分法欠科学，也不符合期刊实际情况。

按读者的职业分类：一类为脑力劳动，即知识分子期刊，或称白领期刊；另一类为体力劳动，即工农期刊，或称蓝领期刊。随着社会科学文化的发展，各类人员的文化素质都得到了不断提高，脑力与体力劳动的明显差别也将越来越小。此种分法也不准确。

3. 按期刊的内容层次分类

即按期刊内容的文化层次及面向读者工作、学习和生活的不同层面分类。通常分为高级期刊、中级期刊、一般性期刊三类。

高级期刊：主要指具有国家权威、政治影响的时事、政治理论刊物和在学术界已被公认、具有较大学术影响的刊物。其读者多为从事专业学科研究的高级知识分子和政府各级机关的领导与管理干部。

中级期刊：主要指刊登呈科学性、技术性、研究价值性内容的文章，并且有评论、阐释和教育等多种作用的期刊。其读者主体为专业技术人员，以及各行业的管理者、企业家和学校教育工作者。

一般期刊：主要指面向广大普通读者群体的文艺、教育、科普、体育、生活类通俗期刊。

4. 按期刊的形式分类

此种分类与按期刊的内容分类的区别是，它着重于期刊的表象，即按期刊的外在共性分类，此法简捷、方便，有一定实用价值。

这里同样介绍常用的三种分类方式，即按期刊的周期分类、按期刊的刊型分类、按期刊的出版物号分类。其中按期刊的出版周期、刊型（开本）分类前面已有表述，本节主要介绍按出版物号分类的情况。

按期刊的出版物号分类：通常分为正式期刊与非正式期刊两种。

①正式期刊包括具有国内统一连续出版物号和既具有国内统一连续出版物号，又具有国际标准连续出版物号的两种期刊。

正式期刊中两种期刊的主要区别在对外公开发行的范围上。只有国内统一连续出版物号的期刊限在国内公开出版发行，而既有国内统一连续出版物号，又有国际标准连续出版物号的期刊，可在国内外公开出版发行。

②非正式期刊，又称为内部刊物，即指办有期刊准印证的刊物。此种刊物无

国内统一连续出版物号，无须定期出版，限在主办单位系统内部交流，不能公开对外发行与销售。

第二节　期刊的社会功能与本质属性

在纸载体出版物报纸、期刊和图书三者中，期刊的特性介于报纸与图书的特性之间。这也就成为继图书、报纸相继出现后，为何有了期刊问世，并且三者已形成支撑现代大众传播纸载体出版物市场中三足鼎立的原因。

一、期刊的社会功能

期刊是大众传播的一种特定的表现形式，也是大众传播纸载体形式中的表现方式之一。它拥有大众传播所要求的基本社会功能。

归纳美国传播学研究学者拉斯韦尔和威尔伯·施拉姆在20世纪50年代阐释的大众传播的社会功能，若按英文直译一般可将其分解为五个方面，即报道功能、解释功能、说服功能、娱乐功能、广告功能。根据现代大众传播所显现的社会功能，采用更贴近现代意义及适于中文表达习惯的对应理解与翻译，则依次是信息功能、宣传功能、教育功能、文娱功能、广告功能五种。

众所周知，现代大众传播的表现形式有采用纸载体形式的传播，即报、刊和图书的出版物方式；也有利用声、光、电等形式的传播，即广播、电影和电视方式；还有电子网络形成的传播，即互联网、电子多媒体和手机声讯（现俗称为第五媒体）的方式。尽管各种传播的载体不同，手段各异，但各自显示的社会功能基本相同，属性也相同，只是各自传播的优势不同而已。在现代大众传播所具有的五种基本社会功能中，有的功能是各种传播方式共同具备的，例如信息、宣传和教育功能。此外，不同的传播方式，采用技术条件的要求不同、传播信息的速度不同、影响的程度和效果也不同。如在同属性的传播方式中比较，利用广播传播信息，其要求的技术条件就没有电视与电影高，传递的速度却快于电视、电影；电视传播信息又远快于电影，并且其信息是直接送达受众身边（家庭、学习和工作处），不像电影的传播，要受专门播映场地的限制。在纸载体出版物中，报纸传播信息快于期刊，期刊传播又快于图书。若再结合媒体对受众文化层次的要求分析，一般广播影视的传播对受众的文化程度没有过高的要求，就算是不识字的受众群体也能听懂、看清广播影视的语言与画面。而对报纸、期刊、图书的读者，则要求读者必须是能识字的群体，即具有一定文化知识才能阅读书、报、刊。因传播方式不同，面对的受众层次不同，对传播媒体编辑的要求也有所不同。此属专题性问题，在此不作探讨。

在纸载体出版物中，报纸传递信息快，但信息限于报道，内容较为粗糙、原始。期刊传播信息慢于报纸，但内容广涉多学科、多方位，并有较详尽与充分的分析论证，可信度高，具有文献的保存价值。三者中，书传递信息最慢，又不如期刊的内容多样，但其阐释单学科知识的全面性和深入性均优于前两者。

综合上述，对应大众传播的功能可知，期刊同样也具有信息、宣传、教育、文娱、广告五种功能。换言之，大众传播所要求的基本社会功能，期刊均具备。信息、宣传和教育功能，望文会意，较好理解。期刊的文娱与广告功能，这里须作两点说明。

其一，细心的读者可能会看出，大众传播的娱乐功能，期刊表述为文娱功能。"娱乐"与"文娱"一字之差，却有着本质的区别。期刊是文化传播的一种形态，其本身就是一种文化表述模式。它所表现的娱乐功能与影视、广播和音像娱乐功能有所区别。正如前面所归纳的，期刊是读者工作、学习和生活休闲的精神文化品，对读者文化素质有一定要求。期刊的文娱功能表意可分解为刊物具有阅读文化和精神娱乐的双重性质。不同种类的期刊各自显现的文化品位和娱乐追求不同。例如时政类。学术类期刊分别突显的应是政治的睿智与学术的创新的精神理性文化特征。文艺类、科普类期刊应重在表现高尚娱乐与通俗科普的休闲文化特征。

其二，是期刊的信息功能、宣传功能与广告功能是否相冲突，或是说为其功能表述的一种重复？因而有的学者在表述期刊的功能与作用时，就没有将广告功能列入其中。他们可能以为广告功能也就是传达商品信息、宣传商品特征的作用。由此不妨从广告的本身定义来分析，广告是一切可供在市场上进行交换的有形与无形价值的符号化存在，广告是使价值通过消费得以实现的媒介物。广告通过各种不同载体、不同形式得以传播。期刊是广告传播的一种载体表现形式，期刊读者就是从阅读期刊的过程中获得和接受广告特定的图片、文字和符号阐释，达到对其广告物品的认知，从而决定对物品价值的最终消费判断。

在实施市场经济体制的今天，人们对广告有了全新的认识，广告已无处不在，无"孔"不入，产生与发挥着巨大的影响力。它不仅成为推动社会经济发展不可缺少的媒介，也成为人们工作、学习和生活中判断物质价值、影响消费观念变化的重要参照物。在广告的功能中，既包含了物流的信息，也包含了对物流的宣传，然而更深层次的作用是对物流的营销。这与传播信息和一般宣传有着质的区别，也是前两者无法替代的。在计划经济体制下，商品是无须营销的，而今天人们要快捷地知道新商品、了解新商品、选购新商品，最好的途径就是广告。在诸多大众传播的媒体中，真正具有广告功能的有四大传统媒体，即报纸、期刊、广播和电视。因此期刊具有的广告功能不但与其信息、宣传功能不重复，并且广告功能是显示期刊媒体特征的主要功能之一。

此外，说期刊具有五种社会功能，并不表示每一种期刊都具有五种功能。例如，学术类、技术类和时政类等期刊就没有文娱功能，而只有文学类、文化综合类和科普类期刊才有文娱功能。这五种功能是广义的对期刊的总体功能特征的概括。

二、期刊的本质属性

何谓期刊的本质属性，通俗地讲即期刊的基本性质。期刊作为纸载体中一种特定的传播方式，从创办到发展经历了三百四十多年的积累、创新与演变，现已成为推动人类社会发展不可缺少的传播工具之一，反之正因为人类社会发展对期刊传媒的需求，才有了期刊今天的完善、规范与拓展。

我国编辑出版界对期刊属性的正确认识，也经历了一段时间的实践和探讨、分析和论证的过程。人们对期刊具有精神文化属性这一点，应该说从中华人民共和国成立以来都是深信不疑的。但要问期刊是否具有物质产品的属性，在1978年党的改革开放政策出台前，期刊学界本身也没有认识到期刊具有商品属性。

期刊的本质属性也在20世纪90年代初，在党和国家决定将计划经济体制向社会主义市场经济体制的转轨中，逐步得以明确。期刊学界的专家学者的研究也基本形成共识，即期刊应该进入市场，也必须进入市场。当期刊进入市场后，其物质属性的一面得以充分的"彰显"，促使其精神文化的属性的价值得到全面的提升。实践与理论的紧密结合，归纳出的结论是，期刊的本质是具备精神文化产品和物质文化产品的两重属性。

在出版过程中，若遇到社会效益与经济效益相冲突时，应当坚持把社会效益放在第一位。总之，对出版物两重属性的全面认识是经过了学界十余年反复探讨所得出的结论。只有体验过办刊、办社和办报的艰难，并进行过探索与理论追求的业内人士，才会对出版物的属性关系获得以上准确的感悟与理解。

第三节　期刊的定位

　　期刊的定位涉及方方面面的问题，从期刊的属性与功能特征上讨论，其主要范围可确定为三个方面：一是期刊的文化市场定位，即明确期刊市场分类属性，了解同类期刊在市场出版、销售发行方面的情况及对期刊社会与经济效益作出的预测和分析；二是阅读对象的定位，涉及期刊读者的文化层次、年龄结构及对征订与购买阅读对象的调查研究；三是期刊内容与编辑文化的定位，即期刊种类性质、内容与编辑人员的专业知识、业务素质的选择与培养关系。

　　归纳以上内容，可得出期刊定位的基本定义：

　　期刊的定位即为办刊者根据文化市场与读者阅读的需求，确立期刊的编辑方针、经营策略与读者服务目标，运用期刊的本质属性与功能特性，创建一套行之有效的编辑方式，树立期刊在市场和读者中的特定形象和鲜明地位。

　　从严格的期刊特征意义上讲，对期刊的定位属于办刊者在确定创办期刊或办刊过程中的阶段性工作，即对新办期刊或更名改变刊物原有性质的期刊所必须进行的系列性工作。一旦期刊明确了定位，办刊者就应不遗余力、全身心地投入确定的编辑方针、办刊策略与服务目标之中，经过编辑的不懈努力，必能达到甚至超过预期所确定的效果与目的。

一、期刊的文化市场定位

（一）明确期刊的市场类别

　　期刊的文化市场定位，简称为期刊的市场定位。根据期刊既是精神文化产品又是物质文化产品的双重属性，首先必须运用市场经济体制的基本概念来划分期刊的种类性质。通常从期刊文化市场的经营角度又可把期刊统分为两大类，一类为消费性期刊，另一类为非消费性期刊。若以刊物的内容表征区分，消费性期刊即指涉及满足读者日常生活、保健、文艺、娱乐、体育、旅游休闲文化，以及学生教辅等性质的期刊。而非消费性期刊则指与读者职业生产、工作与学习及专业学术研究相关的行业指导与学科探索等性质的期刊。若从两类期刊征订与购买的表现形式上区分，消费性期刊一般以消费者个人自费订阅与购买为主体，而非消费性期刊则以单位与部门公费征订与购买为主体。

消费性期刊与非消费性期刊的内容截然不同，市场和读者对两类期刊的需求也各异，这使得两类期刊的编辑方针不同，期刊经营与读者服务目标也不尽相同。办刊者事先应按照文化市场对期刊的分类，确定所办期刊归属于消费性期刊，还是非消费性期刊的类别。

（二）调查和分析同类期刊的市场概况

在确定所办期刊的市场类别后，办刊者应着手调查和了解同类期刊的市场状况，其中包括同类期刊的办刊数量、创刊时间、市场销量与销售渠道，以及期刊所在地、主办单位、期刊人员、经费投入与经营收益、社会反响等相关情况。同类期刊的一系列信息，看似与创办期刊关系不大，实际上这是办刊者对创办期刊的市场前景的一种前期性科学预测所必须掌握的资料。因不同种类和性质的期刊所受的制约条件不同，要求也不同。目前我国期刊界还未建立起科学的评估期刊市场发展前景的标准体系，对此还有待于进一步地探索与研究。

下面不妨抽取几个不同项目进行讨论分析。首先讨论同类期刊的办刊数量。按理同类期刊越少，竞争对象就少，办刊的风险性相对也小，就消费性期刊而言更是如此。因办刊受各种因素制约，一般性原理不一定适应于特殊个案。准确地说，不能单从期刊的单一项目指标来定位预测办刊的风险性。例如 20 世纪 90 年代中期，上海市的一家出版社创办了一份消费性期刊，取名为《中年人》。创办前曾对市场同类期刊作了周密的调查，了解到市场上有老年、青年期刊，还有少年，幼儿期刊，而唯独没有专为中年人所办的期刊。该出版社从调查统计中估算我国现在至少有中年男女 1 亿多，若推算其中有 5% 的人员征订阅读，就有 200 万之众。若开办此类期刊，读者阅读面广，办刊前景乐观。而在期刊创办后，却一直发展不顺，读者群体始终建立不起来。原因何在呢？应该说原因是多方面的。首先对同类期刊概念的理解不准确。单从期刊的市场表象上看，的确没有取名为"中年人"的期刊，但这并不表示没有中年人阅读的期刊。中年人介于青年与老年之间，他们既可阅读青年期刊，也可阅读老年期刊，他们曾经历的和将要经历的世事，都可以从青年期刊和老年期刊中读到。也就是说中年人阅读的期刊已不在少数，说明办刊分析的判断有误。其次是对读者的阅读需求的分析过于乐观。中年人大多数为单位工作骨干，工作压力大，生活担子重，一般均是上有老下有小，娱乐时间少，上班忙工作，下班操劳家务，平常抽不出时间阅读刊物，更不可能专门花钱买一份在其他刊物也可获得相关知识的期刊。

　　而就同类期刊办刊数量的同一项目，对于非消费性期刊的不同性质刊物，评价标准又不同。以高校学报为例，以同类期刊比较，我国不论规模大小的高校均办有各自的学报。就办刊而言，不存在同类期刊多少对办刊的限制与影响。加之高校办刊一直沿用传统的全额拨款方式，因此也不存在经费负担。而社会所办的专业学术期刊就截然不同。同类期刊数量过多，必将影响办刊的生存环境。也就是说在非消费性期刊中，同类期刊数量对高校学报来讲，没有多少影响，但对社会所办专业学术期刊却有制约。以上是关于同类期刊的数量一项，分别针对消费性与非消费性期刊中的个案进行的讨论，其目的是说明期刊的定位是一项复杂、涉及面广泛的系统性工作。

　　关于同类期刊的销售问题。调查者必须清楚我国的期刊出版销售发行体制。期刊出版销售有邮发与自发两种。邮发即通过邮局征订和零售发行。邮局发行的主体为一年一度的统一征订，并为方便读者购买畅销期刊与报纸，邮局专门设置了报刊零售亭。自发即为期刊社自办发行销售。以此种发行方式为主体的期刊多为两种情况：一种是发行销售量大的畅销期刊，经营效益好，有实力开辟发行销售渠道，自身设有较完整的刊物发行机构。另一种为专业研究面狭窄的学术期刊，因期刊发行量少，邮局不愿接纳，刊社只好自己办理邮购发行。显然后一种自办发行与前一种有着实质的区别，前者是自己有一套独立建制的发行销售渠道，而后者是自己办理邮寄发行。正由于此，目前大多数期刊既依靠邮局征订发行，也办自行邮购业务，或以委托其他渠道代销的方式促销。因此调查同类期刊的实际发行数，不但要了解邮局发行数，还要了解其他方式的销售数量，两数合计才是期刊真正发行销售数。

　　对刊物地域的调查也不容忽视。刊物地域是指期刊的办刊地点。信息和资料是办刊的基础，大城市、沿海城市属于信息中心地区，获取信息快捷、准确和全面，绝大多数知名期刊和畅销期刊均出自作为信息中心的省会或直辖市城市。如了解到同类期刊数量已不少，并且开办的大都在大城市中，创刊者就应考虑改弦易辙。

　　同类期刊其他调研项目就不一一列举讨论了。总之，办刊者应该进行全面调查、认真论证，做到知己知彼，才能克服浮躁的急功近利心理，为创办的刊物打下坚实的基础。

（三）科学、适当地确定刊名、刊期与开本、定价

一个好的刊名，是刊物的无形资产，也是构建品牌的基础。刊名简洁、朗朗上口和一目了然是期刊刊名的起码要求。刊名对期刊内容性质的表意要准确、清晰、鲜明、个性突出和雅俗共赏，并能给读者的视觉留下强烈的冲击感和阅读的期望欲，这才是期刊刊名的内涵特征。例如《中国青年》《中国妇女》《人民文学》《青年文摘》《中外书摘》等，以及所有以学校为刊名的高校文、理科学报，从刊名上界定，只能认定为达到了起码要求。而《读者》《书屋》《时尚伊人》《家庭医生》《知音》《浪淘沙》以及《齐鲁学刊》《云梦学刊》就较好地突出了刊物的风格个性，并能给读者留下深刻的印象。

刊名忌讳雷同，办刊务必避重。例如期刊中有《幼儿启蒙》《科学启蒙》《启蒙》。《幼儿启蒙》与《科学启蒙》尽管两者都冠有"启蒙"两字，但读者从总体上可直接知晓期刊的内容，显然前者是针对幼儿出版的刊物，后者是一份科普读物。而《启蒙》期刊，就使读者无法区别与辨认，它究竟是属于什么类别和性质的刊物，何为其主体读者对象。因为"启蒙"两字的含意广泛，可理解为文学启蒙，也可理解为艺术启蒙，还可理解为医学启蒙等等。这样就会造成读者征订和购买该刊时，无所适从，难以决断，直接影响到期刊的销售发行。《启蒙》的刊名不明确，并存在与同类期刊刊名雷同之嫌。当然刊名也不能无端地标新立异，取出的刊名令读者费思忖，就像猜字谜一样，要打开刊物看了后才知道"谜底"，这种刊名也不是好刊名，同样难以吸引读者阅读。例如《母语》《天地人》之类的期刊名就属于此列。在没有阅读《母语》之前，谁又会料到它是一份纯文学的刊物呢？另外单从刊名上看，读者无法知道《天地人》是一份什么内容的期刊，而其主办者为某省的民政厅，主要刊载的内容却为人世间的悲欢离合，社会百态之故事。

有了好刊名，只是有了办好刊的条件之一。现实中也存在有了好刊名，并不一定是受读者喜爱的刊物，也有个别刊物名字不是很响亮，但刊物却办得很出色，例如《家庭》《故事会》《半月谈》等期刊。但如果读者连刊名都读不懂、看不明，这等于办刊者给自己设置了一道障碍，无形中增加了办刊的难度，势必影响到刊物的销售发行。

作为期刊，出版周期也是期刊市场定位时应考虑的因素。单纯从刊期长短比较，刊期短的期刊传播信息快捷，内容新颖。期刊的刊期长短与期刊的种类有关。通常与读者生活、娱乐、体育休闲等有关的消费性期刊的刊期较短，而与读者工

作、学术研究等有关的非消费性期刊的刊期较长。现代期刊出版中，消费性期刊为月刊、半月刊的所占比例比较大，旬刊、周刊次之，而非消费性期刊刊期为季刊、双月刊所占比例较大，月刊、半月刊次之。期刊的开本、印张和定价是与读者阅读、期刊成本和市场销售直接相关联的系列因素。

期刊开本的表现形式有 16 开本（分大 16 开本和 16 开本）、32 开本（分大 32 开本与 32 开本），还有 24 开本等。我国的期刊多以 16 开本为主体，约占期刊总数的 80％以上，32 开本占期刊总数 15％左右，异形本约占 5％。异形本多用于幼儿、少儿期刊中。

印张是出版物开本与页码的换算单位。通俗地解释，期刊印张数越大，页码就越多，期刊的印刷成本也就越高。以 16 开本期刊为例，一本具有 6 个印张的期刊，其页码（版面）数为 $16 \times 6 = 96$。在市场上一般消费性期刊的印张数要小于非消费性期刊的印张数。消费性期刊常在 2—4 个印张之间，非消费性期刊大多在 4-12 印张之间，说明印张与刊期也不无关系。

期刊的印张关系到期刊篇幅与内容的刊载量，并与期刊成本、定价成比例关系。它还是读者征订和购买刊物时作出决断的重要指标。通常办刊者都会根据期刊市场和读者需求、刊物内容和篇幅、印数与成本、刊期与开本等各方面进行核算，科学地确定期刊出版印张数与适当的定价。

二、期刊读者的定位

随着人类社会的不断进步，知识信息量的迅速更新，学术研究工作的深入推进，学科结构与科目的划分越来越细。为适应新的发展形势，现代期刊的类别划分越来越细，期刊的定位也越来越明确。

不同种类的期刊服务于不同的读者，反之亦然，不同文化层次的读者，选择不同种类的期刊。从期刊严格的定位定义上讲，老中青少幼皆宜的期刊是没有的。即便是一份征订销售达到百万，乃至数百万的期刊，也只能是依靠其主体读者群。如行销世界各国、拥有不同地区版本、美国编辑出版的《读者文摘》，其主体读者多集中在中青年，且具有中等文化程度。

（一）读者的年龄结构特征

消费性期刊与非消费性期刊两大种类期刊的读者年龄也有所差别。消费性期刊中各种刊物的读者年龄结构包括老、中、青、少、幼等各个阶段的读者群体，而非消费性期刊多以中青年龄的读者为主体，加上少部分老年读者，没有少幼读者。显然这种差别与两大类期刊的内容密切相关。

期刊的读者群体均有着明确的年龄阶段。特别是在消费性期刊中，部分期刊的刊名就直接表明了刊物读者年龄，如针对幼儿、少年、青年、中年、老年所办的期刊，就有《幼儿画报》《少年天地》《时代青年》《中年人》《中国老年》等等。虽然大多数期刊刊名上没有冠以读者年龄阶段之名，但各自均有其明确的读者年龄对象段。凡是办刊者对其刊物的读者对象不明确的，或确定的读者对象年龄段过泛、过广；或过杂的，将直接关系到办刊内容的选定，影响到办刊的质量与效果，最终将失去读者。

（二）读者的文化层次与刊物内容

期刊的读者群体并不是由办刊者随意确定的，而是由期刊的性质和内容、读者文化层次等相关的多种因素所确定。以少儿科普期刊《科学启蒙》为例，该刊创办时，将其读者定位为小学生与中学生，其文化层次确定在小学的三年级到中学的高中二年级学生段。当时的主观愿望是尽可能地拓宽期刊的读者面，办刊者以为确定的读者面大，刊物的发行销售就多。创刊后，市场与读者及办刊内容等方方面面遇到的客观问题毫不留情地表明，期刊读者对象的定位太宽。当时没有考虑到在青少年年龄段文化层次的差异性，导致办刊的编辑方针忽上忽下，刊物内容深浅不一。如组稿既要考虑小学生读者所需求的科普知识，又要顾及高中生读者的科普要求，顾及了两头，而又将中间段的初中生读者无形中忽略了。结果编辑出版的刊物小学生看了感到太深奥，高中生看了觉得文章太粗浅，初中生却不爱看。创办一年后，这份号称面向青少年的科普期刊发行量却一直徘徊在万份左右。面对偌大一个青少年阅读市场，销售量就是上不去。后来该刊通过市场调查，调整了读者的定位，把读者年龄段压缩为小学五年级至初中二年级，即12-15岁年龄段的青少年读者，并集中精力对这一年龄段的青少年阅读心理特征和科普阅读需求进行了认真的调查，获知该年龄段读者已具备了一定的学科文化知识，又正处于求知欲望的盛期，爱思考，敢创新，思想上充满幻想，乐于接受一切新鲜事物。他们既爱阅读科幻故事的离奇情节，又对发生在大自然中的奇闻趣事感兴趣。

《科学启蒙》编辑部根据确定的读者对象和调查论证后，重新制订了编辑方针，针对定位读者阅读需求陆续开办了众多专题栏目，并结合读者学习特点举办科技小论文比赛、科幻故事讲台和校园科技发明创新节等多项科普活动，改变了过去那种办刊跟着感觉走的思路。同时根据青少年求知阅读心理，正确地引导小读者学习、了解和掌握科普知识，积极参与科普活动，还利用多种编辑方式引导小读者结合现实，识别发生在身边的伪科学、假科学。这样大大地增加了青少年读者阅读科普期刊的兴趣。该刊调整定位，改变编辑方式仅一年时间，在读者定位缩小的情况下，发行量反而猛增。为满足读者阅读需求，刊物又从原来的双月刊改为月刊。

从上例中，我们可清楚地认识到，期刊读者的准确定位与读者阅读需求，以及期刊的编辑方针与内容的确定，均与期刊经营策略与编辑方法密切相关，并都关系到期刊的办刊效果和发展。

三、刊物类别与编辑文化内在关系的定位

不论是消费性期刊，还是非消费性期刊均包含了不同类型、不同性质的刊物。期刊的种类性质不同，则编辑方针、编辑内容也不相同，编辑方式与编辑流程的运作也不尽相同。大部分消费性期刊，如在时政新闻、生活体育娱乐，以及科普类期刊的编辑工作流程中，就有采访写作和摄影等类工作。而大多数非消费性期刊，如学术性、技术性期刊编辑工作就无须上述环节，但特别强调编辑的组稿与审稿等工作流程。同时期刊的出版刊期不同，对编辑流程运作的要求程度也不同。显然不同种类的期刊对编辑人员文化业务素质的要求也不尽相同，在期刊明确了市场、读者的定位后，编辑人员的选择也应纳入期刊的定位之中。

期刊编辑文化与期刊性质的内在联系，具体地是指期刊应拥有一批适应于自身刊物的编辑者。此项工作看起来容易，真正落到实处却有一定难度。如上面提到的少儿科普期刊《科学启蒙》，为了保证期刊的办刊质量与水平，创办时特地从高校学报的编辑中挑选了四名中青年编辑，其中三名为研究生，一名为本科生。从学历层次上讲该刊的编辑文化水平是相当高的，但由于这几位编辑曾工作于高校学报，编辑形式主客观上都存在不同程度的差异性。列举有以下几点：一是学报的编辑流程与少儿科普期刊的编辑流程的要求有所不同。一般学报为季刊或双月刊，编辑工作的过程时间偏长。而创办的科普期刊开始为双月刊，后改为月刊，这对编辑流程的运作时间要求紧迫。二是学报与科普期刊编辑工作重点不同。学报大多只刊发本校教师和科研人员的稿件，编辑无须采访、写作，并且稿源充足。而少儿科普期刊面向中小学生，必须深入学校、社会积极采写读者喜爱的科普奇闻趣事，及配合科普宣传，组织小读者开展科普活动。若编辑按学报传统模式坐等来稿、关门编稿是行不通的。三是两种期刊的管理机制不同，高校学报完全依

赖学校拨款办刊，编辑工作量小，任务轻，而《科学启蒙》属于自主经营、自负盈亏、独立核算的办刊机制，编辑工作任务量、期刊发行销售及编辑业绩与编辑个人报酬紧密挂钩。四是这几位高学历的编辑人员，有三位是学文科的，对科普编辑业务不熟悉，科技知识水平也不高，此应是问题的主要症结。基于以上原因，几位经"专门"挑选的编辑很不适应新的编辑工作。原本以为能胜任高层次学术期刊，又具有高学历的编辑人员，对编辑少儿科普期刊无论从能力、水平和业务素质上都是绰绰有余的，为何事与愿违呢？其根本原因是编辑人员对不同种类期刊的编辑文化存在着认知差异。

正如期刊学界所达成的共识，高学历、高素质人才并不都能适应和胜任编辑工作。同样，适应于从事非消费性期刊编辑工作的，并不一定就适合消费性期刊的编辑工作，反之亦然。无论在消费性期刊，还是在非消费性期刊中，因学科门类、期刊性质的不同，尽管适应于此刊编辑工作，却不一定适应于彼刊。这不仅与编辑的专业所长、业务、兴趣和职业素质有关，而且与编辑对期刊性质和结构的内涵特征认知有关。因此期刊在选择编辑人员时，既要强调编辑文化素质，也要注重编辑对期刊认知文化的水平和程度。也就是说，不同种类的期刊具有不同的编辑认知文化，编辑对其所从事的期刊性质应该有独到与深刻的认知，这是胜任该刊物编辑工作的重要因素。

四、注意处理期刊定位工作中的几个关系

综合上述，在期刊定位的实施过程中，在切实做好以上几项工作的同时，还应注意根据市场和读者的需求变化，辩证地处理好以下几种关系。

（一）明确期刊定位与适当调整的关系

一般情况下，当期刊定位通过全面调研和充分论证确定后，刊社上下应齐心合力，围绕定位，按部就班地开展编发统筹工作。期刊编辑工作实践表明，期刊的定位并不是一成不变的。随着社会的不断发展，文化市场和读者对期刊文化的需求与期望也会相应发生变化，期刊的知识面信息量和信息内容也将得到不断地增删调整，这将涉及编辑方针和编辑方式的相应改变。以上一切变化均与期刊的定位有关，即期刊定位的变化，实际源于时代文化背景的变化。能否适当地处理好期刊定位的稳定与变化关系是衡量期刊能否保持持续发展的重要标志之一。期刊界有关此类例子并非少见。例如一批早期创办并深受读者喜爱的期刊，由于没能根据市场与读者文化需求的变化及时地改变和调整期刊的定位，仍保守着传统

的办刊观念和编辑模式，其结果是，轻者导致期刊发展停滞不前，原地踏步，重者则被迫停刊，不得不将原有的文化市场拱手让位于同类期刊中的佼佼者。同时也应看到，当前一批畅销期刊的发展势头不减当年，就是因为办刊者特别重视市场和读者的文化需求，能适时、恰到好处地调整定位，例如《读者》《家庭》《知音》等就是典范。

（二）文化阅读引导与读者需求的关系

这也是一个编辑界讨论时间较长，并最终达成共识的重要议题。因引导和需求是一对矛盾的统一体，所以在实际操作过程中由于把握不准，往往容易出现某些不应该出现的偏差。

在社会主义市场经济体制的运作中，部分办刊者对于具有双重属性概念的出版物认识模糊，为追求出版物的经济效益，针对部分读者低级不健康的阅读心态，编凑一些刺激感官的内容，或专门刊发一些表现社会阴暗面的故事来迎合读者。这种一切向"钱"看的办刊者完全丧失了一个编辑工作者所应具备的社会责任和正义感，办出的刊物也失去了精神文化产品所具有的健康、积极和激励读者上进的作用，而成了读者精神的文化麻醉剂。因此在确定期刊的市场与读者定位时，要认真处理出版物引导与需求的关系，不能被经济利益所左右。换言之，就是要正确对待期刊出版物的社会效益与经济效益的辩证关系。

从文化传承与传播概念上，期刊的社会效益与经济效益之间是一种相互依存、互为联系的双层关系。通常社会效益可视为正反两方面，经济效益则有大小之分。从辩证关系的严格意义上讲，两个效益成正比例关系，即期刊的经济效益大时，社会效益也大；经济效益小时，社会效益也小。在实际的文化传播中，期刊的销售量愈大，获得的经济效益就愈大，刊物的销售量大，读者阅读面就愈广，从而期刊的社会影响面大，所取得的社会效益也就大。而没有经济效益的期刊，肯定刊物的发行量小，多则上千，少则数百份，刊物的读者阅读面狭小，产生的社会影响则小，自然谈不上有什么社会效益。

从编辑文化行为应产生的社会价值来检查，期刊学界的确存在个别办刊者完全抛开编辑文化行为应有的社会责任，以追求出版物的最大经济利益为唯一目的，将商界唯利是图的恶习引入出版行业中的现象。办刊者不是通过以正确的文化导向来主导文化市场，引导读者的文化阅读获得社会与经济"双效益"，而是利用低级淫秽的内容来迎合部分读者的不良阅读心理，达到谋求出版物的最大利润。办刊者这种完全丧失社会责任的文化行为，尽管一时获取了一定的利润，但给社会文化和读者精神带来的损害是无法弥补的。

对于那种自我标榜有着较大"社会效益"，而销售量一直停留在数百、上千份，全靠国家拨款生存的非学术期刊，或依赖行业行政手段，强行摊派征订，而谋取所谓"双效"的期刊，只有尽快摆脱计划经济体制的传统办刊模式，正确认识期刊的双重属性，在坚持正确的办刊方向下，改革期刊的管理与经营体制，重新确定期刊的定位，积极应对市场和读者需求，才能办出深受读者青睐的刊物。对于少部分不适应新时期文化发展需求，并依靠国家拨款维持或行业摊派办刊而又不能产生社会效益的刊物，上级出版行政管理部门应针对具体问题，进行改革。如改变办刊体制，更换刊名，另起炉灶，或者狠下决心忍痛割"爱"，停办此类期刊。2003 年 7 月，中纪委、中宣部、农业农村部、新闻出版总署召开联席会议，落实中共中央办公厅、国务院办公厅发布的《关于进一步治理党政部门报刊散滥和利用职权发行，减轻基层和农民负担的通知》的文件精神，确定以国家新闻出版总署牵头，推出了治理整顿报刊的实施细则。这是我国改革开放以来推行的最大一次报刊治理。党和国家下决心，并采取了有效的措施，通过治理整顿，取得了明显成效，此工作对推动我国期刊业的快速发展有着深远的历史意义。

（三）创新与特色的关系

期刊编辑的创新与特色是期刊发展的根本。因此在实施期刊市场、读者与编辑相关文化行为的定位过程中，应始终将创新与特色融入其中。期刊定位的创新与特色和前面所讨论的定位调整、文化需求与引导，以及刊物性质与编辑文化是同一问题的不同层面的文化内涵。

期刊在适时地调整定位时，要保持期刊原有特色，并应有所创新，即定位调整不仅仅是一个环节的工作过程，而是期刊运作的系统工程。如读者对象定位改变了，刊物的编辑方针等一系列相关内容都应有所变化。但这种改变也不只是简单地换一种方式，或仅改变编排格式，而应适应新的定位，在编辑思路方法与运作模式上均有创新与突破。同时在正确引导市场文化时，不断创新编辑内容与方式，以最大限度地满足市场和读者的阅读需求。针对同类期刊的编辑风格与方针、栏目特色与编排手法、装帧设计和印装方式等，都应有自身不同的表现形式及创新思维，才能广泛地赢得市场和读者。

第三章　期刊编辑工作概括

第一节　期刊编辑工作概述

一、期刊编辑工作的对象

编者、作者、读者成为期刊的三维结构，说明这三者都是期刊的结构力量，在这三维结构中，期刊编辑作为中介质、结合质则反映了编者在这个三维结构中的特殊作用。所谓中介质、结合质，就是要对本来分散的编者、作者、读者，通过编者的中介、结合作用，使之形成期刊的三维结构。从这个视点去观察，也就意味着作者、读者成了编者作用的对象，或者说在一定意义上成了编者的工作对象。

由于期刊编辑工作的复杂性，期刊编辑工作的对象也是相当广泛的。不仅作者是组稿工作的对象，读者是期刊出版工作的对象，其他如期刊编辑还要收集、鉴别、提炼各种各样的信息来作为编辑工作的依据，以规划总体编辑构思、制定选题计划，因而信息也是期刊编辑的工作对象；期刊编辑更要对文稿进行审读、筛选、加工整理，文稿也是期刊编辑的工作对象等等。

从不同的方面，可以提出期刊编辑工作的不同对象。这样看来，似乎期刊编辑工作的对象是分散的，难以理出头绪的。倘若我们从纷繁的现象深入到事物本质进行考察，期刊编辑工作对象，虽然头绪颇多，但其间仍然有主有从、有枝有干、有纲有目，是可分可理的。

固然，期刊编辑要做作者工作，于是作者便可视为其工作对象。但是，对作者进行工作的出发点是组稿，通过作者的文稿使作者成为期刊三维结构之一；对作者进行工作的成果，同样也是反映在其文稿能成为期刊的系统结构要素之一。出发点和成果，实际都主要是体现在文稿上。如果文稿不成功，不能采用，那么，已做的作者工作虽然从长远看不能说是无效的，但从近期看却不能不说是无效的。在这里以作者为工作对象的核心，实际上是以文稿为工作对象。

期刊要做读者工作，最后是要为读者服务的，因而读者可视作期刊编辑工作的终极对象。但是，期刊服务于读者、影响读者以至读者参与完成期刊的思想内容、美感力量，都是在期刊编辑完成之后才产生的。虽然期刊编辑在编辑期刊的过程中时时刻刻要考虑到读者这个工作对象，但编辑直接工作的对象仍然是文稿而不是读者，是通过直接以文稿为工作对象来间接以读者为工作对象。关键仍然是文稿。

至于信息，期刊编辑当然必须广泛收集、分析研究等等，一句话，必须做信息工作。但对期刊编辑来说，除了部分可以结构进期刊的信息外，其他信息只是进行期刊编辑工作的工具或说武器，也只是间接的而不是直接的工作对象。而可以结构进期刊的那部分信息，仍然是要以文稿的形式出现的。也就是说，关键仍然是文稿。

看来，期刊编辑工作对象虽然纷杂，却都离不开文稿。期刊编辑工作对象之主、之干、之纲，也就不能不是文稿了。各路诸侯虽来自四方，但举的都只能是文稿这个王者的旗号。

所以，对"编辑"作动词用指编辑工作的一词，被解释为：指新闻出版机构从事组织、审读、编选、加工整理稿件等工作，是定稿付印前的重要环节。①

这个泛指"新闻出版"编辑工作的解释，自然是包括期刊编辑工作在内的。这个解释，也就是说，包括期刊编辑工作在内的编辑工作对象是稿件，是文稿。

就连期刊编辑对期刊进行结构这项极其重要的工作，也是要把包括图片等的文稿结构成期刊。其工作对象依然是文稿。

以文稿视作期刊编辑工作对象，并未将复杂的事物简单化，而只是提纲挈领化。它并不排斥期刊编辑还要以作者为工作对象进行作者工作；以读者为工作对象进行读者工作；以及重视信息工作……只是在对文稿所进行的工作中已经融凝进去了这些工作；或者这些工作的收获，会在期刊编辑进行期刊文稿的编辑工作时，发挥其作为工作对象的作用。

二、期刊编辑工作的特点

前已言及，期刊编辑学是编辑学的一个分支。同样，期刊编辑工作是编辑工作的一种。

编，本有组织排列的意思；辑，本有收辑聚集的意思。把这两个字复合成编

---

① 《辞海》，上海辞书出版社，1979 年 9 月第 1 版。

辑一词，也可说就是汇集加以组织编排的意思。编与辑之合成一词，至迟始于唐代。如李延寿之《南史》："少好学，能属文，家有旧书，例皆残蠹，手自编辑，筐箧盈满。"这里所说的编辑，虽与今日的编辑工作内容不尽相同，但已是用以指对书进行某种工作了。

编辑二字缀合成词后，将编的组织、排列与辑的收辑聚集两方面的意思结合在一起，以指汇集加以组织编排，就可概括编辑工作的中心内容了。现代编辑工作意义的编辑一词，则既包含有汇集、整理、编排的意思，又包含有审读、修改、加工、注释的意思。

作为期刊编辑工作所说的编辑，自然也是如此。只是，期刊编辑工作除这种共性外，也还有它自己的特点。

期刊编辑工作并不是与书籍编辑工作毫无区别的。说它们一样，只是从其大处而言。书籍文稿一般是一本书即一部完整的原稿，而期刊文稿则是要由许多篇文章组织编排而成的。期刊编辑工作不同于书籍的特殊性，即期刊编辑工作是要按总体编辑构思，把方面众多，内容各异，题材、体裁不尽相同的许多文稿组织收集、鉴定筛选、润色加工等，然后按一定的系统结构原则加以编排，使之成为体现一定思想内容、科学知识、美感力量而又丰富多彩的一个系统。

期刊编辑不仅要像图书编辑那样审读、修改、加工全部文稿，还要将这些由不同作者撰写的不同内容文稿，进行选择、配伍、分栏等编排组织工作。这项编排组织工作是一项再创造性的工作，关系到期刊作为系统的各个部件文稿选择是否得当，配伍是否科学，分栏是否适宜，这种编排组织工作的质量越高，作为系统的期刊结构就越趋于合理化、有序化，就越能产生更大于各篇文章效能总和的系统效应。

而这种编排组织工作，不像书稿那样，是完全要由期刊编辑来做的。而且这项工作的质量，是决定期刊质量的一个极其重要的因素，成为期刊编辑工作中一个极其重要的组成部分。

从期刊编辑工作不同于书籍编辑工作的这种特点，我们可以认识到，在具体编辑过程中，期刊编辑工作不仅比书籍编辑工作更复杂、更繁重，同时也更富于创造性，有更多发挥创造性的余地，因而也是更富有活力的、更具有挑战性的。

当然，在具体编辑过程中，期刊编辑工作虽然比书籍编辑工作更复杂、更繁重一些，但这并不排斥书籍编辑工作中也可能有比期刊编辑工作更复杂、更繁重的地方。

三、期刊编辑工作的导向作用

期刊编辑工作中这种更富有创造性的特点，无疑会大大增强期刊编辑工作的作用，使期刊编辑工作显得更具有重要性。

期刊编辑这项创造性工作，有一个很突出的作用，那就是导向作用。

期刊的导向性，是个很重要的问题。它表明期刊要把它的读者引向何方。导向性从根本上决定了期刊的思想性、科学性、审美观。

期刊的导向性既取决于期刊所刊载文章的思想性、科学性、艺术性，也取决于期刊的编排结构。文章的思想性、科学性、艺术性的缺点，高质量的编排结构虽不能扭转、消除其不良作用，但可削弱、削减其不良作用。反之，思想性、科学性、艺术性强的文章，高质量的编排结构可使其正确导向更突出，发挥更大的力量；倘若编排结构质量低，则可能削弱其导向作用。所以，期刊的导向作用虽然也要靠文章的思想性、科学性、艺术性，更要靠期刊的高质量编排结构工作。编排结构工作，可说是期刊编辑工作发挥其导向作用的一个特有的渠道。

编排结构工作发挥导向作用的具体方式方法可以各有不同，但从根本上来说，主要是通过展示期刊的倾向性来体现导向。通过展示期刊的倾向性来体现导向，也有种种方法。例如：可以通过标题的制作和突出的编排，直接表明赞成什么、反对什么的倾向性体现导向；也可以通过文章的数量和集中的编排、在版面上的地位、字号等，间接表明期刊的倾向以体现导向作用。可以只编排一面倒的意见文章以一枝独秀的方式展示期刊的倾向性体现导向；也可以通过正反面意见在标题字号、内文字号及版面位置安排等，让读者结合不同意见内容进行比较，得出与期刊倾向相同的结论，以展示倾向性而体现导向作用。可以通过刊登什么图片和不刊登什么图片，或者图片的位置、大小来展示期刊的倾向性以体现导向；也可以通过花边、题头图的有无等等，展示期刊的倾向性以体现导向作用。

总之，期刊通过组织结构发挥导向作用，一方面是选择什么内容的文章组织结构期刊，另一方面是如何在版面上编排结构期刊。二者相辅相成，这就使得期刊编辑工作会具有强烈的导向作用。

四、对期刊编辑工作的抽象认识

（一）多元与一元的统一

对期刊的编辑工作，上面作了纵的叙述。这样，可以了解期刊编辑工作的概貌和重点，也可以了解各阶段、各环节之间的传承关系。这可说是一种对期刊编辑工作的逻辑认识。

倘若换一种考察方式，不是从纵向按工作进程去研究，而从横向的期刊编辑工作总体进行抽象，那么，对期刊编辑工作的实质可能就会认识得更加清楚了。这里，不妨仍然集中到一期期刊的具体编辑过程来作横向的抽象考察。

这样，我们首先就会发现，期刊编辑工作，是一种多元与一元统一的工作。

期刊不像有些书籍那样：题目单一、作者单一、内容单一、章节连贯、一气呵成；而是题目众多、作者众多、内容纷繁、互不连贯的许多文章辑之而成的。这就是期刊的多元性。

期刊却又和图书相似，以一个刊名、单独成册面世，而不是以各篇文章的题目，像活页文选那样单篇出版。也就是说，期刊要编成一个整体，才成其为期刊。这就是期刊的一元性。

期刊的具体编辑工作，就是将多元性的许多文章，编辑成为一元性的一本期刊。

但这种化多元为一元的期刊编辑工作，并不是把多篇文章改写成一篇文章，或者如一些综述文章那样汇众家之说成一文。期刊编辑工作并没有消除多元性使之一元性，所以只能说是化多元为一元，而不能说变多元为一元。

期刊编辑工作是一种使多元性与一元性相统一的工作。统一之中仍然还有多元性的因素存在，或者说是一元之中有多元，多元之中有一元。如果只有一元性而无多元性，或者反之只有多元性而无一元性，就都不是期刊而只是书籍或活页文选。只有多元性与一元性相统一才能成其为期刊。许多不同的文章，由于期刊编辑找到了不同文章之间的共同点——或者说找出了它们的最大公约数，因而使这些不同的、独立的文章赖这个最大公约数而彼此互相联系起来，成为具有一元性因素的多元性文章，从而编成了一元性的一本期刊。这就使多元性具有一元性，而在一元性中又仍然存在着多元性。

从哪些多元的文章中去找可以一元性的共同点，找什么样的可以一元性的共同点，这就取决于期刊的总体编辑构思与期刊编辑的艺术。

期刊编辑工作，是使多元性与一元性相统一的工作，是使多元性与一元性优化乃至最优化统一的工作。

先要对期刊编辑工作有这样的认识，才会有这样的追求，然后才可能将一本期刊编辑成为一个有序的系统。

（二）归纳与演绎的统一

期刊编辑工作，也是一种归纳与演绎统一的工作。

归纳与演绎，本是两种不同的推理和认识事物的科学方法，是从特殊到一般和从一般到特殊的方法。在期刊具体编辑工作中，也有一般和特殊、归纳与演绎的问题，故而便借用了这两个概念来说明这种关系。

期刊编辑工作多元与一元的统一，可说是建立于归纳与演绎基础之上，又统一于归纳与演绎的。期刊的多元，或者说期刊的每一篇文章，原本都是具体存在的个别事物，即所谓之特殊。在这里，归纳不是从特殊到一般的推理，而是要寻求有共相的特殊，和寻求特殊的共相来组织结构成一本期刊的内容。期刊编辑的工作质量高低，在于所寻求得来的共相的特殊、特殊的共相的合理度与紧密度。合理度与紧密度高，归纳也就愈科学，也就更具有一元性，也就是期刊编辑质量更高。

编辑好的期刊都有一个一以贯之的编辑主旨作为主导、中心，成为这本期刊的主题。这个主导、中心、主题，就是这本期刊的一般。期刊的各个栏目、各篇文章，虽然未必栏栏篇篇都是正面表现主题、表现一般的，但所有栏目、文章，应该都是围绕主题展开、安排的。只有这样，期刊才能编辑成为一个有序化结构的系统，产生系统效应。有些文章独立存在时，也许是不能表现、表达这本期刊主题的，但被组织在这本期刊中，成为一般的主题下统率的一个部分，文章内部潜存的与一般的主题相通的地方，这时就会展示出来了。无论是直接、间接还是潜在相通于主题的文章，都具有从一般到特殊的意义，也就是演绎的意义。期刊编辑工作，在选题、集稿、鉴定、筛选、删改、校订过程，特别是在编排结构过程，即前期、中期特别是后期工作中，都要从一般到特殊、演绎地来进行工作。

期刊编辑工作，又是归纳和演绎的统一。二者并非绝对对立的，而应是矛盾的统一。例如，不应单纯从特殊到一般，从众多文章去归纳一个期刊的主题，也不应单纯从一般到特殊，主观主义地确定期刊的主题，只按主题去找文章。而应该是：期刊编辑过程始终贯彻着从特殊到一般又从一般到特殊的归纳与演绎的统一。

归纳与演绎本是互相联系、互为补充的。演绎的根据源自归纳，归纳的结论是演绎的前提；归纳又是一般指导下的归纳，在一般的指导下才能正确地寻求到特殊的共相。

归纳与演绎的统一，在期刊编辑工作中，是更为深层、更触及本质的统一。

在某种意义上，也可视作多元与一元统一的深化。

（三）整体与局部的统一

期刊编辑工作，还是一种整体与局部统一的工作。

整体与局部的统一，在期刊编辑工作中，具有更为广泛的意义。

一般说来，这种整体与局部的统一，可包括近、中、远三个层次的统一。

近层次的统一，或者称之为狭义的统一，是一期期刊文章整体内容与各个栏目、各篇文章之间的统一，包括栏目与栏目之间、文章与文章之间的协调。没有这种协调，也就不会有整体与局部的统一。

没有这个层次的统一，期刊就不可能编成一个有序化的系统。

这一层次之上的整体与局部的统一，与前述多元与一元的统一、归纳与演绎的统一是处于同一层面的，都主要是针对期刊文稿的选题、集稿、鉴定、筛选、删改、校订、结集、序次、编排等项工作，作横向考察抽象的，只是三者的视角与深度有异。但从其根本来看，这三个统一在期刊编辑过程中，也应该是统一的。

中层次的统一，或者称之为亚广义的统一，是一期期刊内容与形式整体与局部的统一。这是范围更为广泛的整体与局部的统一。如果将浅层次的整体与局部的统一可视作内容的统一的话，在这里，这个统一也就成为局部了，整体则是还包括形式这另一个局部的整体。有一些期刊，也许在编辑工作中注意了浅层次的整体与局部的统一，却往往容易忽视中层次的整体与局部的统一。所以市场上就不时会看到在中层次上整体与局部欠统一的期刊。例如，非娱乐性也非文艺性的期刊，甚至有的政治性期刊也大贴封面女郎，抛开其他的不说，"封面女郎"的形式与"政治性月刊"等的内容不相协调、不相统一，就是整体与局部不统一的例子。

内容与形式的整体与局部统一问题，不仅会见诸例如封面与内容的统一，也会见诸例如文章标题与内容、字体字号与文章内容的统一，插图、题图、尾花与文章内容的统一，乃至装订、纸张、字号……与期刊整体的统一。期刊编辑的工作，是包括千头万绪的不同方面、不同层次的整体与局部的统一工作。

远层次的统一，或者称之为广义的统一，是一期期刊与其他各期期刊的整体与局部的统一。其范围更广泛了，已超出了一期期刊。这是由于，期刊作为连续性出版物，每期既是独立的，又不是完全独立的。一期期刊有时不妨作为一个整体来考察，但从本质而言，它又应作为一个局部来考察。这样，对一种期刊来说，从创刊到终刊，才是这种期刊的整体，每期期刊只是整体的一个局部。

因此，谈到期刊编辑工作，就不能不包括这种广义的整体与局部的统一。

广义的整体与局部的统一之所以是期刊编辑工作的一个抽象本质，恰恰是由于期刊是连续出版物的性质所规定的。

期刊如果不能在编辑工作中做到广义的整体与局部的统自然也就更谈不到会有自己的特色、风格了。广义的整体与局部的统一，可说是期刊编出特色、风格的基础。基本栏目的稳定，言论态度的一贯，基本性质的一致，乃至形式的基本固定等，都是期刊编辑工作中广义的整体与局部的统一的体现。

不难理解，广义的整体与局部的统一，是包容了亚广义的整体与局部的统一、狭义的整体与局部的统一的。它是狭义的整体与局部统一与亚广义的整体与局部统一的延伸。

同样不难理解的是，狭义的、亚广义的、广义的整体与局部的统一，是互相联系并互相促进的。在期刊编辑工作中是很难将它们分割开来的。

上述三个统一，可称为期刊编辑工作的统一观。这三个统一，它们本身也是统一的、互相联系的，而不是截然分割的。从现象看期刊编辑工作，就是将许多文章编成一本期刊，将这种工作抽象到理论上来认识，就是多元与一元的统一。期刊编辑工作达到多元与一元统一的方法，是运用归纳与演绎的统一。这些期刊编辑工作体现在物化的期刊上，就是整体与局部的统一。

无论期刊编辑工作如何千头万绪，如何环节众多，如何变幻莫测，透过现象的纷杂来抽象地认识其本质，就是多元与一元的统一，归纳与演绎的统一，整体与局部的统一。掌握了这种统一观，也就掌握了期刊编辑工作的金钥匙。

第二节　期刊编辑工作的主要内容

一、综合编辑工作与具体编辑工作

根据期刊是分期出版的连续性出版物这种性质与特点，期刊编辑工作可以粗略地划分为综合编辑工作与具体编辑工作两部分。这两部分工作分别适应于期刊作为连续出版物与每期又作为相对独立出版物的特殊性质。因此，也可以通俗化、简单化地将属于相对独立的每期期刊的编辑工作，称之为具体编辑工作，而将贯穿于各期期刊编辑工作，不仅属于某期期刊、带有适用于各期或某些期的、体现连续性出版物性质的编辑工作，称之为综合编辑工作。但必须说明这两部分编辑工作只是为了便于研究而作的粗略划分，二者实际并不是截然分开的。因为，不仅综合编辑工作往往也贯穿于具体编辑工作中，而且，具体编辑工作也具有作为综合编辑工作组成部分的意义。期刊作为连续性出版物与每期相对独立的存在，原本就是统一的。将期刊编辑工作粗略地划分为综合编辑工作与具体编辑工作，除为了研究方便起见之外，也为了突出期刊编辑工作"连续性出版物"编辑工作的这个特点、内容。

（一）综合编辑工作

按照这种粗略的划分，综合编辑工作的内容主要有：

1. 信息工作

信息是 Information 的对译。而 Information 的字源又是拉丁文 Informatio，原意是阐释、说明。申农创立信息论，视信息为通信系统中之普遍联系方式，是包含于消息中的抽象物。现在对信息有种种不同的界说，但通常大都承认如消息、信号、情报，特别是事实与数据都是信息。期刊是社会文化现象，与社会联系密切，掌握信息可说是期刊编辑工作的基础。

2. 市场工作

期刊和其他出版物一样主要是通过市场进行传播、发行的，并通过市场交换来发挥其精神力量（思想力量、知识力量、艺术力量等等），影响人们的灵魂。其力量、影响之大小，固然是取决于期刊质量，但这种固有的力量、影响能够发挥的程度大小，却还有赖于市场。因此，期刊编辑工作在致力于提高内在质量之余，还有个市场工作。其中包括如市场供应情况、市场需求情况的调查、了解，市场流通渠道、流转速度的开拓、强化，以及如何既引导又适应市场等工作。

3. 方针任务

包括期刊长期、年度、每期的方针任务。在总的长期方针任务规定下，进而明确年度、每期的具体方针任务，使之成为年度、每期具体编辑工作的指针。

4. 编辑构思

包括宏观总体编辑构思——长远的及年度的总体编辑构思，与微观总体编辑构思———期期刊的总体编辑构思。这种总体编辑构思可说是综合编辑工作与具体编辑工作的切合点。

5.宣传工作

宣传工作也可说是市场工作的一个方面，将此项工作单独列出，不仅是为了使其得到更大的重视，也因为期刊的宣传工作意义，还不仅是由于市场的需要，不仅是为了占领市场与扩大市场，也是期刊更好地发挥其精神力量的需要，亦即扩大其社会效益的需要。

6.质量检查

期刊出版了不等于编辑工作的完成，还应对期刊进行质量检查，并将它作为综合编辑工作的内容之一。对期刊这种连续性出版物来说，其意义也不仅在于对过去工作的评估，更对以后连续编辑的期刊具有指导意义。

（二）具体编辑工作

具体编辑工作的内容，主要有：

1.选题拟制工作

拟制选题计划，是期刊进入具体编辑工作的第一步，也可说是期刊具体编辑的基础性工作。

2.集稿工作

集稿工作，特别是集稿工作中的组稿工作，是将选题计划付诸实现的重要一步。

3.审读工作

对所集得的文稿逐篇审读，目的在于对文稿进行鉴定、筛选：既对文稿质量进行鉴定、筛选，又对文稿是否适合期刊系统结构进行鉴定、筛选。

4.修改加工工作

即对通过审读准备采用的文稿进行修改加工。包括从标题到文字，从政治性到艺术性、技术性的修改加工。期刊编辑在进行这项工作时，应事先取得作者的授权。

5.结构工作

将一篇篇单独存在的文章，组织结构成为一期期完整杂志的工作，也就是系统论所说的系统的结构工作。从具体一期期刊来说，这种结构工作主要是指结集、序次、编排等工作。

期刊具体编辑工作上述诸主要内容各有其自身的重要性，彼此之间有着承先启后的密切关系。但是，对于作为连续出版物的期刊，我们不能不说，结构工作具有它的特殊意义，最能体现期刊编辑工作的特点。

下面再分别论述具体编辑工作与综合编辑工作。

二、具体编辑工作

具体编辑工作上述诸主要内容，可以归纳为前期编辑工作、中期编辑工作与后期编辑工作三个阶段。

前期编辑工作主要包括选题、集稿等；中期编辑工作主要包括鉴定、筛选、删改、校订等；后期编辑工作主要包括结集、序次、编排等。

三个阶段编辑工作的完成，也就是期刊具体编辑过程的完成。

不难看出，三个阶段的编辑工作，实际包括十几个环节。各个环节之间，是具有连环性的，某一环节工作既是前一环节工作的延续，又是后一环节工作的开始。因此，从其重要性而言，每个环节工作都有每个环节工作的重要性，都是不可或缺的。但是，在整个期刊具体编辑工作中各个环节的重要性，又并非相等的，其中带动整个工作的重点有二：一是稿件的质量，二是编排结构的质量。

所谓稿件的质量，就是说期刊具体编辑工作，要围绕提高稿件质量这个重点来进行。中期的鉴定、筛选、删改、校订等审修工作，目的就是在于提高稿件质量，这自是容易理解的。就是前期的选题、集稿等工作，同样要以提高稿件质量为中心。选题制定得好，为选题选择的作者恰当，就是高质量地做好了选题、集稿等工作，也就是为稿件的质量奠定了坚实的基础。后期的结集、序次、编排等工作也是为了提高期刊总体质量，使稿件在成为期刊系统结构的组成部分后，能发挥较之其独立存在时更大的功能。可见，无论是期刊具体编辑过程中的前期、中期、后期，都是始终以提高稿件质量为重点的。

所谓编排结构的质量，就是说期刊的编排结构是整个期刊质量的关卡和具体体现。编排结构对期刊质量的作用，已经从不同角度加以讨论，对它的关键作用，也已经有所了解。这里只补充一点，就是围绕提高稿件质量这个重点所进行的一切工作，无论是选题、集稿、审修，都是个别地、逐篇地进行的工作。不仅这些工作的成果，最后要通过编排结构成期刊来综合体现，使其具体化，而且提高质量的最后完成，也都有赖于使期刊成为一个有序化系统的编排结构工作。编排结构工作开端于微观总体编辑构思，也是微观总体编辑构思的具体体现。

所以，期刊具体编辑工作虽然头绪纷纭、环节众多，但稿件的、质量和编排结构的质量却不失为两个重点。要做好期刊编辑工作，就必须抓住这两个重点。

期刊具体编辑工作的三阶段，只是为了期刊编辑学研究方便而加以划分的。

三阶段实际是一个统一的过程，具有统一性。

就三阶段各个环节具体分析，选题的制定是组稿、集稿的基础，是为组稿、集稿创造条件。否则，组稿、集稿都无目标，都缺乏具体的依据。前期编辑工作的中心意义，在于根据期刊总体编辑构思要求制定选题、集稿，不仅是为期刊准备稿件，它本身也已是具体编辑工作的一部分，已经在某种程度上进行筛选、结集乃至准备编排的工作。

前期工作完成，稿件到手后，对稿件的处理，就成为中期工作的中心。首先是根据稿件内容鉴定其优劣得失，根据对稿件的优劣鉴定而选优汰劣，这就进入筛选环节了。筛选留下的稿件，还要根据对其鉴定的得失，进行增删修改，这就进入删改环节了。鉴定是以前期工作成果稿件为基础进行的，而筛选、删改等工作又是在鉴定基础上进行的。经过中期工作的稿件，作为单篇的稿件来说，是编辑完成的稿件，但作为一期期刊的系统来说，还只是合格的、但尚未结构成系统的要素，只是为后期编辑工作即编排系统工作准备好的稿件。

后期的工作是只能在前期工作、中期工作的成果基础上来进行的。首先是将单篇编辑完成的稿件集结，粗略分类一下，例如分成若干栏目。然后安排栏目与栏目如何衔接，如何先后相承；栏目内的各篇文章如何衔接，如何先后相承。只有理顺了它们之间的逻辑关系，根据它们之间的内在逻辑关系来编次，才能成为有序化的系统。这种逻辑关系，这种有序化结构，最后还要在期刊的版面上体现出来，并尽可能强化。这样，一本期刊的具体编辑工作，才算是告一段落。在集结、序次、编排诸环节之间，它们彼此之间的连环，也是可以看得很清楚的。

三、综合编辑工作

综合编辑工作的各个方面，也是互相关联的。在有些环节之间，也可看到连环性。例如，信息是市场工作的基础，方针任务及信息、市场又是编辑构思的依据，如此等等。因为，不论是具体编辑工作还是综合编辑工作，都是围绕同一目标，即高质量地将期刊这种连续出版物编辑结构成一个个小系统、中系统、大系统来进行的。

信息工作包括广泛收集各种有关信息。尤其要重视事实与数据的信息。信息库的建立也很重要，但这项工作往往是我国期刊的薄弱环节。为此，期刊要从重视资料的收集、管理做起，做到不仅资料丰富齐全，而且管理科学、使用方便，一索即得。国外的期刊很重视这项工作，值得借鉴。

在信息工作方面，还应特别重视学术信息、出版信息、期刊出版信息，尤其是与期刊同一学科、相近学科的学术信息、出版信息、期刊出版信息。并要对这些信息认真地分析研究。要将本期刊置于与同类期刊、优秀期刊相对比之下，研究他刊之长、我刊之短；分析它们有什么特点，其意义何在，并从中去探索本刊发展、提高的途径。

市场工作的重点应是期刊市场和图书市场，特别是与本刊同性质、同学科的期刊、图书市场。要做市场调查、市场分析、市场预测等工作。市场是瞬息万变的，因而这项工作也是一项动态性的工作，需要经常、持之以恒地进行。市场又是像万花筒似的受诸多复杂因素的影响而不断变化的，因而还要对市场的变化作科学的分析，掌握其变化的规律，以便做出科学的市场预测。市场还与社会政治、经济、文化等各方面的变化有密切联系，因而，市场预测与编辑期刊的社会预见性也是相关联、互为促进的。科学的市场预测也有助于期刊预见的科学性。市场与读者也是分不开的，因此，市场调查、分析、预测也要与读者调查、分析、预测联系起来进行。

市场调查、分析、预测更应该重视围绕本刊的特定目标来进行。例如本刊进入市场的情况——包括销售的升降指数，与同类期刊的销售比例及销售分布情况、读者层次分析等等。做好这些工作，就能为做好期刊编辑构思、做好期刊编辑工作提供可靠的依据。

质量检查工作，或者也可称之为评刊工作，即检查、评勘刊物的质量。这种质量检查工作，重点是内容质量检查，但也包括技术质量检查。一般是在每期期刊出版后进行的。

内容质量检查，主要是对这一期刊物质量的总体评估、各部分的质量评估（包括内文、封面、插图配置等等）、各栏目的质量评估、各篇文章的质量评估等。一方面是检查内容有无错误和不当；另一方面是检查本期内容质量较前有何提高。重点是抓住两头，即好的和不好的。

技术质量检查，包括排印质量检查、校对质量检查。此外，特别要提出的，还应检查是准时出版还是脱期出版。

排印质量不仅是关系期刊形象的问题，也关系是否便于阅读的问题。刊物内容再好，如果排印模糊不清，难以阅读，也会削弱其社会效果。

校对质量更值得重视，鲁鱼亥豕，错误百出，不仅会使文意不明，甚至与本意相悖。在"无错不成书"的情况下，期刊的编后质量检查，是纠正"无错不成书"误区的第一步。只有检查出来问题后，才可能去设法纠正。

检查期刊是否准时出版，长期都为人们所忽视。不意转眼之间，就在20世纪90年代末的两三年间，突然风向陡转，部分期刊纷纷又争相提前出版，你提前一周出版，我提前两周出版，他又提前三周出版，以至4月中旬、上旬，就可买到5月份的刊物了。这自非谁的呼吁或谁的命令能做到，而是市场这只"无形的手"操纵的结果。这不是好事吗？不。凡事都有个度，这种近乎恶性竞争的过度提前出版，与脱期出版一样，都是一种违约行为。期刊是定期出版物，定期出版是期刊对读者要承担的义务，具有契约性质。无论脱期或过早出版，都意味着违约。提前三两天出版是可以允许的，提前一周、两周甚至三周或更多，就不同了。过于提前和脱期一样，都会使期刊削弱乃至丧失时间适应性。时间适应性是期刊审稿"重要内容"之一，丧失、削弱了时间适应性，就会损害期刊质量。脱期和过度提前出版，都是非正常的。所以，期刊编辑应把检查是否准时出版当作重要工作之一。

上面所论及的期刊编辑工作的各种内容，都是要靠期刊编辑部来做的，期刊编辑部往往不是一个人而是一个集体，要做好期刊编辑工作，这个集体就必须团结一致，朝同一方向努力才行。因此，期刊的主编作为这个集体的首脑，就要将编辑部的人很好地组织、调度，围绕着总体编辑构思，群策群力，凝成一股合力。这样，不仅可以做好各环节期刊编辑工作，还能创造导向正确、风格突出的高质量期刊。

第三节　期刊编辑工作的流程与模式

一、编辑工作的基本流程

业界有人将期刊编辑工作分为综合编辑工作和具体编辑工作，其依据之一为期刊是由一期期独立的"个体"组成，各期均有其编辑工作的独立性。这是对具体编辑工作的阐述。而期刊各期又有其统一的编辑工作计划和总体的编辑思路，有着年度选题、组稿的全盘预定规划，各期之间具有紧密的连续性。这就是综合编辑工作的依据。期刊的综合编辑工作与具体编辑工作划分，其主要用意是突出期刊作为定期连续性出版物与图书编辑工作的区别。正如徐柏容在《期刊编辑学概论》中所说，从期刊实际编辑工作而言是没有这种综合编辑工作与具体编辑工作的截然区分的，其目的是研究期刊编辑工作的方便起见。

从期刊编辑学总体研究的角度，把期刊编辑工作分为综合编辑工作和具体编辑工作未尝不可。在两种工作的分类上，综合编辑工作实质为期刊编辑工作的整体性工作。例如包括期刊出版单位制定期刊编辑方针、总体编辑构思、宣传工作和质量检查等，而期刊的信息收集、市场调查和读者阅读反馈等，既可归于期刊的整体性工作，又可属于编辑个人应做的局部性工作。然而具体编辑工作主要是指编辑个人必须独立完成的期刊编辑流程的基本工作，也就是传统俗称的期刊编辑"六艺"，即选题→组稿→审稿→加工→编排→校对等组成的期刊编辑工作基本流程。

二、编辑工作的分期

编辑工作与其他工作一样有其计划性和阶段性。虽然在实际编辑工作的各操作阶段没有明确、严格的时间区分，但是在编辑工作的流程环节中均有各自独立的不同工作内容和特征。为了便于探讨和理解，特将期刊编辑工作的整体进行分期讨论。下面把编辑工作分为前期、中期、后期等三个阶段，其中每个阶段又包含了三部分子工作。

（一）前期编辑工作

前期工作包括信息收集、选题和集稿等三部分子工作。期刊是一种传播文化科学知识、提供文化科学信息的出版文化载体。编辑工作的首要任务就是根据所在刊物的性质和期刊编辑计划全面收集了解文化科学信息，其中有学科研究进展、国家政策方针和改革举措、文化市场动态、作者写作动向和读者阅读需求等等。不同类别的期刊，收集、调查信息的侧重点不同。但是不论何种类型的期刊编辑对刊物作者的写作计划与读者阅读需求都应该做到悉心了解，全面掌握，并做到心中有数。通常期刊选题分为年度、半年（季）度、月（期）度三种。为了确保期刊出版的连续性，刊物编辑部统一制定年度选题计划，一般是在每年底就原则上确定期刊下年度的总体选题计划。编辑根据年度选题计划的总框架，确定各自负责的期刊选题。编辑也可根据所收集了解的各种信息，适时地调整刊期选题，即在不影响刊物出版的整体性和期刊特色的前提下，编辑可提出新的选题，此项是编辑工作中创造性精神文化劳动的表现之一。选题经报期刊编辑部确认后，开展集稿工作。集稿工作包括组约文稿、挑选来稿和组织、清理稿件等（简称组稿、选稿、清稿）三项工作。一般情况下，编辑根据拟定的选题要求，选择作者约稿、挑选文稿和确定文稿等工作均应在此阶段中完成。

（二）中期编辑工作

中期工作包括审读、筛选、加工等三部分子工作。严格地讲，审读与筛选是两项密不可分的工作。文稿在审读中筛选，在筛选中审读。通常规范的期刊审稿工作分三个步骤，即俗称的"三审制"，编辑初审、主任复审、主编终审。各层面的审稿都是对文稿质量的负责和把关，不同审稿者各自独立评判文稿是否符合刊发的要求。文稿通过了三层严格的审读，就是经历了三道严格的筛选。经过以上审读、筛选两个环节后，对文稿的处理又会出现两种情况。一种是符合要求、确定刊发的文稿归入下一节进行编辑加工；或基本达到刊发条件的文稿退请作者修改后，再行编辑加工。另一种是对不符合刊发要求、没有通过审阅的稿件应做好退稿处理工作。编辑加工主要是将审稿筛选确定或作者返修后的文稿，根据期刊刊发要求进行删修加工，使之完全达到期刊的发表水平。应该说，编辑对文稿的修改加工，是编辑工作中创造性精神文化劳动的表现之一。

（三）后期编辑工作

后期工作包括编排、校对和刊检等三部分子工作。编排工作是体现编辑工作技巧的重要环节。对同样一组文稿，不同水平和素质的编辑，编排出来的效果不相同。编排的总原则是落实期刊编辑方针，紧扣刊物特色，突出重点栏目，严格编排规范。各类期刊均有其共同的和特定的编辑方针。这是确保期刊方向、特色和连续性的重要因素，也是与图书编辑工作的区别之一。期刊编辑方针指导编辑思路与选题策划工作，应贯穿于期刊编辑出版工作始终。编排刊物时，要注意突显栏目重点，主要工作有栏目编排次序、文题字号选择、目录与内文的结合、插图与版面题头和文尾图案的审美设计等都要围绕突出期刊办刊特色作出整体性思考与安排。这项工作是体现编辑创造性精神文化劳动的表现之三。

此外不同种类、学科的期刊编排规范相异。例如社会科学类与自然科学类刊物各自有着不同的编排基本格式和标准，但学术期刊的严肃性、统一性和整齐划一性是它们的共同特征。文艺期刊和科普期刊的编排以活泼、轻松、设计变化的多样性为原则，编排规范没有学术期刊严格和单一。而科普期刊必须认真遵守自然科学期刊统一规定的量、纲单位的编排标准和条例，决不能单纯为求版面活泼，不按统一规定随意使用量、纲单位。文稿的发排表示编辑加工的工作业已完成。此时的文稿要严格做到"齐、清、定"。简言之，齐，指全期的文稿已齐备，文章质量已达到发表要求。清，指发排的文稿（含图、表）清晰、符合要求，便于排版。定，指作者和编辑修改、加工文稿完毕，原则上不能再作调整与删改。发稿排版后的工作为校对。由于原来我国计划经济体制下，绝大多数期刊发行量不大，加之有人员编制的限制，一般期刊都没有配备专职校对人员，主要依靠文稿排印单位负责校对和编辑校对相结合。随着人们阅读水平和审美标准的提高，当前发行量较大的半月刊、月刊和双月刊，通常均设有专职校对员，发行量小的刊物依然没有专职校对，校对任务由编辑完成。因此编辑"六艺"中一直保留了校对这一流程。换言之，无论有无专职校对，都要求编辑人员至少逐字逐句通校样稿两遍。校对工作是一门学问，本书已设专章，在此不展开讨论了。期刊的基本校对程序一般为四校定稿，责任编辑与校对人员同时负责一、二两校，主编终（抽）校为三校，最后编辑校对比红（四校），签字出终校样付印。期刊的出版有如十月怀胎，一朝分娩。期刊是作者与编辑创造性精神文化劳动的具体产物。刊物的出版表明编辑工作的成果已成为面向社会的文化产品。在刊物出版后编辑应对照前期刊物情况，进行全面检查比较，并根据检查结果，扬长避短，为下一期刊物的出版作好编辑工作准备。

三、期刊编辑工作的基本模式

我国当前的期刊编辑工作，一般分为两种不同的模式：一种为栏目责任编辑制，另一种为刊期责任编辑制。两种模式的编辑工作流程基本相同，编辑工作运作方式相异。

（一）栏目责任编辑制

期刊具有的内容多样性，不仅使得期刊编辑工作与图书编辑工作有所区别，而且又使得期刊编辑工作具备特殊性。期刊的多样性文稿都是按照特定的栏目归类编排的，不同种类的期刊具有不同栏目，不同的栏目刊登不同学科内容，或不同体裁，或不同类别的文稿。由此期刊编辑工作就有了按栏目分责任编辑的模式，即期刊编辑部按照刊物设置的各类栏目进行责任编辑分工，视编辑人员与栏目数量，每位编辑分配数个栏目负责全程编辑工作。例如采用栏目责任编辑制的学术性期刊，通常是按编辑所学专业之长，分栏目负责编辑工作。采用栏目责任编辑制的其他类期刊，一般根据编辑爱好、所长或特点分栏目负责编辑工作。此种方式的优点是编辑在其熟悉的专业学科，或在其爱好、擅长的类别里开展编辑工作，有利于保证文稿的质量，提高栏目的水平，办出期刊的特色。

（二）刊期责任编辑制

顾名思义刊期责任编辑制，就是刊物每一期都有一位专门的编辑人员负责全期的整体性编辑工作。也就是说，根据刊物的年出版期数，分由不同编辑承担不同出版刊期的全程编辑工作。实行刊期责任编辑制的期刊，编辑要负责期刊全期不同专业学科，或不同类别的所有文稿的全部编辑工作。例如某种双月出版的期刊，通常是分由六位或几位编辑按期刊出版的先后顺序，各负责一期或数期刊物的编辑工作。此种方式的优点是编辑工作的周期性长，时间充裕，有利于编辑全面、广泛地接触期刊所涉及的学科，联系作者，了解读者。编辑流程的前期和中期工作责任编辑可自行安排，适当延长，对于选题、组稿、审稿等三项费时间和花精力的工作，在时间上可进行自由调配，同样也有利于提高刊物办刊质量。

以上两种不同责任编辑制比较，相对而言刊期责任编辑制比栏目责任编辑制更具独立性。但栏目制的编辑以栏目为主体，保障了期刊栏目内容、特色的连续性。而刊期制，期与期之间主要依靠每期编辑落实年度选题计划，来维系每期之间整体内容的连续性，由于各期编辑又有各自不同的编辑风格，从某种意义上说，将无形地影响到期刊整体的连续性。这就要靠刊物主编进行协调把关。

总之不论期刊采用何种责任编辑制，目的只有一个，就是提高期刊整体编辑质量，充分发挥和调动编辑积极性，加强编辑工作管理，有利于展示、了解、比较和考核编辑人员独立工作的能力与水平。

第四章　期刊的集稿与审稿

第一节　期刊的集稿

期刊选题与选题计划确定后，接下来就是集稿工作。应说明的是，传统编辑工作中的组稿在这里已扩充为集稿。最早将"集稿"二字见诸编辑学研究论著的是徐柏容先生。[①] 如果说期刊选题主要是编辑的精神文化思维活动，那么集稿工作则是前期编辑精神文化劳动设计的具体实施，是编辑过程从思维劳动阶段进入编辑实践阶段的转化，也是具有双重属性的期刊精神文化属性物化的必然过程。

一、集稿工作的内涵

（一）集稿的定义

集稿，单纯地从字面意义上解说，非常简单，即收集或集合文稿。在期刊的实际编辑工作中，"集稿"二字的含义有三层：其一为组约文稿；其二是收集来稿；其三为整理处理所有稿件。倘若从编辑文化行为活动的性质上比较分析，组约文稿属于主动性编辑实践活动；收集来稿则属于被动性编辑实践活动；第三层整理文稿的工作是对以上两类不同文稿开展初步筛选、分类和综合评估。通过以上的讨论，可概括出集稿的定义：为实施期刊编辑方针与选题计划，进行组约文稿和收集来稿，以及综合评价与分类整理稿件的工作。

通常编辑业内人士均习惯地把此编辑工作环节称为组稿。而从以上定义可清楚地了解，虽然组稿在编辑工作中是显示编辑主观能动性工作能力的重要表现之一，但其毕竟只是此道工序中的一部分工作，尽管此部分工作所占的比重远大于来稿收集、整理工作。重要的是，通过以上的讨论说明，用集稿来定义编辑工作

---

① 徐柏容：《期刊编辑学概论》，辽海出版社 2001 年版，第 261 页。

的此道流程，显然比组稿所包含的意义更广泛、更明晰，而且能更明确地反映和展示编辑在此流程环节的工作层次、编辑职责和责任。

集稿的定义使我们对集稿工作有了一定的认识，即此处的"集"字为动词，指采用多层面的编辑工作形式，组织和收集处理稿件。在此流程环节中，主体编辑有三个层面的工作均落在客体稿件上了。前两个层面完全是针对不同来源的文稿而设，也就是说，"集"中所包含的工作内容，是针对"稿"中的不同文稿工作而言的。

（二）期刊文稿的分类

集稿工作所针对的文稿可分为两类三种。一类是编辑主动组约的文稿；二类为编辑被动接收的文稿。第一类中为编辑部统一征文和编辑个人组约的文稿；第二类中又可分为自然来稿与其他途径来稿。在三种不同来源的文稿中，编辑组约文稿、作者主动投稿（自然来稿）均较明确。而在其他途径来稿中又包括两种形式：一是推荐稿，这是指由他人（专家、上级领导和朋友等）推荐给编辑的稿件；二是内部稿，此类稿件也可细分为两种：刊物编辑部的编辑及相关人员撰写的文稿为其一，期刊主办单位的相关人员所投的稿件为其二。

从上面的讨论中可见，似乎期刊的文稿种类很多，其实区分文稿的性质只要掌握根本的界定方法，即认定两种：一种是期刊编辑主动组约的文稿；另一种是期刊编辑被动接收的来稿。

二、集稿工作的地位和作用

（一）集稿在编辑流程中的地位

集稿是编辑流程中的一个重要环节，失去这个环节的工作，期刊编辑方针和选题计划均不能实现，选题计划就成了纸上谈"刊"，后面的编辑工作流程由于没有编辑主体的工作对象——客体稿件，也将随之消失。

期刊编辑学界素有把稿件比作刊物粮食的讲法。这样期刊的选题计划只是一份刊物"购粮"计划。说得更确切些，即是编辑采购"上等优质粮食"的方案（设想）。

综合上述，可概括两点：一是没有集稿工作就没有期刊的出版；二是集稿工作的好坏直接关系到期刊的优劣。集稿工作在编辑流程中占有举足轻重的位置，是其他环节工作不可替代的。从一定意义上讲，在编辑流程的各环节之中，不能没有集稿环节的工作。假设其他流程环节出现疏漏或减弱，甚至出现间断现象，但刊物仍可得以出版，只是不同程度地影响期刊的质量和刊物的整体水平。如果没有集稿工作，等于断了期刊的"炊烟"，也就没有期刊的出版。当然，此处仅是分析和强调说明集稿工作的重要地位，并不意味着其他编辑流程环节不重要。在实际编辑工作中，决不能为单纯强调集稿工作，而削弱其他几个环节。因为期刊编辑工作流程的形成是经历了长期编辑活动的实践，也是对编辑实践活动的科学、全面的概括。

（二）集稿的主要作用

集稿是衔接编辑工作上下流程不可缺少的环节，其功能和作用是多方面的，具体地可归纳为以下五个方面的作用。

1.集稿工作是获取和确保文稿来源的必然途径

前面已阐释了期刊获得文稿的主要方式，其中有组约文稿、作者主动来稿和其他途径来稿三种情况。

尽管期刊的种类繁多，出版刊期长短不一，内容各有千秋，但是所有期刊的集稿方式都是相同的。集稿获得文稿有三种不同形式，其中组约文稿是获取稿件的主要方式和来源。虽然作者主动（自然）来稿在期刊稿件的总数量上占了一定比例，而由于大多数主动投稿的作者对刊物的具体编辑方针和选题计划不甚了解，有着盲目和试一试的投稿心理，特别是新作者所占比例较大，因此一般符合期刊刊发要求的文稿不是太多。同时，其他途径来稿所占期刊稿件数量比例也不大。数量少，并不代表可以不重视。作为一名合格的期刊编辑，不应忽视来自任何方面的稿件，没有理由轻视任何一位作者。编辑工作实践证明，在作者主动来稿和其他途径来稿中也不乏高水平的文稿。

集稿工作全部包含了以上获取稿件的种种途径。任何期刊的出版都不能没有稿件，编辑工作中获取稿件的必然途径就在集稿工作环节上。

2.集稿工作是期刊编辑方针和选题计划得以实施的充要条件

在编辑工作流程中，第一个环节是调查研究，然后根据期刊编辑方针，提出选题，制定选题计划。也就是说，选题计划就是集稿工作方案，前期的选题工作就是为接下来的集稿工作得以有序顺利进行而设计的，反之亦然。

已知集稿的途径来自三个方面。首先，期刊编辑组约文稿时，都是依据预先制定的选题计划实施的。而在编辑组约文稿时，在与作者接触和交流的过程中，往往在讨论原定的选题上双方碰撞出新的思想火花，产生出新的符合期刊编辑方针的选题。这种情况不但不会影响选题计划的落实，反而会增强刊物选题的科学与实用性。

　　一般情况下，作者主动投稿和其他途径来稿，由于随机性因素较大，大多数来稿的内容和文题并没有列入期刊预定的选题计划之中。但又确实存在少部分文稿符合期刊编辑选题要求，且其中还有个别优质稿件，编辑应认真对待，切不能遗漏，这方面的工作都属于集稿工作的范畴。通常具有长期办刊经验的期刊编辑，遇到此种情况是不会出现疏漏的。因此集稿工作不仅能满足选题计划，而且能全面落实期刊编辑方针。集稿是具体执行期刊编辑方针和选题计划的充分和必要条件。

　　3. 集稿工作是保证期刊出版质量的重要步骤

　　期刊文稿是作者精神文化劳动创造的成果，能较真实地反映作者的专业知识、研究水平和写作技巧等诸方面的文化素质。作者文稿的水平直接关系到期刊质量的优劣。客观地分析，编辑在集稿过程中一部分工作是组约作者文稿，而另一部分精力是花在评估和判断文稿的质量之上。正确地评价和妥善处理作者文稿是集稿中的重要工作，能较好地完成此项工作，反映出编辑有较高的综合素质。判断和评价文稿的质量，编辑不应轻易地采用优劣或好坏来区分。客观的用语应是适宜采用或不适宜采用。编辑在集稿时，既要严把文稿质量关，但又不要随意否定作者的文稿。评价文稿质量主要立足之点是分析文稿是否达到期刊刊发条件。通常有两种处理情况：一是组约和评价期刊文稿有多方面的指标。首先必须衡量文稿是否符合期刊编辑方针和选题要求这一大前提，再判断文稿内容结构、写作水平等是否适宜。二是因多种因素造成的文稿不适宜在该刊物刊发，而适宜在其他刊物刊发，编辑就应负责地提出建议和做好推荐工作。这既是为所在期刊把关，也是充分尊重作者的精神文化劳动，同时这也是编辑业务和品德素质的具体体现。

　　期刊集稿工作是编辑评价和判断文稿整体质量的重要步骤，所集文稿若能达到期刊发表要求，后面的编辑工作流程就能顺利地开展。如果达不到标准的文稿通过了集稿流程，不仅将增加后面几个环节的工作难度，更为严重的是会直接影响到刊物的整体质量。

　　4. 集稿工作是发现作者、与作者沟通和发展作者队伍的关键工作

　　实质上，编辑组约作者文稿时，必然有一个深入了解老作者广泛结识新作者的工作环境和工作需要的过程。这样在集稿过程中编辑一边加深了对期刊老作者的了解，另一边扩大了对作者接触和认识的范围，增进了与新老作者的友情，丰富和提高了期刊组约文稿的内容与质量。

　　一名优秀的期刊编辑，绝不会为因组约到了两三期文稿而放松工作，也不会孤立地看待集稿工作的表象形式，而是具备长远的办刊集稿战略观念。为使期刊得到长期高效地发展，刊物必须建立和拥有一支高专业知识、高文化素质和高写作水平的作者队伍，这样才能使期刊稳定地保持高质量稿件的来源，呈现办刊特色，获得读者青睐，创造出"双效益"。

　　5.集稿工作是培养和检验编辑组织文稿、人际交往和思维应变能力的主要环节

　　从事期刊编辑职业也与其他职业一样，应具备适应本职工作需要的不同能力与素质。仅就集稿工作而言，就是培养和检验编辑人员的组约文稿的观察判断力、与作者交往的亲和力，以及处理不同问题的机敏反应能力。

　　编辑在实施期刊编辑方针和选题计划时，在透彻理解选题内容的基础上，首先应对文稿撰写的对象有全面的了解，不同的作者适合于写作不同的选题。有时即使有了好的选题，如果寻找不到合适的作者，不但选题工作前功尽弃，而且还将影响到期刊的质量或延误出版。因此编辑与新老作者交往时，在了解其专业特长和研究水平的同时，还要清楚其写作能力。掌握作者善于撰写哪类体裁的文稿，做到组约文稿的有的放矢，知人善用，这样就能产生与作者的亲近感。

　　在集稿过程中，可能会出现一些事先预计不到的情况。例如由于作者工作繁忙，抽不出时间写稿，或约请的作者撰写的文稿不符合组稿要求，以及因了解不够，作者实际情况与选题确定的写作内容有较大差距等等。这就要求编辑应对不同情况及时地作出妥善处理。如果作者一时无法供稿，编辑就应及时作出调整，若此类选题找不到适合的作者，又是必须刊登的内容，就应与作者再联系，将交稿时间推延到下一二期。其他情况就不一一在此列举说明了。因为集稿工作中编辑的思维应变能力主要是在熟悉编辑工作规律后，通过实际工作的锻炼和编辑自身工作总结而培养出来的。

第二节　期刊的组稿

　　集稿工作中包括了主动组稿和被动收稿两种。一般高质量、高水平和有特色的期刊，集稿工作主要是采用主动出击的组稿方式。为了讨论方便，这里将主动

组稿的方式简称为组稿，此时的组稿概念与传统编辑"六艺"的组稿含义相近。再次重申传统"六艺"的编辑的组稿含义小于现在扩充了的集稿概念。

上节归纳总结的期刊集稿工作的作用有获取文稿的必然途径、实施编辑方针和选题计划的充要条件、保证期刊质量的重要步骤、扩大与发展作者队伍的关键工作，以及培养编辑综合文化素质的主要环节等五项。严格地讲，这主要是针对编辑主动性组稿而概括的。为更进一步了解集稿工作中主动组稿的方法和规律，下面先探讨期刊常用的几种征文组稿方式。

一、征文组稿的几种常见方式

期刊组约文稿的方式是多样的，这也是由期刊内容的多样性所决定的。通常情况是根据期刊不同时期的办刊需要结合社会文化科学的发展，及期刊主体读者阅读兴趣和需求来确定的。

征文组稿的形式有直接由编辑部出面组织举办的，也有编辑按照期刊选题计划报经编辑部批准同意独立组织的，还有由编辑部与有关单位合作共同策划筹办的等等。一般征文组稿可分为专题（活动）征文、主题争鸣（活动）征文、专人（事）专访征文和召开作者与相关人员座谈研讨会征文等几种常规形式。

（一）专题活动征文

开展专题活动征文是各类期刊常采用的一种组稿方式。主要是根据社会时势和科学文化发展的需要，由期刊编辑部统一确定专题征文。在刊物上刊登专题征文的目的、征文文题内容、写作体裁、字数及征文的起止时间等。整个征文活动的时间依专题涉及内容的范围大小而定，长则以年为限，短则以月为期。

专题征文可结合国家新出台的方针政策，也可针对某种特定的活动开展。例如在 20 世纪 90 年代初期，党和国家作出重大的经济体制改革举措，提出将实施了四十多年的计划经济体制逐步向社会主义市场经济体制转轨。当时的学术性期刊和时政性期刊就分别从不同角度、不同体裁，以此为专题展开了广泛的征文活动，收到了良好的社会效果。又如某家少儿科普期刊就曾以宣传国家倡导的"科教兴国"方针，开展以"我最喜爱的科学家"为题的征文活动，在广大青少年中产生了较大反响。

专题活动征文的主要表现特征是：宣传发动面广。期刊的直接和间接读者都可从刊物上获得信息，读者的参与机会同等，刊物的影响面大。因征文内容与历时形势结合紧密，又刊登在期刊上，知晓者和参与者多，并能达到扩大期刊自身社会影响的效果，持续的时效长。由于发布征文时间与正式刊发专题文章之间有一段时间距离，且每期刊文通常采用专栏形式出现，读者关注专题内容的时间也相应延伸，由此增加了期刊阅读价值的时效作用。

此种征文工作应注意之处有二：一是所拟定的专题（活动）务必能引起期刊主体读者的普遍关注。专题探讨的内容是读者迫切或急需了解的，或是读者：生活、工作和学习上感兴趣的问题。二是为了达到组织专题征文的最佳效果，刊物在做好前期必要工作的同时，务必组织一批擅长于专题征文研究的作者，写出数篇有代表性的高质量文稿，穿插在符合征文要求的来稿中刊登，或适时安排发表。这样既能做到有的放矢，产生更大收效，又能提高期刊专题征文的导向作用和确保期刊专题征文的如期刊出。

（二）主题争鸣活动征文

争鸣活动征文，顾名思义即指各类期刊分别针对某学科的学术性问题、某学术流派或某事件，甚至可具体到某本著作、某篇文章、某人讲话和某件事物等，开展不同意见、不同观点的专业及相关人员的争鸣探讨活动，其目的是广纳百家之言，推崇百花齐放，促进学术繁荣，推动文化进步，同时也有利于期刊出版事业发展。

期刊组织争鸣活动必须注意以下几点：首先，要有明确的主题针对性，提出争鸣问题应是当时学术界或社会上关注或疑惑的，并具有一定影响力的相关问题和事件。根据争鸣问题的不同性质，在不同层次的作者中选择征文来稿，开展探讨。组织主题活动征文的宗旨是，不论学术问题，还是社会问题，通过争鸣探讨均应使其达到深化、明朗、科学和求真务实的效果。其次，争鸣问题的价值作用。确定争鸣探讨的问题征文，必须考虑其争鸣结果的价值性，经过对学术问题方方面面的探讨，力求促进学术交流，活跃学术气氛，推动学术繁荣。通过对社会问题的争鸣，应使刊物读者收到教育、启迪和提高认识水平的实效。

开展此类争鸣探讨性活动，可采取多种形式。既可采取主题探讨征文，也可召集相关专家和人员举行主题争鸣座谈会征文。

此种征文活动适用面较广，可用于时政性、文艺性、科普性、学术性和文化生活等类期刊。

（三）开展专人（事）专访活动

刊物进行专人（事）专访工作，主要是指针对学术界、科技界、文艺界和教育界及社会各界公众知晓的名流学者、知名人士，或某事件的当事人等进行专门的采访组稿活动。其目的是期刊通过专访人的社会影响力，增强对事物和问题的公众说服力。

根据不同期刊读者的阅读需求和刊物的阅读导向，对专访者采写的内容不同。可介绍专访者生平、宣传其业绩报道其成果，也可就社会上突发事件、自然界出现的奇异现象，或重大的科技发明、创造等进行专人专访，为读者解惑答疑。以科学的观点分析问题，进行科学文化知识的普及宣传教育，提高广大读者认识和辨别问题的实际水平与能力。

开展专访活动，编辑事先要做好充分的采访调查计划，对采访对象的基本情况、背景资料和主要事迹均要全面了解，或对突发性事件和奇异的自然现象的发生时间、地点及历史上同类事件的发生情况也应尽量收集、查证核实。对采访对象所提问题应是广大读者想知道并特别关心的，同时是社会上有争议的。所提问题的性质应注意发挥期刊的导向性、宣传性、教育性和信息性等四大功能特点，这样既能收到预期的效果，又能扩大刊物的社会反响。

专访活动后的工作。采访后编辑要认真整理访谈笔录，或录音材料，及时撰写采访稿。撰写文稿的形式不拘，可采用各种体裁。有采用一问一答式的，语言要求简洁明了，提问要切中实质，也有采用专访报道式的，还有以专家观点采用综合性评述的。为加强专访文稿的导向作用，一般刊发的采访稿均应另加编者按语，加以引导性说明。

撰稿者不受身份限制。通常是期刊编辑担任采访人和撰稿者，也可委托有关人员充当。有时也因编辑受学科专业知识所限，难以科学、准确表述采访内容，也可向被采访者组约文稿。此外，为确保事实报道的真实性和准确性，专访采写成文后，凡是由采访者撰写的文稿，一定要送被采访人审阅同意，或请被访者签字，期刊方可刊登发表。

此种专人（事）专访撰稿和组稿，各类期刊均可采用，也常以不同形式的文稿见诸各类刊物之上。

（四）召开刊物年度选题座谈研讨征文

期刊编辑部根据编辑方针和选题计划，或选题计划中确定的某类型选题，组织了解和熟悉期刊性质与选题内容的作者及相关人员集合到一块，以茶话会座谈研讨的形式开展交流活动。座谈发言的主题围绕选题计划，或某类选题内容展开，可长可短，允许各抒己见，不受约束，形式活泼、轻松。研讨会主持者可以是编辑部负责人，也可是编辑部指定的编辑人员，还可约请谙熟刊物编辑方针的作者和有关人员担任。做好研讨主持的前提条件是，必须深刻了解和领会研讨选题的内容，能收放自如地把握好讨论的主题思想，既要使参与者达到畅所欲言的目的，又能使期刊收到理想的征文效果。

由于此种征文活动不拘一格，交流形式宽松，涉及的内容广泛，参与者均是业内的知情人，相互间启发作用大，往往在讨论之中产生出绚丽的思想火花，提出富有创新性的观点。在此基础上，参会的编辑人员应及时地抓住时机，适时地指定有独到见解者执笔撰文。并且期刊编辑部还能根据研讨结果，策划出新的系列选题，收到事半功倍之效果。

召开选题座谈研讨会征文，还能及时了解不同作者的学术观点、研究动态和写作动向。由此从一个座谈会，围绕一个选题或系列选题开展讨论，常常获得多篇不同角度、不同观点针对同一选题或系列选题的文稿。

此种研讨征文方式常用于学术性、教辅性刊物。采用此法后应注意的地方是，组织者要把握好座谈者发言内容的分寸，切忌脱离主题思想泛泛空谈。座谈主持者必须具备适时引导与善于启迪的能力。

二、组稿的基本工作程序

本节讨论的是集稿工作中编辑主动组稿的基本工作程序。

组稿工作是期刊集稿的最重要工作，期刊刊发的文稿绝大多数均来自编辑组稿。因此应重视和认真做好组稿工作。组稿一般要经过如下几个步骤：组稿前的准备工作、确定选题写作对象、多途径联系作者、洽谈约稿事宜、适当微调选题和作者人选、了解作者撰稿情况、约稿收缴工作等。

（一）组稿准备工作

期刊与图书的组稿工作有区别。期刊组稿前的准备工作可归纳为：编辑必须做到一清楚、二注意、三熟悉、四了解。一是在充分掌握期刊编辑方针和选题计划的前提下，为确保期刊内容的连续性，编辑必须清楚将要组约的文稿与上、下期刊物同类文稿的衔接情况，其中包括文稿内容的关联性、同类文稿数量的平衡性。既不能出现单篇文稿内容的重复，又不能出现在主体稿件上期与期之间的脱节现象。二是编辑不但要注意本期刊物栏目组稿的安排，而且又要注意处理好刊物上、下期之间栏目的文稿关系。三是各期刊都培养和拥有了一批相对固定的作者队伍，编辑应熟悉每一位作者的专业特长、写作特点，乃至作者个人爱好等，并应摸清作者当前工作和研究（写作）情况，能否有时间承担选题撰写任务。四是在组稿前编辑还应进一步了解期刊读者的阅读需求。虽然在拟定选题时已做了调查和考虑，但是在选题具体落实到每位不同作者前，应适当选择具有代表性的读者征求意见，了解情况，并把读者对有关选题的看法及阅读要求，用编辑特有的职业敏感整理记录，以备约稿时转告作者。

一名合格的期刊编辑在履行编辑职责时，应抱着对读者高度负责的态度，认真对待编辑工作流程的每一个环节。放松和忽视编辑工作中任何的细微程序，都将影响期刊的办刊质量与效果。

（二）确定选题写作对象

选择作者是期刊组稿工作中极为重要的工作。不同类别的刊物挑选作者的范围有所不同。一般挑选作者的范围主要是高等院校、中小学、科研院所和机关团体，以及遍布社会各界的相关专业人员。要注意的是，以上专业人员虽然都是各自领域中的专家学者，或管理部门与企业的骨干，或从事本职工作的能人，但却不一定都是撰文立说的作者。因此编辑确定选题作者时，首先要做好两个找准：其一是要找准选题所涉及的学科专业人员；其二是要找准该领域中适合于撰写选题文稿的对象。力求做到像数学函数中的一一对应关系那样，即一个选题找准一个作者。要落实好两个找准并不难，只要编辑有对期刊质量负责和为读者服务的责任感，做到认真、细致，就能较好地完成组稿任务。

应该注意在确定作者对象的过程中，不要走入下列几个误区：

①要认真区别同一学科门类中不同分支专业的作者。随着社会文化与科学技术的发展，学科专业越分越细。在同一大学科门类中，又分有不同的分支学科专业，有的分支学科又可再细分。俗话说"隔行如隔山"，此话不假。特别是自然科学的学科，例如在自然科学中数学为一级学科，下又分有几何、代数、函数、拓扑、分析……而各分支学科又可再细分，或交叉成为新的分支。以函数为例，可分为初等函数和高等函数两大类。两类中包含三角函数、实变函数、复变函数……以及与其他分支学科组合产生的新分支学科泛函分析……所以就会有同是一级学科门类的两位专家，所研究的二级学科，乃至三级学科专业的方向不同，尽管两者对一级学科下属的各门分支学科知识均有不同程度的了解和研究，但真正熟悉掌握的只是各自深入研究的不同分支学科。因此编辑组稿时，确定作者对象不能张冠李戴，自以为是。如若要组一篇研究函数论的学术文稿，找的却是一位专门研究代数学的专家，其结果是可想而知的。以上要求同样适用于社会科学期刊的组稿工作。

②要注意区别专家与最优撰稿者两个不同概念。顶尖的学科研究专家，不一定是优秀的撰稿者。也就是说，有的专家擅长于研究工作，而不善于撰写文稿，也有的专家能够较好地撰写专业研究的论文，而不善于撰写其他方面的文稿。例如某作者在学科专业研究方面是一位高水平专家，也能撰写研究学科方面的高质量学术论文，而请其撰写科普文章时，他却婉言谢绝，声称勉为其难。实际上，这样的情况在期刊组稿中常可遇到。如我国的"神舟十三号"飞船上天后，某家少儿科普期刊约请了西昌卫星中心的一位专家撰稿，写出的文章很有专业水平，但因为专业术语太多，文字生硬呆板，不适合少年儿童阅读。后来刊物又改请了一位爱好航天技术的非专业人员撰写，发表后受到小读者的欢迎。

③要辩证地对待名人撰稿。能成为名人固然有其与众不同之处，但编辑对名人不能迷信，也不能苛求。社会上出现的追星族和盲目崇拜明星者，各有其不同的认知心理和原因。其中有个人爱好的，也有盲目无知的，还有随波逐流的。为什么会出现这些现象在此不作分析。要强调的是作为从事编辑工作的人员，应该辩证地认识和对待这些现象。刊物组约名人文稿无非是利用名人影响产生轰动效应。实际上，真正求知和会阅读的读者，注重的是发表作品的本身价值。要知道名人也有失意之作，这也是正常之事。编辑在组稿确定对象时，眼睛切不要只盯着名人，要坚持以质取稿，并要敢于约请新作者或名不见经传者撰写文稿，这是编辑专业素质成熟和业务水平较高的具体表现。

任何期刊都拥有一支刊物自身的作者队伍。刊物编辑均有一批自己所熟悉的作者，对此，期刊编辑部和编辑都应分别建立一套完整的作者资料档案，以备组稿需要。特别是应对文化市场的需求变化，或国家有新的举措出台，或出现突发性事件等情况，急需组织某类选题的文稿时，刊物的作者能做到"请之即来，来之能写，写之能发"。因此作者资料档案要全面、翔实，应包括作者姓名、学历、年龄、职务、职称、工作单位、住所、联系电话、所学专业、研究方向、个人特长、写作能力、发表论著以及作者健康、个人爱好、家庭成员等情况。总之作者个人资料应区别于单位人事行政档案。编辑部的作者情况档案，应该是一份以人为本，饱含关爱、尊重之情和取人之长、服务社会与读者的综合性联络资料册。

（三）约稿工作

约稿是一门很有讲究的工作，其方式是多种多样的。编辑要善于组约不同作者的文稿，即根据不同作者，视不同情况而确定采取不同的约稿方式，就能较好地完成组稿任务，并获得最佳效果。

常用的约稿方式有两种类型，即直接约稿与间接约稿。通常是编辑了解与熟悉的作者采用直接约稿法。直接约稿又包括三种情况：一是信丽约稿。作者住地远离期刊所在地，或所组文稿不急于在近期刊发的情况下，采用以编辑部和编辑个人写信的方式约稿。二是电话联系或网络约稿。编辑特别熟悉和要好的作者，在通信网络发达的今天，可以采用电话或互联网直接约稿。三是登门拜访约稿。中国是一个讲究礼仪的文明国家。编辑登门拜访是对作者的尊重，也能把组稿事宜与作者交流得更充分、更具体。此方式多用于重大选题，或对知名学者、老年专家等的约稿。间接约稿是指编辑部和编辑委托他人代为约稿。期刊一般不常用此法。采用间接约稿往往出于以下几种情况：其一，作者工作繁忙，经编辑多次预约未果；其二，刊物和作者所在地不在同一城市；其三，编辑与未曾谋面的知名人士约稿，为达到组稿的目的，可委托与作者要好、亲近的同事、朋友和亲戚等。

归纳上述几种不同类型的约稿方式，编辑应针对不同情况采用不同的方法。总之哪种方式能最有效地完成组稿任务，就采用哪种方式。编辑工作实践证明，编辑专程登门请教约稿的效果最好。当然不论采用何种类型的方式与作者约稿，编辑都应谦虚谨慎、诚心诚意向作者请教，尊重作者，善待作者，视作者为师、为友，这样将会得到作者的理解和支持。如果编辑能掌握上述方法，再有个性、工作再忙的作者都将全力以赴地完成撰稿任务，满足期刊编辑的约稿要求。

20 世纪 80 年代，《中国科学》为组发最新数学研究成果的文稿，常常有编辑到中国科学院数学研究所联络作者，组约文稿。著名数学家陈景润的系列研究成果最先就是发表在《中国科学》上的。而当时《数学学报》编辑部却就在数学所的楼下，而部分数学研究的最新成果却最先发表在《中国科学》上，这应该是《中国科学》的编辑组约文稿的魅力体现。

（四）微调选题与作者对象

通过组稿工作，编辑广泛地与选题作者进行了联系和接触，在此环节中不单纯只有编辑向作者组约文稿的工作，实际编辑主体在组稿过程中，从各层面接受着客体作者传递来的各种信息，而且客体作者也同时在解读着撰写的选题。来自作者的信息是编辑调查文化市场信息、了解读者阅读需求信息之外的第三大信息，作者的信息是在接受了编辑交流的两大信息后，对其熟悉的选题内容提出的行家独有的见解。同样，作者在认知编辑提供的信息后，对其撰写文稿也有着较大的解读作用。

事先选题的确定均是根据市场和读者的两大反馈信息，然后经过编辑精神文化劳动的设计所做的决策。当接收到作者的信息后，编辑必将对部分选题产生新的思考和评估，从而对部分选题做出适当调整与修改，对相应的作者做一定的调整。此外，对个别预先确定的作者，在约稿时，其因故（出国、出差，或工作太忙）的确无法接受撰稿任务，但又由于期刊出版的定期连续性，不能因为组稿之故延误刊物出版的周期，此时编辑部和编辑应果断地决策，尽快调整作者人选，并做好妥善安排。

（五）了解作者撰文情况

编辑把约稿工作落实后，不要误以为编辑的组稿任务就已完成，其实不然。期刊编辑工作实践表明，绝大多数作者都能胜任组约的文稿，而恰恰部分作者又都是在完成文稿的时间上满足不了期刊要求的交稿时间，还有少部分作者在撰稿时，资料准备不足，或对撰写要求了解不透，或写作上遇到其他方面的问题，这将影响到撰写文稿的进度。因此编辑在约稿后的一段时间，应适时地与作者联系，悉心地询问、了解作者写作进展情况，及时为作者提供收集的新信息，并提示交稿时间，或进一步阐明写作要求，或热心地帮助作者解决写作中碰到的其他问题。这样对于撰稿作者就会有着不同的感受和体会。编辑的问候，对能如期完稿的作者传递的是期刊的热情；编辑的关心，对因工作繁忙、时间紧、一时难以完成文稿的作者，送去的是职业的责任，促其抓紧撰文；编辑的帮助，对遇到问题和困难的作者，给予的是支持，使其豁然开朗，集中精力，撰写文稿。约稿后编辑的主动联系和询问，关心和帮助，作者感到的是激励，也是督促，有利于文稿如期按质地完成。

（六）编辑的收稿与作者的交稿

到了期刊编辑约定的交稿日期，作者如约交稿和编辑按期收稿实际上可视为同一项工作。此项工作应注意做好以下几点。

其一是检查文稿内容是否符合约稿要求。其二是收交的文稿要做到基本的齐、清、定（文稿和图、表齐全。稿件的文字清楚，图表清晰，便于辨认。文稿的内容结构确定，要求作者以后不要大增大删，审稿后要求修改的除外）。不论是组约的文稿，还是自投稿都应符合期刊出版要求。对作者稿件的基本齐、清、定要求，是为后续的审稿、加工和编排流程后的严格齐、清、定打基础，并具有必要的关联。其三是经过期刊编辑验收后，应将文稿按类编号，标明收稿日期，及时地把文稿归档，为进入下一道工序——审稿做好准备。

收交文稿时标注收稿日期意义有二：一是维护作者著作权，特别是有关科研成果、发明创造和新学术观点等内容的稿件，收稿日期就代表其相关成果的法定确认日。若日后他人出现同一成果和发明技术、观点的争议，文稿上标示的收稿日期可作为明确的时间证据。二是标明收稿日期既是对作者和刊物的负责，也是编辑流程的规定，因收稿日期也表明了在此阶段中，编辑流程环节限定的时间概念。编辑收到文稿后的检查只代表编辑流程中的一个必要程序，最终确定是否符合刊发条件，还待后续的审稿和加工等环节。特别是对于自然科学类学术性期刊，约占90％以上的文稿均有一个返修的过程，返修后还须标注一个修改稿收到日期。

一般情况下，凡是组约的稿件退稿较少。对于自然来稿，期刊均规定了退稿期限或其他处理办法，因此对文稿必须要有收稿日期的标注。

还应提及的是，期刊编辑对收交的文稿验收时，对于文稿中的遗漏和不符合期刊出版要求的相关指标（如中英文摘要、关键词和参考文献等），要当即退还作者补充、修改和完善，切不可讲情面，降低标准，违心迁就地收稿。

三、组稿的注意事项

各类期刊编辑的组稿基本步骤相同。同时，在期刊组稿过程中，编辑应注意的基本事项也相同。

期刊编辑的组稿过程，简言之，就是编辑主体与作者客体的联络交往过程。为圆满完成刊物组稿任务，在此环节中编辑工作应注意两个方面：一是编辑组稿应注意向作者讲明三种情况，提出一点要求；二是编辑组稿还应注意做好三项工作。

（一）组稿讲清三种情况和提出的基本要求

编辑组稿与作者见面或联系，应先向作者讲明三个情况，再提出基本要求。换言之，作者若要写好文稿，必须了解掌握有关情况和信息，恪守组稿约定。作者只有做到心中有数，才能下笔有神。

1.要使作者清楚了解期刊的基本情况

基本情况包括期刊的性质、特点和行文要求。不同性质的期刊对于同一类选题，要求的写作形式、内容重点、文章结构均不相同。即使是同类性质的期刊，对于同一选题，也因为各自存在表现特点和行文风格的不同，所以其选题层次的深度和广度也不尽相同。例如同类高校学报，因学校学科重点设置不同，研究人员水平不同，设备条件不同，那么不同高校的学报组发同类选题的要求和标准也相异。

2.要使作者清楚了解期刊读者的基本情况

各类期刊均有各自不同的主体读者群，读者阅读需求一般都是随着社会文化科学发展，自身工作、学习和生活需要而变化的。对刊物读者的阅读爱好和需求，以及文化层次等，作者撰文前必须了解清楚。编辑向作者约稿的选题要针对和解决期刊读者的阅读所需，并应强调以期刊主体读者群的阅读爱好为重点，兼顾考虑一般读者的阅读需求。期刊的主体读者和一般读者不是以文化水平的高低来区分，应根据刊物的不同性质区别对待。例如科学普及性的医学类刊物，应是将广大非医学专业的受众作为主体读者群。同时也用少量篇幅考虑安排医学专业人员的阅读内容，如有关临床医学上常见疾病的诊断方法等。

3.要使作者清楚了解期刊选题的基本情况

编辑向作者约稿，从编辑选择心理上就应认定所选作者是撰写该选题的合适者，这样也相应使作者对选题有了认知的心理准备，充满写好文稿的自信心。同时，编辑应向作者详尽地介绍确定选题的依据与意图，该选题在期刊整体内容中的作用和分量，以及选题的目的与可能产生的影响等。并与作者讨论确定，采用作者擅长的写作方式，使期刊选题所具备的精神和物质文明价值，在作者的个性化、创造性精神劳动中得到阐释与提升。

4.向作者提出组稿的基本要求

在将以上三方面情况向作者作了陈述和说明后，还应向作者提出如下组稿的约定：一是撰文的体裁。不同类型的期刊刊发不同的主体性体裁文章，如自然科学类学术性期刊就以理论探讨性论文为主体，实验报告、综述、评论等为辅。约写的选题体裁应与刊物要求相符，事先应与作者商定明确。二是文章篇幅字数的限定。由于期刊每期有着固定的篇幅，也就要求编辑组稿时，必须对整期刊物的发稿数有一个基本确定的估算，即对刊发文章的基本篇数和每篇文章字数的基本限定。主要是要求作者不要一时诗兴大发，超过约定的文章字数，删弃可惜，不删，期刊受篇幅所限，又无法编排刊登。三是交稿时间的约定。因为期刊是定期连续出版物，对确定文稿的时间有严格的限制，如果延误交稿时间，将会影响刊物的按期出版。

（二）认真做好三项工作

编辑在组稿工作中所应注意的事项，在前节组稿的基本程序中已间接地涉及过，但没有系统地归纳。为了强调和突出组稿注意事项的必要和有序性，可简要归纳为以下三项。

1.广泛收集信息，全面联络、落实撰稿作者

不同种类的期刊，收集信息的侧重点不同，但共同之点有三个层面：其一，期刊市场的社会、文化和科技信息；其二，期刊读者的阅读需求信息；其三，期刊作者的研究和写作动态信息。期刊编辑通过各种渠道广泛地收集和分门别类地整理各层面信息，然后全面地开展与作者的联系工作，力争找到和落实适合撰写各类选题文稿的作者。

2.谦虚诚恳待人，尊重作者精神文化劳动成果

一名合格的期刊编辑必须具备高尚的编辑职业道德，与作者交往、探讨选题撰文内容时，应谦虚谨慎，抱着以作者为师、以作者为友的诚恳态度向作者请教与学习。只有具备良好的内在心理素质，才会有良好的外在举止行为。编辑接待作者，要坚持做到笑脸相迎，起身让座，礼貌交谈；上门拜访组约文稿，要坚持做到彬彬有礼，落落大方。编辑组稿时，尊重、善待作者，作者也就会支持编辑的工作，认真撰稿和按期保质完成。

3.热情相帮，增进友情，坚持以质取稿的原则

在约稿前，或是在作者写稿中，编辑都应保持与作者的联系往来。不论是作者遇到需要查找资料的问题，还是作者对选题内容的调整提出意见，甚至是作者在工作、学习和生活中碰到困难，编辑都应加以关注，给予力所能及的帮助，这样才能增进编辑与作者的情谊。

此外，为了确保期刊出版质量，编辑在收集阅读文稿时，要做到不以作者关系亲疏定稿，强调优稿优发，严把文稿质量关。对于不合格和没有达到期刊组稿标准的稿件，应不讲情面，做好退修或退稿处理工作。广大作者是通情达理的，这样做也是会得到他们的理解与支持的。

第三节　期刊的审稿

一、审稿的定义

《辞海》解释的"审"字的含义非常明确，主要表意有四：其一，详知、明悉；其二，慎重；其三，详查、细究；其四，果真、确实。《现代汉语词典》的

表述为三点：一是审查；二是详细、周密；三是知道。将以上种种释义集中理解，则"审"可包容慎重、明察和决断三层意思。在此基础上，对"审稿"二字的理解，就较确切和深刻了。由于期刊、图书和报纸等不同出版物的出版表现形式各异，则审定文稿的出版标准、审稿方式均存在一定的差异性。那么根据期刊编辑工作的规律，概括期刊审稿的定义如下：以期刊特定的出版标准对作者文稿进行认真细致、全面地审读，重在对文稿的社会文化和科学价值作出准确、客观和公允的评估与判断。

二、审稿的目的、标准与作用

审稿是继选题与组稿工作之后的一项最重要的编辑流程环节。我国著名教育家、编辑家叶圣陶先生为了强调和突出编辑审稿工作的重要性，曾在一首描述编辑工作的诗词中提到审稿时，特别地加重了语气，如"选题订审校雠三，惟审惟精为指南"。在19世纪末和20世纪初叶，我国的编辑出版工作流程，表现的主要特征为选题、审定文稿和编辑校对三项。这与当时的社会文化科学发展，以及编辑出版业的规模、技术条件和文化环境、文化水平及文化要求有着密切的关系，使得编辑工作受到相关因素的制约与影响。而叶老在属于当时编辑工作的选题、审稿和校对三项不同层面的独立工作中，唯独强调要以审稿工作为指南。因此编辑审定文稿务必认真、严肃和慎究、精细，为确保文稿质量，审稿还应力求做到准确和公正决断。

（一）审稿的主要目的和基本标准

期刊审稿的主要目的有两大项：一是鉴别选择符合刊物出版标准的文稿；二是评估文稿的实际价值。下面分别阐述说明。

1. 鉴别选择符合刊物出版标准的文稿

期刊的种类繁多，各类期刊的基本审稿标准存在着异同之处。首先讨论期刊鉴别和审定文稿的共性表现。适应性。编辑收到文稿后，第一步就要确定是否符合刊物的刊发条件。初步的判断方法通常是从文稿的文题、文摘及文章的基本内容上鉴别稿件是否符合刊物的征稿要求，是否适应期刊的办刊宗旨和编辑方针。不同刊物文稿的适应性标准不同。例如学术类期刊的审稿，首先应判别文稿是不是学术论文，或研究简报等内容。学术论文的文题有着基本统一的表述格式，如"论……""探……""试析……""关于……"等。接着从文稿的文摘内容和节标题来判断。根据学术论文的撰写格式，研究探讨都是采用三步法：一是提出问题；

二是讨论问题；三是解决问题（问题的结果）。这样从文稿的文摘和节标题上就可较快地判断出来，究竟文稿是否为学术性稿件。文艺性和科普性刊物的文题通常轻松、活泼，文学艺术的感染力较强，而且文字简短、通俗。

政治性。在确定文稿属于期刊刊发的范围后，接下来审定文稿有无政治性问题。无论社会科学类期刊，还是自然科学类刊物，均有各自的审定文稿的政治性标准。编辑应该熟悉和掌握期刊文稿政治性问题的常见表现形式，并应严格区分政治性问题和学术性问题的基本界限，切忌把学术性问题与政治性问题混同。两者相混将会阻碍学术研究工作的开展，而且违背了党的"百家争鸣，百花齐放"的文艺方针，编辑应认真和慎重对待。

导向性。在确定稿件没有政治思想性问题的基础上，应对文稿内容的导向性进行鉴别。鉴别稿件的导向性主要把握两个方面：一是文稿内容的社会性；二是文稿内容的先进性。导向性是期刊重要的时代和文化表现特征。

创新性。各类期刊均要求符合刊发条件的文稿具备创新性。具有创新性的文稿才具有活力和影响力。学术性期刊刊发的学术论文，要求学科研究的内容具有新发现，或新见解，或新成果。科普期刊要求文稿具有科技发展的新信息，或科普的新知识。

以上为期刊鉴别和审定文稿的共同性标准。

其次讨论期刊鉴别和审定文稿的个性表现。期刊的审稿不仅有着共性的标准，同时也存在相异之点。因不同种类的期刊有着不同的编辑方针、选题计划和不同编辑内容，使得不同类别的刊物，各自有着凸显期刊性质的审定文稿标准。相对期刊审定文稿的共性特征而言，可称其为刊物审定文稿的个性表现特征。例如学术性期刊，对文稿就有学术性标准、求真性标准等要求。学术性即对刊发稿件的学术水平具有相应的审定要求；求真性即要求文稿研讨的问题真实、科学，有理有据。技术性期刊对文稿则有实用性、技术性审定标准。实用性即文稿的内容应与实际生产中的专业技术性问题密切相关，并能解决生产中出现的技术性疑难问题；技术性即为对文稿内容专业技术水平的有关审定标准。文艺、科普类期刊，各有其相异的文化娱乐性和科学知识普及性的审稿标准与要求。对于文稿，文艺性期刊强调的是文化品位，科普性期刊注重的是科技知识的通俗表述。而可读性和趣味性则是文艺、科普期刊的共性要求。

2.评估文稿的基本价值

审定文稿的基本价值是审稿的目的之二。同样各类期刊审定文稿的价值也有共性和个性表现的区分。

各类期刊评估文稿基本价值的共性表现有：

科学价值，即文稿内容的科学性。首先要评估文稿是否逻辑严密、结构合：理、观点正确和材料真实。然后判断文稿内容的专业学科研究价值，或同学科、同领域、同范围内文稿内容的艺术性和真实性。

社会价值，即文稿内容的社会影响性。任何文稿都具有一定的社会代表性，不同的内容必定在不同阶层和领域引起不同的反响。应结合学科研究的发展，或推动社会进步的需要，评估文稿的内容质量，使之产生良好、积极的社会效果。

文化价值，即文稿内容的文化先进性。无论社会科学的文稿，还是自然科学的文稿均从不同角度，不同方面和具有不同程度地表现文化先进性的内容。选择、传承与传播先进文化是期刊编辑的社会责任。学术性期刊文稿的文化价值，集中反映在学科研究的创新性和求真性上。综合文艺类刊物的文化价值，主要体现在积极引导活跃思想、健康娱乐、休闲文化的品位性上。

值得提出的是，现在社会科学期刊，特别是文科学术性刊物，都把刊发文章的文摘转载率作为衡量论文价值的主要标准。而自然科学期刊，尤其是理科学术性刊物，均把发表文章的摘引率与影响因子作为评估论文价值的重要标准。因为这些价值标准要到期刊出版后的一段时间才能获知，所以期刊编辑必须全面了解和掌握有关专业学科与领域的最新研究动态，并熟悉和联络相关文摘刊物及科研统计机构，以便评估文稿时做到心中有数。毋庸置疑，把论文文摘率、摘引率和影响因子等作为评估期刊文稿的价值标准，对提升刊物整体质量、扩大刊物对外影响是大有裨益的。

期刊评估文稿基本价值的个性方面有：学术性期刊注重的是学术价值，技术性期刊要求的是实用价值，科普性期刊追求的是科普知识的应用与可读性，文艺性刊物力求的是艺术的品位性等。各类期刊对文稿的个性价值标准要求相异。

（二）审稿的基本作用

期刊审稿的目的与作用是相互依存的。在明确目的的前提下，通过编辑工作的审稿环节，可归纳为如下三点实际作用。

①完善文稿的质量。通过审稿流程，能发现和指出文稿的优点与存在的不足，提出具体的修改建议。有利于完善文稿的内容，确保文稿质量。就学术刊物而言，通过审稿意见，能促使作者学科研究工作的进一步完善和撰文水平的不断提高，从而达到推动学科研究深入的效果。

②发现和挖掘新老作者。通过审定和评估文稿，能进一步了解作者的学识功底和写作特点，以及专业水平与科研能力，并发挥与挖掘作者的潜力。通过审稿能发现新的作者人才，为培养和扶植新作者提供依据。

③选择优稿，确保期刊质量，促进社会文化科学发展。通过审稿工作，编辑以传承与弘扬传统优秀文化、推广和积累文化科学的创新知识为前提，将挑选出来的优秀文稿以期刊出版形式，传播和推介给广大读者，促进社会文化科学的发展。

三、审稿的基本范围

期刊的种类不同，刊发文稿的条件也不同，审定文稿的内容既有相异处也有相同点。根据期刊出版的特征和要求，概括各类期刊审稿的主要内容，一般有以下四个方面：

（一）政治内容方面

根据中华人民共和国国务院 2001 年 12 月 25 日颁布，2002 年 9 月 15 日实施的《出版管理条例》的第二十六条。任何出版物不得含有下列内容：

①反对宪法确定的基本原则的；

②危害国家的统一、主权和领土完整的；

③泄露国家秘密、危害国家安全或者损害国家荣誉和利益的；

④煽动民族仇恨、民族歧视，破坏民族团结，或者侵害民族风俗、习惯的；

⑤宣扬邪教、迷信的；

⑥扰乱社会秩序，破坏社会稳定的；

⑦宣扬淫秽、赌博、暴力或者教唆犯罪的；

⑧侮辱或者诽谤他人，侵害他人合法权益的；

⑨危害社会公德或者民族优秀文化传统的；

⑩有法律、行政法规和国家规定禁止的其他内容的。

（二）学识水平方面

对于不同种类期刊文稿的学识水平，审定的基本标准也不同。通常根据不同类别期刊文稿内容的要求，可分为三种不同类型的水平，即学术水平、技术水平和艺术水平。而具体体现三种不同类型水平的文稿，可依据"五性"来衡量各类文稿的实际水平。"五性"是指文稿内容的科学性、创新性、真实性、知识性和品位性。

（三）语言文字方面

文稿的语言文字是作者写作能力的具体反映，也是刊物读者选择阅读期刊的主要参数。因此审读文稿的写作文字是各类期刊编辑审稿环节的一项重要工作。针对不同期刊对文稿的写作要求，审定文稿的语言文字，可归纳为六点：

①写作体裁的适当性；

②写作结构的合理性；

③写作层次的逻辑性；

④语言文字用词造句的流畅与严谨性；

⑤文稿内容的适时性；

⑥文稿内容的可读与趣味性。

（四）单位标准与写作编排规范方面

按照期刊出版要求，各类刊物的图表格式和使用的单位标准要求一致，而文稿格式的编排规范允许存在差异性。例如学术刊物与综合文艺、科普刊物的文稿写作格式要求完全不同。由此在审读文稿时，应注意文稿格式规范和单位标准的审定。文稿内容中的单位标准，是指国际、国家统一规定和公布的计量单位标准。而文稿的写作格式规范，主要是针对学术性期刊和技术性期刊编排格式的规定要求。一般学术刊物的编排格式规范包括：文题、节标、图表和内文的字号，中英文摘要，关键词，中图分类号，文献标识号，参考文献等等。

四、审稿的基本程序

期刊审稿是期刊编辑流程中的一项严肃具备高度责任感的工作，也是确定文稿刊发与否和确保期刊出版质量的一道最严格的编辑流程。经过长期的期刊编辑实践活动，我国现代期刊已建立了完善、严密的审定文稿的"三审制"机制。

（一）期刊文稿的"三审制"

期刊文稿的"三审制"是刊物三级审稿机制的简称。通常是指编辑初审，室主任（或专家）复审，总编辑终审。应指出的是学术性期刊，特别是自然科学类学术性期刊和专业性较强的技术性期刊，由于受专业学科知识和对学科研究发展了解的局限，刊物编辑部各相关专业学科的编辑人员，既不可能全部决断各自专业的研究文稿，更不可能审读其他学科的专业论文。因此学术期刊和技术期刊的文稿复审必须请专家担负，所以此类期刊的三级审稿程序是：编辑初审，学科专家复审，总编辑终审。

随着社会文化科学的发展，学科知识的更新越来越快，加之交叉学科和边缘学科的不断兴起与凸显，由此对期刊审稿的把关提出了更高、更严的要求。当前请学科专家复审文稿，不但成为学术期刊和专业技术期刊的必要程序，而且也逐步得到其他类期刊的效仿和采纳。

当然，其他类期刊并不是将全部文稿都送专家复审，主要是少数文稿涉及的内容，在编辑部中无法明确审定，必须请有关专家作出复审甄别。一般其他类期刊请专家审定的文稿有下列几种情况：①文稿的内容与新构建的专业学科有关；②文稿的内容涉及新的发明和创造成果；③文稿的某问题专业性较强，或是政策性较强；④文稿的内容与少数民族的地方风俗民情有关；⑤文稿的内容与国防科技保密有关，等等。

（二）内审和外审

对于期刊文稿的内审和外审的概念，有两种不同划定范围和认识。一种认为，刊物编辑部内部的有关人员（专家）审稿，称为内审；请期刊编辑部以外的人员（专家）审稿，视为外审。另一种认为，凡由刊物主办单位的有关人员（专家）审稿，均为内审；把送期刊主办单位以外的人员（专家）的审稿，称为外审。因确定内审专家的范围大小与确定外审专家的范围密切相关，所以可概括地说，两种认识从表面上看，主要区别于对内审（或外审）人员，所划定的范围不同。实际上，在文稿的具体审定工作中，内审（或外审）人员的范围不同，将直接关系到审稿的质量与公平问题。

各高校主办的学报统属于学术性期刊，下面以高校自然科学学报为例，阐释上述概念。为方便起见，下面将高校自然科学学报简称为理科学报。我国各高校理科学报已建立了严格的三级审稿制度，并且明确规定所有文稿，必须通过两位以上专家的审定，否则不能发排刊用。此处需要说明的有两点：其一，理科学报要求凡复审的文稿，必须有外审。外审是指学报所在高校以外的专家审稿，高校以内的有关专家，原则上应不担负本校作者论文的审定工作。因为高校学报的来稿多为本校师生所投，少部分来自校外。如果复审文稿的专家都在校内确定，将可能出现少数校内作者通过关系与复审的专家取得联系，或校内专家审稿顾及内部关系，以致影响审稿公正。并且相对校外来稿的审定，也欠缺公平。其二，要求确定两位以上专家审定同一文稿，既是对文稿质量的整体把关，也是考虑在学科研究上存在不同观点的事实。当两位审稿专家对文稿提出相左意见时，决不能退稿了事，而是应再请第三位校外专家审稿，然后综合三位专家的审定意见，以

"三审二同"来判定文稿的刊用或退稿。

通过长期的学报编辑工作实践，我国高校学报已构建了完善、规范的文稿"三审制"。在 20 世纪 80 年代中期，我国大多高校理科学报，还只是由一位专家复审文稿。到 90 年代初，学报文稿开始要求请两位专家复审，但审稿不分校内与校外专家。事实上大多数学报，都是将文稿送交校内专家复审。直至接近 90 年代中期，高校理科学报才全面确定所有文稿必须两审，而且要求必须要有校外同行专家审定。90 年代末期，匿名双复审制已逐步在我国高校学报推行。高校学报审稿机制的健全得益于编辑工作的实践。80 年代末，我国某重点大学理科学报，虽已实行两位专家复审文稿，但未明确校内与校外专家。该学报编辑将校内一位知名教授的论文，送交校内两位专家复审，因这两位专家了解这位教授的研究项目，论文很快通过复审。教授的文稿在学报刊出后，学报编辑部就收到校外一位同行专家的来函，指出此文稿中某推论存在的错误，并提出了正确的方法。此事出现后，该学报非常重视，以此为鉴，明确规定每篇文稿至少要有一位校外同行专家审定，从而较好地保证了学报刊文的学术质量。

以上事实充分表明，无论是对期刊文稿复审专家的全面选择，还是从确保文稿的复审效果两方面考虑，将文稿内审的范围确定在期刊主办单位以内，要比确定在刊物编辑部内，或者说，将文稿外审的范围确定在刊物主办单位以外，要比确定在刊物编辑部以外，更具科学、合理性。

五、审稿的基本方法

审稿的方法主要是针对期刊文稿的三级审稿机制而言。根据一般期刊三审制的基本原则，分别对编辑初审、室主任复审、主编终审的具体审稿工作，进行分解性讨论。

（一）初审

指期刊编辑收到文稿后，在一审流程中，应开展的有关工作。

①首先根据刊物性质，将文稿的文题、节标题和刊物要求的相关内容逐项审读一遍，对文稿作出初步的归类性判断；

②认真通读原稿，全面了解文稿的内容，同时审读有无政治性问题；

③对文稿进行基本的学识水平评估和审定；

④其次审读文稿的语言文字、期刊出版格式规范和单位标准等有关内容；

⑤然后，针对以上审读情况，写出对文稿的评估意见，并提出对文稿的处理

建议；

⑥依次清理文稿页码、图片和随稿附件，核对无误后，按刊物编辑部的程序要求，移交给复审。

（二）复审

指在编辑初审完毕的基础上，室主任对文稿作出进一步的二级审读。各类期刊对文稿的文字数量都有所要求。刊物的类别不同，对文稿字数多少的要求也不同。期刊文稿长则上万字，短则数百字。对文稿复审的基本步骤有：

①室主任收到编辑一审后的文稿，首先可依据编辑初审提出的意见，有针对性地审读文稿。为确保审定文稿的客观性和公正性，一般要求复审也应通读原稿。过万字的长稿，可重点审读文稿的主体部分。

②复审基本步骤和内容与初审大致相似，只是审读的侧重点和审定的角度有所区别。复审重点应放在文稿的政治内容、学识水平和写作要求上，并对文稿体现的各种价值作出认真审读。

③对照初审提出的问题和建议，结合复审的实际情况，写出对文稿的二审意见。一般先对初审提出的问题作出复审的答复。然后针对初审的建议，给出复审的评估和处理意见。

如果初审、复审均对文稿所涉及的某些内容无法审定，可转送有关专家对文稿进行指定性问题的审稿。

关于学术性期刊和技术性期刊的专家复审程序，通常，此类刊物都编制了专门的专家审稿意见单。刊物编辑根据一审要求，在初步认定文稿达到刊物基本要求的前提下，随文稿将专家审稿单一并附上，直接送请相关专家复审。在刊物编辑收到专家反馈的审稿意见后，应立即依据专家审稿意见对已复审的文稿作出相应处理。通常存在两种情况：一种是将专家提出的修改建议连同原稿转给文稿作者；另一种是专家通过了文稿的复审，编辑结合初审情况，提出对文稿的处理建议，并将文稿连同专家审稿单整理后，交送总编辑终审。

（三）终审

指在复审文稿完成的基础上，由总编辑对文稿进行第三审。比较前二级审稿的情况，总编辑终审主要是从宏观上把关。

①首先审阅初审和复审的基本意见与建议；

②其次根据两级审定意见，通读或选读文稿；

③然后重点从政治内容、学识水平等方面，评估文稿的实际价值，并对文稿

提出最后的决审意见。

六、三级审稿的基本区别

期刊文稿的"三审制"建立于期刊编辑实践活动之中，并在编辑实际工作中得到不断充实和完善。反过来，"三审制"又指导了期刊审稿工作和保障了期刊的总体质量。

从以上讨论可知，期刊文稿"三审制"的初审、复审、终审，又称为一审、二审、三审。并且每级的审读文稿都具有不同的性质和作用。具体的区别表现在以下五个方面：

（一）层次不同

从初审、复审到终审是三级不同的审稿，因为编辑、主任与总编辑各自担负的期刊工作职责不同，所以各自审读文稿的分工和责任有别。

（二）范围不同

文稿不论长短，要求编辑初审必须通读原稿，并且根据刊物要求，对文稿的政治、学识、写作文字、体例规范等内容进行全面审读。室主任复审原则上要求通读原稿，审稿范围在政治内容、学识水平、语言文字方面，而总编辑终审的文稿范围在政治内容和学识水平两方面，审定要求也各有不同。

（三）重点不同

由于三审的分工、责任和范围互不相同，因此各自审稿的侧重点相异。编辑对文稿进行的是全面的基本审读工作，并提出对文稿的初步意见。主任和总编辑各自在其职责范围内，重点审读文稿的相关项目内容，同时重在评估文稿凸显的各种价值。

（四）角度不同

三级不同的审稿在有所分工的前提下，各自审稿判定的要求不同，从而审稿的角度有所区别。一般来说，编辑从刊物的基本要求这一角度审读文稿。主任，特别是总编辑主要从刊物编辑方针、办刊宗旨和办刊特色等角度，审定和评判文稿。

（五）深度不同

以上的四点不同表明，要求编辑一审主要负责文稿的微观方面，初步审读文稿具体的项目内容。总编辑终审主要从宏观上把握文稿的内容。虽审读的项目少于一审和二审，但无论对文稿项目内容的审定，还是对文稿实际价值的评估，以及最终的决断把关，各项要求都较一、二审更深刻、更准确和更严格。主任复审文稿的要求介于初审和终审之间，对文稿的审读具有上下衔接、协调确认的重要作用。

综合上述讨论，在期刊编辑工作的"三审制"中，各级审读的根本区别，可简要地概括为：初审是基础，复审是关键，终审是保证。

七、审稿后的工作与审稿注意事项

（一）审稿后的编辑工作

期刊文稿通过三审后，主编在综合初审与复审的基础上，最后作出决审。主编决审有两种处理结论：一种是采用；另一种是退稿。不论对文稿的哪一种处理，均属于期刊编辑应负责落实的工作。

1. 采用与备用的文稿

采用的文稿。通常采用的文稿存在以下几种情况和处理方式。

①直接录用。文稿的内容基本无须作调整和增删，可直接列入下一道编辑加工流程。编辑负责向作者寄送稿件录用通知单。

②修改录用。稿件已基本确定录用。但文稿的内容，或写作结构，或编排格式等方面，还须作一定修改和调整；或文稿的篇幅过长，须作适当删修和精简等，编辑与作者联系，协商退修事宜。若文稿的修改工作涉及的面不大，与作者商定，经同意后，编辑也可代为处理。

③改写录用。稿件大体符合刊用要求，由于文稿涉及的研究工作没有达到学术理论的高度，但课题内容新颖，建议改写为以研究简报的形式发表；或文章内容基本符合要求，而行文结构要作较大调整；或是选题较好，但语言文字过于呆板，专业化语言过多，写作体例不适合刊物读者阅读要求等，请作者改写。

④退修再审。此类情况主要是指学术性和技术性期刊。文稿经专家审定，已确认部分内容有错误，退作者更改，然后再请原专家审定后视情录用。

备用的文稿。即指经三审并确定采用的文稿，由于同类稿件已有，准备安排后几期发表。此种情况，各类期刊均为常见现象。

2. 退稿

通过三审，经总编辑确认不适宜刊物采用的文稿，编辑应及时退还，寄送给作者。

　　并不是所有退还的文稿，都存在学识水平不高，或是有政治内容的错误，或有其他方面的问题。因不同刊物的办刊宗旨和编辑方针不同，常有不适合在此刊发表的文稿，在彼刊却能得以刊用。

　　退稿的注意事项：

　　①编辑不应轻率否定作者的文稿，特别是还未认真阅读，或未经复审和终审，就轻易采取退稿处理。

　　②经三审确定，对于要退的稿件，编辑应写好退稿的信函，或如实填写好退稿单。不能一退了之，这样容易伤害作者的情感。

　　③编辑办理退稿信函，应措辞婉转地写出退稿原因，力争做到有理有据，表述明确，语言诚恳。

　　④编辑应尊重作者，文稿是作者的精神文化劳动成果。对于具有一定学识水平的文稿，应主动建议作者将文稿另投他刊，宜多用鼓励和支持之词。

　　（二）审稿的注意事项

　　期刊审稿在严格地执行"三审制"的有关程序下，编辑在审稿工作过程中，还应注意做好下面几项工作。

　　1.正确处理好审稿的两个关系

　　①编辑的审稿把关和作者的文责自负的关系。编辑审稿是本身职业所赋予的社会责任和应担负的工作任务。文责自负是指作者对自身文稿中的学术观点、事物看法和有关结论，既拥有知识产权，又承担有社会文化科学责任的义务。两者为不同性质的概念。编辑决不能以作者文责自负为借口，而不履行应做的审稿工作和担负应尽的审稿责任。当然，作者也不应以文责自负为理由，拒绝编辑对文稿的审读工作。

　　②文稿质量和其他因素的关系。编辑的初审是文稿能进入复审与终审的重要环节。对于文稿的初审，编辑应抱着对期刊和作者高度负责的态度，不以人取稿，也不因人而异。在审稿中，编辑应该自觉排除任何人为因素，始终坚持刊物统一的审稿标准，以优择文，以质论稿，做到公平、公正地审读与对待所有文稿。

　　2.坚持审稿的基本原则和标准

　　①在坚持正确的办刊方向下，以文稿的创新为审读稿件的基本原则。创新是文稿具备开拓性成果的前提，可从不同的方面审读各类文稿内容的创新性，即新理论、新发明、新方法、新技术、新经验、新材料、新观点、新事物等，凡文稿内容具有之一者，就能基本表明稿件具备一定的创新性。

②审读文稿的基本标准。在文稿具备创新性的基础上，还应坚持三个标准：一是真，即文稿的内容要坚持真理。二是实，即文稿应具有的价值性及社会：效益和经济效益。三是美，即文稿应具有的学识水平。

3.审稿的"六不"要求

在初审、复审和终审的三审过程中，特别是编辑对文稿的初审流程，要求各岗位人员不仅要有较高的专业学识水平，还应具备良好的职业道德和保持良好的职业心理素质。具体表现在如下六个方面：

①认真通读原稿，对文稿不轻易下结论，以免作出错误的判断；

②能容纳与自己意见不同的观点，大胆鼓励作者创新见解的发表；

③要有自己的审读主见，实事求是，不随波逐流，受人左右；

④坚持以质论稿，择优选文，不论亲疏，杜绝以人或以名取稿；

⑤力求全面、客观和公正，对文稿内容不断章取义，不以偏概全；

⑥积极发现、扶植和培养新人、新作，不墨守成规，力克本本主义和经验主义。

第四节　学术期刊的组稿、审稿与编辑加工整理研究

一、学术期刊的组稿

组稿是学术期刊编辑的一项重要职能。关于"组稿"的含义，中国社会科学院语言研究所编的《现代汉语词典》及汉语大词典出版社出版的《汉语大词典》均定义为：书报刊物编者（编辑部门）按照编辑计划向作者约定稿件。学术期刊的组稿作为一项能动的组织与编辑活动过程，我们认为应包括：筹划、选题、约稿（征稿）、择稿、组合等内容与步骤，其组稿含义除有计划地约定稿件外，还包括对于有计划地选题与有计划地择稿编发方面内容的全面认识。因此，学术期刊组稿含义可理解为：学术期刊编者（或编辑部门）按照预定的目的、计划和要求，对作者学术研究论文编发施加一定组织作用的编辑活动。学术期刊组稿按选题与要求分为确立作者短期选题研究方向与长期选题研究计划，按内容与类型分为专门栏目与专题栏目，按对象与范围分为面向所有作者的命题征稿与面向特定作者的命题约稿；按选稿与来源分为从征稿、约稿来源中择优与从自然来稿中符合专

栏内容的优稿中选用；按组合编排分为专题专栏集中编发与同类同质集中编发。

（一）学术期刊组稿需掌握的若干原则

学术期刊的组稿是一项极具科学性、创造性的编辑活动，必须遵循其固有的规律性要求与准则，才能使组稿达到预期的目的。

1. 着眼重大学术理论及其实践问题

在组稿过程中编者及作者所付出的劳动应该争取得到选题组稿质量及对社会、经济、文化建设良好效益的转化与报偿。如果选择一般性的问题作为组稿方向，引导作者进行一些无谓的研究、考证、无明显的学术及社会、经济意义，这种情况下的编辑出版活动质量肯定是不佳的。

2. 着眼刊物特色、研究优势及地域文化活动优势

通过组稿，学术期刊的优势应该被更充分地发挥，特色被更鲜明地突出，影响被有力地扩大。其包括：（1）不管是综合性还是专门性学术期刊，都不可能把每个学科、每个问题都当作重点进行组稿，面面俱到，尤其是综合性学术期刊。应确立若干学科或专门问题的研究栏目及组稿的重点，这样稳定中的持续发展，即会形成栏目的特点、优点及刊物的特色与优势，这时的组稿则是对这一特色及优势的保持与扩大。（2）学术刊物的专业分工，学科类别、主管、主办者及编辑者性质等都是构成刊物特色的因素，组稿性质、内容应与其相适应与协调。（3）由于学术期刊办刊宗旨、职能的不同，学科、专业的区，别及其相应读者作者群及其专业范围、相应知识结构、信息拥有量、研究兴趣、实验条件的差异，被规定了的主要读者作者范围，就构成了作者在一定限度内的知识、信息、实验、兴趣等方面的研究优势。（4）地域文化科技现象及其人物学说等的专题研究是形成某一学术刊物特色与优势的重要标志之一，像《齐鲁学刊》的"齐鲁文化研究"及"孔孟、儒学研究"等。

3. 着眼新观点、新问题的学术争鸣及推进新学科的建立与完善

学术上新观点、新问题的提出与讨论及新学科的酝酿与建立，是社会、经济、文化及学术发展到一定时期和阶段的必然产物，它包含着新的社会生产力，新的思想文化的生长促发点等。有预见性、超前性地开展有关新问题的学术争鸣及新兴学科建立与完善的理论开创工作，应是学术期刊的重要职责与任务。学术期刊的组稿应把触角伸向这些崭新领域并着力赢得一批著名专家、学者的支持。

4. 着眼作者的学术水平、政策水平、权威地位及在社会与学术界的影响力

约（征）稿、选稿是围绕编辑计划进行组稿活动最基本、最重要的环节，对

此应注意掌握好几个关系：（1）作者的纯学术研究能力或论文的学术质量受着一定条件的制约，但却具有一定的政策水平及资料占有方面的优势，其作者多居重要部门或具有一定社会知名度。对此类作者或文章不必加以完全排斥。（2）有的文章学术水平并不一定高，但作者已具有某种权威地位或在社会与学术界的影响力，其一些理论或观点较一般作者而言容易引起读者的注意并产生较大的影响。故这类作者亦应作为组稿的重要作者对象之一。

5.着眼刊物的主要读者及其范围

各种学术期刊由于担负的专业、学科、研究领域不同，使刊物的发行范围具有一定的规定性及相对的稳定性。因此，刊物选题组稿内容应适于主要读者对象的需要。

6.着眼于培养学术人才及建立、发展较高质量的作者队伍

办好学术期刊必须拥有一支较高学术研究水平的作者队伍，发现及培植学术人才也是编者与刊物的职责。不管是组稿中的普遍性专题征稿，还是有针对性的特定作者的约稿都是联络作者、举荐新人佳作的最有效的形式与途径。

（二）学术期刊组稿的意义

学术期刊有计划有目的地组稿较之被动组稿编稿在促进质量提高方面无疑是一种更加有效的编辑活动形式。学术期刊编辑活动过程一般可分为选题组稿过程；论文加工编排过程；出版发行过程，选题组稿处于木本水源的地位，学术期刊组稿作用与意义是显著而重要的。

1.有利于提高学术期刊办刊效益

学术期刊的出发点、着眼点、落脚点应该牢牢置于学术水平、学术信息的利用率及对物质、精神文明建设的贡献上。学术研究成果最终转化为促进科技、思想文化事业发展的成果，才是反映与衡量编辑活动质量、论文质量与办刊质量的最终和根本的标准与尺度。办刊的水平对学术信息利用率及效益程度具有制约作用。通过组稿的主动性、创造性编辑活动，可以更加有力地由论文学术水平的提高，带动办刊水平与观念的提高，进而提高学术信息在理论与实践、研究与应用方面的转化率与贡献率，使办刊的质量保持在较高水平上。

2.有利于提高专门学科、专门问题研究信息的质量与数量，形成刊物的研究优势与特色

专门性、综合性学术期刊在承担学术研究的组织、信息载体与传播媒介等使命中均面临着保持研究优势，使研究深入并取得突破性进展的问题，尤其对于综

合性学术期刊来讲，更加需要选择重点，突出优势与特色。当今学术期刊众多，竞争激烈。专业性学术期刊专门汇集某一学科及相关学科的学术信息，适于信息的集中收集和专门利用，显示了其竞争力与发展前景。专业学术期刊也有一个专题研究的信息集中与系统深入的问题。而综合性学术期刊虽具各学科兼备之优势，但搞得不好，其优势可能变为劣势。因此，对于各类学术期刊均具有一个经过竞争、施展特长、确立优势的问题。学术期刊的组稿活动正可以通过对专业学科、专门问题研究信息从数量上集中与丰富、从质量上提高与优化，以在学术刊物之林中保持活力，立于不败之地。

3.有利于提高学术研究的计划性、目的性、导向性与协调性，引导作者进行专门问题研究

学术期刊不仅具有学术信息载体的作用，而且还可以通过编辑活动，按照一定计划与目的实现学术研究的导向性及协调性的作用与功能。学术期刊面对分散的作者的自然选题研究，难以充分而广泛地形成对同一专题协同、联合研究的局面，要求编者必须综览学科研究进展的概况，洞察与瞄准研究的关键、要害问题进行选题组稿。这一编辑活动具有三方面意义：（1）对作者选题研究与刊物选题研究进行调节与协调；（2）引导、组织作者对专门问题进行系统深入研究与争鸣，力争取得成效与成果；（3）提高对学术研究因势利导的驾驭能力和开展专项学术研究的主动性、计划性。

4.有利于开拓、建立作者队伍，挖掘、培养学术人才

学术期刊的生存、与发展需要依靠一批实力雄厚、分布广泛、新老结合的作者队伍。新老交替、新陈代谢、青出于蓝是一普遍法则，学术研究作者队伍亦然。故在依靠造诣、经验、名声皆备的中老年作者的同时，应着力于挖掘培养学术新人，形成作者群的老中青优化。中年作者应成为学术刊物作者力量的中坚。学术研究是一种必须非常投入的艰苦的创造性精神劳动，因此就个体或群体作者而言，进行这种劳动所具备的聪明才智需要进行调动与发挥，才能更充分地显露和涌现有限作者的学术才智缺乏充分调动及作者队伍的单薄、来源的狭窄都会使办刊面临窘境。而组稿活动的实施对于开拓、丰富稿源，提高、保证质量，壮大作者队伍，发现培养新人，调动学术智慧都是重要而有效的。

5.有利于提高刊物的学术与社会地位，扩大业务水平知名度，为刊物的良性发展创造条件

学术期刊地位与知名度是依据其主办者层次、编辑者的业务水平及刊物对学

术发展、科技进步、思想文化建设的贡献与实绩，在较长的办刊过程中被社会及人们逐渐认识、评价与确立的。它关系到支撑刊物的读者与作者的是非、优劣评价与选择，即决定着读者是否选择其阅读与利用；决定着作者是否选择其供稿与传播。逻辑的法则即是益增的读者阅读利用、作者供稿传播，刊物则盛，否则必衰或亡。学术期刊组稿作为提高编辑活动质量的有效形式，在组织有价值的专题学术研究方面容易产生积极影响，持之以恒，随着影响力的扩大即会具有一定的知名度，进而赢得相应的学术与社会地位。学术期刊有效的组稿活动为其自身良性发展只是创造了部分有利条件，仍有待全面提高编者素质与编辑活动全过程各环节的整体质量，才能取得真正扎实、永久的成效。

二、学术期刊编辑的审稿

学术期刊编辑的审稿技巧审稿能够保障学术期刊编辑出版的质量。我国现代学术期刊审稿的方式主要使用三级审稿制度，也就是初审、同行专家复审及主编终审。因为科技期刊稿件内容具有专业性，并且涉及学科领域复杂多样，稿件审查是通过编辑和编辑部之外专家共同实现的。但是目前局部期刊编辑在审稿过程中存在模糊行为，没有根据期刊编辑及同行专家所处的不同角色及相应职业优势对各自承当的责任及稿件审查要求进行明确界定。

（一）编辑审稿的认知

作者通过创造性脑力劳动撰写出具备独立知识产权的著作文稿，编辑通过创造性脑力劳动完善著作文稿，从而形成具有创造性信息内涵及完美符号的具备传播价值的标准文本。从作者初稿、修改稿，直到编者正式刊发文本，编辑都是通过隐形智力参与作者文稿价值增值及完美形式再创造的。审稿是编辑业务的重点，也是论文成为成品的根底。西方传播学理论将把关人定义为实现信息加工、过滤的人，期刊审稿把关人形象较为民主，其职责是基于格式标准、表层结构及行为逻辑实现对稿件的正确判断，从而完善并能够保存作品完整形象。通过此种去粗取精及去伪存真的初审，能够对刊物稿件质量及方向有精准掌握，稿件也会以半成品姿态进入之后编校环节。另外，编辑在审稿过程中还提高了自身的能力，加强和作者互动，对作者展现杂志社亲和的工作态度，从而为优秀稿源的拓展打下根底。另外，在和审稿专家互动交流过程中对审稿思路进行明确，还能够实现刊物优秀审稿专家资源的挖掘，使学术期刊影响力得到提高。

学术期刊稿件来源不同，题材较多，观点不同，即便是类型相同或者结构相同的文章，其表现手法也各有不同。另外，在边缘学科及高科技不断发展的过程中，学术研究范围在不断扩展，大局部论文的学术含量及审稿难度在不断提高，编辑所涉及范围出现力有不及的情况。编辑审稿过程中如何对此种较为复杂的信息进行处理？这就要求学术期刊编辑不仅要精准把握初审角色，还要创立有针对性的审稿方法，虽然不同学科及论文的表现手法各有不同，但是所有学术论文及学科的形成及开展都是基于相同规律，将其作为编辑审稿根底，从而提高编辑审稿的可操作性。编辑审稿的实质就是编辑将读者及社会需求转化成内在选择标准及判断尺度，有目的性地选择符合办刊宗旨及组稿要求的、具备市场前景及学术价值的论文，从而使市场、科技开展及读者需求得到满足，这个过程是一个文化选择、创立和积累的动态过程。

现代国内期刊社实施的主要为三审制度，三审角色不同，但是三者却是相互联系的。实践证明"三审模式"；是确切有效的，充分发挥了全体人员作用，从而提高了审稿效率。对待编辑审稿我们要有度，不能轻视审稿环节，使其只是走个过场也不能越俎代庖，随意跨学科、跨专业地审稿，因为专业及学科细化属于现代科技的分化及综合。专家的专就是基于学科细化的学术前沿，其研究范围虽然比拟狭窄，但使用专业范畴、概念、体系及规律都具备专门化特点，且是多年内化而成的。那么，精准认知审稿编辑位置及角色并且平衡角色尤为重要。

（二）审稿中学术期刊编辑的重要性

任何一位编辑都无法精通全部学科及专业，所以编辑在对论文学术价值评判之前一般都要请专家审稿，专家审稿和编辑审稿的目的大致相同。专家在审稿的过程中重视文稿学术价值及学术质量，因为多种原因，专家审稿过程中有时候会出现误审的情况。对于同篇论文，几位审稿专家意见不尽相同，这个时候就要求编辑对文稿认真阅读，查阅相应文献资料，使用自身的知识积累根据专家审稿意见进行鉴别及分析，从而实现正确判断，以此能够去伪存真。论文刊出以前，在实验结果、方法、数据分析、参考文献、引言、文章结构等方面会存在不同的问题，那么要求编辑在审读的过程中发现且在退修的过程中指出，尽可能地一次退修成功，使工作效率和刊物质量得到有效的提高。但在实际工作过程中，局部编辑因为对自身审稿不重视，一般都是专家审稿替代，放弃了编辑审稿环节，在没有对文稿内容充分了解之时将专家审稿的意见对作者转抄。在当时觉得节省时间，但是后期处理及编辑部复查的时候就会出现大量的问题，再返回到作者重新补充及修改的时候，不仅作者有意见，并且还使刊物的威信降低，对刊物的质量造成了影响。所以，编辑在工作过程中要具有较强的责任心，不仅对专家审稿意见予以重视，还要重视自身审稿质量。只有这样，才能够提高刊物的质量，使作者能够信服。所以，每个科技期刊编辑部都要对编辑进行培养，使编辑有效掌握深厚且扎实的根底科学知识，学习专业技术知识并且提高专业审稿特长，学习审稿方法，掌握审稿技术提高自身水平。在审稿过程中，不同审稿人对于稿件内容认知、理解及掌握重点都各有不同，审稿人之间专业研究方向、学术观点和领域都不相同，并且大局部论文都具有交叉性、综合性及边缘性的特点，要通过多学科、多专业的评审，所以编辑要对各个专家评审意见进行比照、分析及确认，最后综合。另外，编辑还要对不同的审稿意见进行深入的分析，寻找其中的原因，以自己的学识为根底进行判断，提出合理的见解，这就要求期刊编辑不仅掌握编辑原理、技能及方法，还要提高自身专业理论素质及学术水平，了解学科开展动态。论文稿件是否能够发表主要是从学术质量相对性及绝对性进行考虑的，论文学术质量标准性要求论文具备科学性、创新性、实用性及理论性。此根本尺度为无条件的和绝对的。专家评审一般都是基于专业学科判断稿件学术质量，但是不同刊物及论文质量不同，学术质量也存在一定的相对性，此种差异主要表现在共时性及历时性两方面。不同国家、地区的科技总体开展，水平、不同读者的需求等都会使发表论文在科学性、创新性及重要性等方面有所不同，表现出不同的质量水平。掌握审稿尺度相对性及绝对性的辩证关系，能够对论文学术质量水平进行合理的分析，确定该论文是否能够在刊物中发表。编辑对自身刊物学术地位、宗旨、报道范围、读者定位等都具有一定的掌握，根据刊物对于论文质量的要求及审稿尺度比照自己刊物论文质量，能够全面评价论文整体质量及价值，决定论文是否发表。

（三）学术期刊编辑的审稿技巧

学术期刊编辑审稿的主要任务就是以学术期刊办刊宗旨为根底，以评论家旁观者的态度实现文稿的审读分析，精准且全面地判断文稿根本思想内容及学术价值，对文稿中的病症进行诊断，从而提出积极、具体的建议及意见，让作者修改，把具有较强政治性、较强科学性及较高学术性的论文筛选出来。为了能够完成此艰巨的审稿任务，学术期刊编辑要使用科学的审稿方法，从而提高审稿效率。因此有必要对学术期刊审稿技巧进行分析借鉴。

审稿过程中的比照就是将内容、观点及形式具有一定联系的文稿进行集中、分析、比照地阅读。编辑审稿的主要任务就是对文稿是否存在学术性及新意进行判断，从而为社会提供大量的全新的、有价值的成果。要求编辑尽量掌握大量的信息，但是编辑并不是万事通，不能够对每篇文稿内容都掌握，此种情况下要对文稿是否存在新意进行判断，可以通过比照的方法实现。首先，对比照对象进行确定。编辑要能够从不同文稿中发现形式或者内容方面的联系，并且从文稿之间找到联系，从而能够选择对象。为了能够精准地选择对象，编辑在审稿的过程中要充分联想，对学术动态进行密切的关注。以不同的比照对象，可以分为四种比照类型。第一种，同类比照。就是寻找和所审文稿相同的论著加以比照，从中发现被审文稿基于前人研究的最新进展。第二种，异类比照。也就是寻找所审文稿的不同类论文加以比照，寻找是否对此论题进行其他研究。第三种，横向比照。对于此论题进行左右切面研究比照。第四种，纵向比照。也就是对此论题进行前后切面研究比照。

剖析方法指的是对文稿结构进行剖析，将其分解成多个不同的局部，对其中的优劣进行分析。在比照过程中判断文稿是否具有新意并不是审稿结束，而是要基于文稿理论依据及逻辑推导，对文稿是否存在政治问题进行判断。之后，分析文稿逻辑及结构，将文稿中的论点及关系进行梳理，将全部材料论点关系进行分析，之后研究哪些材料能够将观点充分说明，对判断是否合理进行分析，全文结构是否能够将客观事物开展规律及内在关系进行充分反映，是否满足表现主题需求。通过此种方法能够发现：局部文稿的论点不全面，并且没有明确的段落层次，或者没有从材料中表达全新的观点；局部文稿的论述过于松散；局部文稿论述较多，论证反复，无法将主题展现出来。对以上问题诊断后，可对作者直接反应，或者将没有用的材料剔除。另外，还要全面分析文稿句法、概念及语义，对文稿的正确性进行判断，从而对文稿做出合理科学的全面判断。

学术期刊编辑处于繁荣学术及办好学术期刊的重要位置，要具有大局意识。期刊的学术质量与期刊社的形象具有直接的关系，好的学术期刊能够团结学人，并且倡导正确学术理念及学风，还能够促进社会的开展进步。目前，并不是每个编辑都能够做好工作，所以要求在编辑审稿过程中具备大局思想，促进中国学术事业的持续开展。大局部编辑表示，自己将作者文稿推送给读者，付出了大量艰辛而复杂的工作，却没有像作者一样拥有稿件的知识产权，所以苦恼，还会在工作过程中产生怨言。但是这也正是编辑职业的神圣所在，也是社会对编辑的期待。编辑要将学术期刊发表作为目的，公平公正地对作者来稿一视同仁，创立宽松学术环境，尊重每份学术成果，并且尊重读者。学术编辑、读者及作者三者都是相互连接的，期刊出版是为了实现对学术成果的及时传播。编辑要具备大局意识，对作者及读者的关系进行正确的处理，掌握舆论的正确方向。其次，要求学术编辑具备自律精神，也就是涉及学术成果选择及审理的活动都要能够自我控制、约束及自我监督，重视职业信念、职业道德，对学术期刊形象进行维护，使其具备社会责任感、专业责任感和担当精神。因此，编辑必须具备大局意识。

在对大量的相关资料进行研究的过程中，在分析编辑及审稿误区及考前须知方面的问题时，研究人员都反对通过作者知名度、文稿基金工程、研究单位及格式等是否全面对文章进行肯定或者否认。因为具有首因效应，编辑主体在审稿过程中都能获得稿件少量信息推断并且掌握稿件中的内容及质量，从而对稿件形成第一印象及评判标准，此印象及标准会对编辑掌握稿件中的主体内容造成影响，从而导致稿件评价有失公平公正，这也说明编辑在审稿过程中认知存在一定的偏差。但是，此信息也能够成为编辑在审稿过程中的判断依据，其前提就是不因外在的因素迷失判断标准，从而使其成为良好的辅助手段。因为此信息都非常的积极且正面，某种程度上也表示了稿件的学术背景，也能够有效提高期刊学术影响力，对此种信息不可以存在偏见。

查核法指的是对文稿材料真假进行检验的方法，其主要作用就是在使文稿材料精准的根底上，做到道理精准、引文精准、事实精准，从而帮助编辑了解文中的专业术语，对作者文稿主旨进行全面的理解，之后进行精准的评判。材料指的就是论据，也是对论点真实性进行确定的根据。假设材料是虚假的，无法对论点正确性进行证明，此篇文稿就没有科学价值。材料主要包括理论依据及事实论据，通过此论据实现查核工作，从而实现原始资料、主要论据及引文的核对，并且还要对语言文字表述、注释、名词术语、图表等方面是否错误进行查核。在查核过程中，主要出现的问题包括局部文稿主要根据某个经典著作或者权威学者观点进行论述，但是引用的根据断章取义；局部文稿将论敌观点歪曲批驳，立论根底无法深入推敲；局部文稿概念较为模糊，对于定理、定义的表达不清晰；语言不够生动及精简，文句不符合规那么。总而言之，编辑利用查核方法，能够使文稿中的材料更加精准，表达也更加合理，提高了期刊的社会效益。

总而言之，编辑审稿及专家审稿属于学术期刊稿件监审过程中尤为重要的环节，两者都具有侧重点，并且两者是互补的。对于学术期刊总体出版来说，编辑是主编对期刊论文发表整体质量及价值的主要把关职责。编辑要对专家审查意见进行综合，将自身的重要性及主观能动性充分地发挥出来，使自身的学识水平得到有效的提高，根据期刊宗旨及出版要求进行把关，从而能够实现学术论文稿件的科学、全面评价及选择，以此提高学术期刊的质量。

三、学术期刊编辑加工整理

编辑加工整理通常简称"编辑加工""加工整理"或"加工"，是对已经决定采用的稿件再次从各方面进行审核并作修改润饰和规范化处理的活动。编辑加工整理工作是期刊编辑工作的重要环节，学术期刊一向以严谨著称，学术期刊的编辑必须对所有稿件进行全面细致的加工整理。

（一）编辑加工整理的必要性

1. 提升稿件质量

审稿已决定采用的稿件，并不能直接发表。学术期刊发表的稿件应具有一定的学术价值，能反映本领域的科研成果，是理论与实践的结合，在政治性、科学性、知识性和规范性上都达到一定的水准。学术期刊的编辑人员必须秉持这一宗旨，严格按照出版的有关标准，在内容上引导作者创新，在形式上加工润色，提升稿件质量。很多作者反映，稿件经过编辑的整理加工后，观点更加突出，层次更加清晰，语言更加精练规范，文章更有说服力。

2. 符合期刊规范

《期刊出版管理规定》《文后参考文献著录规则》《标点符号用法》是期刊出版必须严格遵守的规范和准则。学术期刊的作者人数众多，个人的写作习惯不同，大多数人对期刊规范的了解又远远不够。编辑加工整理工作有助于稿件在文字、词语、语法、标点符号、数字用法、量和单位的用法、版面格式等方面符合学术期刊的出版规范。

3. 确定稿件的篇幅

期刊编辑在对稿件进行编辑整理时必须拟定版面。由于稿件在编辑提出修改建议后作者可能对文章加以增减，编辑人员必须根据稿件的重要性及写作质量加以处理，使之符合刊物的版面要求。期刊中稿件篇幅的合理确定，对编辑人员的业务能力是个较大考验。

（二）编辑加工整理的原则

1. 对社会和读者负责

学术期刊的政治性、思想性和学术性都应该遵循较高标准，编辑人员应该积极传播有利于提高民族素质，促进经济发展和社会进步的科学技术及文化知识，弘扬中华民族优秀文化，遵守宪法和法规、认真落实《期刊出版管理规定》，决不允许不合格的稿件变成出版物流入社会，误导读者，产生不良影响。

2.对作者负责

整理加工稿件的目的只有一个，就是提高稿件质量。编辑人员应在严格执行《中华人民共和国著作权法》的基础上，设身处地为作者着想，总结作者观点，体会作者思路，尊重作者写作习惯，尊重知识产权。在不违反法律法规、不违反科学与事实的前提下，编辑要对稿件的新颖思想和形式加以保护，并助其完善。编辑的修改也须得到作者同意。

3.对稿件负责

稿件修改要改必有据。编辑人员虽大多涉猎广博，但还是所知有限，编辑在加工时应本着进一步学习的态度，根据充分的依据和理由、绝对的把握，对稿件进行修改。如果仅是有疑问，不能最后确定，一定要以工具书或专业人员的说明为依据。想当然的不严谨的工作态度是编辑人员整理工作的大忌，会严重影响期刊质量和编辑出版单位的声誉。

（三）编辑加工整理的具体内容

1.消除各种错误

首先要消除政治性差错，这是重中之重，如果出现政治性差错，不仅出版的期刊将会报废，出版单位也将受到重责，甚至被吊销出版许可证。如果在审理时出现相关方面的疏漏，就必须在这一环节消除。其次是各方面的差错，大到思想性、知识性，小到文字、标点。特别是一些常识性错误，如果不能及时纠正，将会贻笑大方。

2.增删、修饰文稿

文章的主题是否鲜明，结构是否清晰，文字表达是否顺畅，都会影响稿件的质量。学术期刊编辑应根据刊物宗旨和读者需求，调动拥有的知识积累来调整稿件。有些稿件需要编辑新增文字，编辑应结合原作的写作风格，征得作者的同意，方可加以增补。编辑就是稿件的美容师，只有加以润饰，稿件才能更加出色。

3.统一规范

国家规定的统一用法叫作规范。针对稿件出现的量和单位、数字用法、拼音拼写方法、标点用法、简化字和繁体字的使用、外文字母使用等不规范之处，编辑加工整理时应一一改正过来。同时，同一稿件中的各种事物的名称、材料和数据的格式也应前后一致，这一点在学术期刊中更加重要。

（四）如何增强编辑加工整理的能力

1.加强语言文字修养

学术期刊的编辑必须具备扎实的语言文字功底，在审稿、改稿和校稿中，编辑的语言文字能力都会时刻得到体现。而且，学术期刊的读者多为具有专业背景的研究人员，他们的语言文字修养普遍较高，编辑人员的一点疏忽都可能降低刊物的口碑，因此，编辑必须加强语言文字修养。编辑应反复学习语言文字规范，如《简化字总表》《异体字整理表》《标点符号用法》等，加强基本功的训练；平时利用业余时间多读名家作品，多写对生活的观察和体会，并反复修改，找出最恰当的表达方式。绳锯木断，水滴石穿，语言文字修养将会在不断努力中得到逐步加强。

2.提高业务水平

学术期刊的编辑人员要想提高自身的业务水平，必须做到以下几点。一是系统学习期刊出版的法律法规和有关文件，如《宪法》的相关条款、《著作权法》《出版管理条例》《期刊出版管理规定》等；二是深入科研第一线，把握有探索性和创新性的学科动向，关注学科研究前沿和热点，在学科研究中有自己的学术见解；三是按时参加出版专业继续教育培训，不放过每一个学习机会，向专家学习，向同行学习，并以所学理论指导自己的工作实际；四是在平时的工作中边做边学，细心揣摩，积累经验，加以总结，争做学者型编辑。

学术期刊的编辑加工整理就是编辑人员对稿件精雕细刻，使稿件尽可能"完美"的过程；也是一个烦冗复杂、耗时耗力的过程。编辑人员只有努力增强编辑加工整理的能力，以严谨认真的态度来对待所有稿件，才能办好学术期刊。

第五章　期刊的校对与出版

第一节　期刊的校对

一、校对的源流与传承

校对，是根据原稿或定本核对校样，纠正差错，提出质疑，以保证出版物质量的工作。现代校对工作是编辑工作的延续，是对编辑工作的补充和完善，是出版工作的重要环节之一。

现代的"校对"由古代的"校雠"演化而来。"校"字本意为"校勘、考订"，"雠"有"对"义，故"校雠"渐渐演变成"校对"。对"校雠"的解释，首见西汉刘向的《别录》，唐李善注《文选·魏都赋》"雠校篆籀"句引《风俗通》："按刘向《别录》，'雠校'：一人读书，校其上下，得谬误，曰校；一人持本，一人读书，若怨家相对，故曰雠也。"刘向说的"校"，相当于今天的本校；"雠"，则相当于今天的对校。有文献记载的我国最早的校事，是西周宣王时期正考父校先商王朝的《商颂》。此事记载在《国语·鲁语》之中。原文是："昔正考父校商之名《颂》十二篇于周太师，以《那》为首。"经正考父校过的十二篇《商颂》，后来经孔子收入《诗经》一书，删去七篇，剩下五篇保存至今。西汉皇家藏书室设有专司典校藏书的人员，三国以后，正式设立了校书、校理、校治等官职。隋末唐初发明了雕版印刷术，使文献典籍的大量翻印成为可能，至宋代，官方的、民间的刻书作坊逐步盛行，这也是我国校对事业全面发展时期。从流传至今的宋版书上可以看出，有些书除了作者和编者以外，还刊印着雕版和校对人的姓名。编辑、校对、雕版、印刷等工序已经有了明显的分工。中国古代出版业的高峰期出现在清代。这时，图书不但数量大大超过宋、元、明三代，而且复制技术也达到前所未有的水平。清代初期，以顾炎武为首的学者们，深恶人为擅改古书、校雠粗劣的流弊，大力反对臆断，推崇实证，兴考据之学和精编精校之风，使校雠学成为清代学术成就最大的学科之一。

中华人民共和国成立后，随着出版物的品种和数量的增加，专业校对人员的队伍也不断壮大。校对的方式方法和经验有了极大的发展和丰富，加强了校对的科学管理，校对工作的重要性和必要性也日益凸显。改革开放以后，中国的出版事业得到了长足的发展，也赋予了校对工作新的内涵。目前，书籍印前工作已经基本上电脑化，这主要包括原稿的电子文件化、排版的计算机化以及计算机校对软件的应用，这些变化导致了校对工作出现了一些新的特点。

古代的校雠常常是编校合一。现代校对和古代校雠的相同之处在于，它与编辑工作密切相关，作为编辑工作的延伸和补充的基本属性亦没有发生改变。现代校对与古代校雠也有着明显的区别：第一，它不承担编辑过程中的校勘任务；第二，它是编辑之后的独立工序；第三，它的工作对象是定稿后的稿件和根据稿件排成的校样；第四，它的首要职责，是校正校样上与原稿不符的文字和符号，校对人员如发现原稿差错，只能向编辑质疑而无权修改；第五，除了校对文字、图表外，还包括统一版式、格式、字体和字号，校正注文与注码、图表与正文的衔接等技术性工作。

二、校对的地位与作用

现代校对是出版物生产流程中编辑后、印制前的最后一道质量把关工序，其责任是将各种差错消灭在出版物出版之前，从而保证书刊的质量，因而在出版工作中有着很重要的地位和作用。

鲁迅曾经指出，校对和创作的责任是一样重大的。近年来，中国的校对工作与孙培镇、周奇两位老前辈的名字紧密相连，他们既有渊博的学识，也有丰富的经验，既潜心于校对实践和研究，也热心为出版校对事业鼓与呼，同时，又不遗余力地提携后学，堪称校对界的楷模。之所以说校对工作重要，是因为编辑工作的疏漏，还可以由校对来弥补，而校对工作的失误则将无可挽回地造成书刊成品的差错。

校对的地位和作用的核心，在于校对的独立性和独特性。在曾经一段时间内，出版界不少人不能认识到这一点，认为"校对只是简单的字对字，只要认识字的人都可以干校对"，这种轻视校对的直接后果便是导致书刊编校质量的下降。中国版协校对工作委员会原主任周奇先生认为，关于校对在出版工作中的地位和作用，应当从两个方面来考察，即从出版物生产过程来考察和从校对工作与编辑工作的关系来考察。从出版物生产过程来考察，可以得出这样的结论：校对是最重要的出版条件。出版过程存在的价值，在于正确、完善的转移作者的劳动，即在作者劳动的基础上进行再创造。这种再创造的重要表现，就是消灭排版差错和弥补作者疏漏，从而达到准确无误、完美无缺的要求。从校对工作与编辑工作的关系来考察，周奇先生用"同源，分流，合作，同归"八个字概括校对工作与编辑工作的关系。编辑和校对，是出版生产程序中的两个重要环节，编辑"清源"，校对"净后"，共同为出版物的内在质量把关，从而构成出版物质量保障体系。古代编校合一是与当时的出版生产力相适应的，而编校的彻底分离各自成为独立工序，是现代出版的特征之一，是出版生产集约化的表现，是历史的进步。

三、校对的功能

校对最基本的功能是两个：一是校异同，二是校是非。这是清代著名文字学家段玉裁首先提出来的，现已成为校对界的共识。

（一）校异同

这是指以原稿为唯一依据，以校样来核对原稿，分辨两者的异同：同则通过，异则以原稿为准对校样进行改正。这是传统校对的基本功能。段玉裁在《与诸同志论校书之难》中称"校异同"为"照本改字，不讹不漏"，而现代著名学者陈垣认为校异同是"机械法""其长处在不参己见""其短处在不负责任"。[①] 故而校异同又称作"机械校""死校"。事实上，只做好校异同，也往往不是轻易的事。校异同除了对照原稿消除差错外，还有一层含义，即要忠实原稿，对原稿负责，不得"妄改"。

（二）校是非

这是指以原稿为依据，以校样来核对原稿，改正、消灭一切排版上的错误，并在此基础上，凭借校对者储备的知识或其他权威的信息、资料来判断原稿中的是非，确认其"是"就通过，确认其"非"就提出疑问，提请编辑部门改正。段玉裁在《与诸同志论校书之难》中称其为"信其是处则从之，信其非处则改之"，必须"通识者为之"。校是非又称作"活校"，是一种对读者负责，对社会负责，层次更高、难度更大的校对功能。其目的在于弥补作者的疏漏和编辑加工的不足，

① 陈垣：《校勘学释例》，中华书局 1959 年版。

以进一步提高稿件的质量。要达到能校是非的目的，校对者不仅要有较好的心理素质，而且要具备扎实的文字功底、广博的知识积累和很强的工作责任心。

校对工作者在校对过程中，既要校异同，又要校是非，两者不能偏废。在每一个校次中，既要以"校异同"消灭排版差错，也要以"校是非"发现原稿的差错和编辑加工的不足，并用铅笔在校样旁边提出质疑或填写"原稿疑问单"，提请编辑部门解决。只有把校异同与校是非紧密地结合起来，才能将校对的功能最大程度地展现，校对者也最大限度地体现了自己的劳动价值。

四、校对的主体和客体

（一）校对的主体

校对的主体即校对者，包括专职校对者、著作人（作者）校对者和编辑校对者。

1. 专职校对者

韩愈认为，校对非博学者不可为。现在专职校对者一般应是具有大专及以上的文化水平，经过校对的专门训练并取得相应资格，掌握校对专业技术，具有一定的职业敏锐度的专门人才。他们在校异同方面，具有一般作者和编辑所没有的优势，对各种繁、简、异体字和异形词的规范用法，对改正各种技术性差错（如文字、标点符号、数字、图版等的差错），对体例、版式的统一等，通常比作者和编辑更熟悉，因而更容易发现问题。另外，专职校对者校的是他人的作品，相对于作者和编辑而言，没有先入为主之见，有利于从原稿中发现问题，提出质疑，以弥补编、著者的不足。为了适应出版业的迅速发展，现代校对人员应该博识：首先是"博"，要博闻强记，知识面宽；同时还要"识"，要认识深刻，见解正确。只有这样，才能在掌握大量知识的基础上较多地去发现矛盾，在发现矛盾的基础上较好地运用正确的见解去辨别是非。

2. 著作人（作者）校对者

著作人现一般统称"作者"，在书刊出版前，作者必须对自己的书稿或文章自校一次。作者自校的优势主要体现在：作者对自己著作中的有关专业知识特别熟悉，因而容易发现和改正校样上出现的知识性错误。专业性较强的书稿和高水平的学术论文尤其如此，其中的专业术语、知识等一旦出错，非著作者不能辨识。作者往往对自己的著作特别重视，校对起来自然不敢懈怠，因此在自校中，会倾注全部的感情和精力，改正校样上的差错。有些稿件由于从交稿到出校样的时间较长，其间由于形势的发展和作者思想的变化，校样上有些观点、材料或公式要作修正、补充，有些语言文字要重新润饰，等等，因而，作者自校的作用就显得更加重要和必要了。但是作者自校时，难以仅停留在校对的层面上，容易进入到内容的阅读理解层面而忘记自校的重要目的，同时，作者对自己的稿件相当熟悉，对自己撰写过程中出现的差错容易"熟视无睹"，对自己的稿件通常不会轻易质疑，这是作者自校时容易出现的问题。

3. 编辑校对者

一个好的编辑不但要具备扎实的专业知识，也要有较强的驾驭文字的能力。在市场经济条件下，编辑活动所覆盖的范围越来越广，但审读加工作为编辑工作的核心却永远不会发生改变。编辑作为原稿的加工整理者，校对的主要优势体现在：编辑工作要求编辑成为"杂家"，知识面要宽，其知识结构呈"T"形。其相关学科专业知识之广博有可能胜过作者；他们对稿件主题思想、整体结构的了解，通常又胜过专职校对人员。编辑高质量的书刊，是编辑的职责所在和职业道德要求。编辑的修改润色是创造性的劳动，编辑对稿件也同样有种特殊的珍爱之情。

以上三种校对主体各有长短，互补性很强。专职校对通过发现原稿不妥之处并提出质疑，可以弥补编辑和作者的不足；作者自校可以弥补出版单位编校之不足；编辑的校对，则可以弥补作者、专职校对者和编辑加工之不足。在校对思路上，专职校对以"对"见长，作者自校以"改"为主，编辑校对以"核"为要。三者分工合作，在校对活动中显示了相对独立性和各自的特长，体现了校对的整体功能。

（二）校对的客体

校对的客体指校对活动或校对工作的直接对象物，即原稿和校样。

1. 原稿

原稿有传统的纸质原稿和现代的电子原稿两种。传统的纸质原稿是指内容以文字符号和图像等记录在纸张上的稿件，有手写稿、打字稿、剪贴稿、复印稿、油印稿等种类。现代的电子原稿是指内容已经由电子计算机转化为数字化文件的稿件，其常用的载体目前一般是磁盘或光盘。

2. 校样

校样是排版单位根据原稿排版后打印出的供校对用的样张。校样按不同的载体可分为两种：一种是传统的纸质校样（包括以电子原稿打印的纸质校样）；一种是以数字化文件形式存在的电子校样，一般以磁盘为载体。对电子校样可采用无纸化校对，即直接在计算机屏幕上校对。这是对电子校样的正常做法，但目前还采用较少。

五、校对的方法

校对的方法是校对者在校对操作时，根据原稿和校样的不同情况使用的不同方法，有校对的基本方法和现代校对方法两种。

（一）校对的基本方法

现代校对继承了古代校雠的优良传统。学者陈垣在其所著《校勘学释例》一书中，高度总结、概括了前人的经验和自己的实践，认为传统的校勘基本方法有四种：对校法、本校法、他校法、理校法。这一理论得到了校勘界的公认，并为现代校对界吸收和运用。这四种方法也被视为校对的基本方法。

1. 对校法

陈垣说，"对校法，即以同书之祖本与别本对读"，"其主旨在校异同，不校是非"。现代校对依据原稿对照校样进行校对的方法与此相似，故也称对校法。对校法的具体操作方式有点校、平行点校、折校、读校四种。

点校法是一种沿用较久的基本校对方法，校对者将原稿放在校样的上方或左方，先默读原稿若干字，再默读校样，逐字逐句进行校对，发现错误，即行改正。点校一般适用于改动大的或者与校样横竖不一的原稿。它的优点是可以自由支配速度，遇到难校难认的文字或者原稿较乱的地方就可以放慢速度，以利于从上下文正确理解文义，纠正错误。它的缺点是校对人员校对时头部需要上下或左右摆动，一手指原稿，一手执笔，两手均受约束，容易产生疲劳。而且由于原稿与校样的距离较大，头部转动的间隙时间长，不容易把原稿上的文字、符号完全记住，一不小心就容易漏校同形字、同音字、形似字和标点符号。

平行点校通常在校样和原稿都是横排的情况下使用。校对者将原稿折叠后（一张原稿可折四五折，每折四五行）覆盖在校样需要校对的文字或图表上再进行点校。它的优点是缩短了原稿和校样的距离，保持平行校对，可以降低校对者头部转动的频率，更容易看清原稿，既能保证校对质量又能提高工作效率。但如果原稿是手写稿时，校样上往往转行、转页较多，校样和原稿在版面上难以同步，用此方法反而显得麻烦。

折校法适用于没有改动或改动较少的原稿。由于原稿清楚，或者原稿与校样的字号、字体、版面大小完全一样，折起来校就非常方便。校对者将校样平置于桌上，再将一页原稿夹在两手的手指间压在校样上（也可以将原稿置于桌上面将校样夹于指间），并把要校对的字句对准校样相同位置的字句上逐行进行校对。折校的优点是：由于原稿和校样的距离大大缩短，校对者视线集中，头部不需要左右摆动，减轻了劳动强度；又由于原稿和校样上的文字是对比着一个个地看过去，漏句、漏行的事故就不容易发生。它的缺点在于：因为校对时需要"一目两行"，形似字的错误特别容易被忽略；由于是机械地校对文字，忽略了对内容的理解，不利于校是非。

读校是由两人以上合作完成的校对方式。一人朗读原稿，另一人（或两人）对照校样并改正校样上的错误。为了争取时间，在原稿清楚、内容浅显易懂、格式不复杂的情况下，宜采用读校法。它的优点是：两人可以专心一致地进行工作，效果比较好；两人轮流读、看，可以互相提供意见，对提高校对质量有一定好处。其缺点是：由于汉字中同音字、近音字、多音字、近形字很多，如果读的一方发音不准或口误，稍一不慎就会造成错误；遇到错误时，一方要改正，一方不得不停下来，从而影响效率。

2. 本校法

陈垣说："本校者，以本书前后互证，而扶摘其异同，则知其中之谬误。"这里说的"异同"，是指稿件中的内在矛盾，"前后互证"是发现内在矛盾的方法。发现矛盾后，再判断孰是孰非。现代校对的通读检查采用的便是本校法。校对人员在脱离原稿（或无原稿）的情况下，通过比较、前后互证来发现错误或者格式不一等方面的问题。现在电子原稿越来越多，运用本校法进行的通读检查更能体现"校对是编辑工作的延续和补充"这一积极作用，以弥补作者的失误或者编辑加工的不足，保证和提高出版物的质量。

3. 他校法

他校法是指以其他有关的书籍对照本书的一种校对方法，并不是指由其他人校对。陈垣说："他校者，以他书校本书。"这里的"他书"是指与所校对的稿件内容相关的其他书（包括工具书）。陈垣认为，此法"范围较广，用力较劳"，"但有时非此法不能证明其讹误"。他校法常与本校法交叉运用，"本校"发现了矛盾但难以作出准确判断时，需要用"他校"从相关书中寻找依据来解决。可见他校法的功能主要在于释疑，现代校对中，主要用于解决引文、习语、数据、术语、公式、日期之类的异同问题。此法也多用于校勘、整理古籍类书籍或研究文章。

4. 理校法

理校是通过推理分析作出是非判断的校对方法，理，即推理。陈垣说："所谓理校者，遇无古本据，或数本互异，而无所适从之时，则须用此法。"理校也常与本校结合运用，当本校发现了矛盾而又无他书可供参照查阅时，便只能通过推理来断定是非。因此，理校具有很大的主观性，必须是博学者才可运用。现代校对中，建议此法慎用，如遇有疑难，可向作者或相关专家请教。

（二）现代校对方法

事物是发展变化的，随着社会的发展和科技的进步，出版业的现代化程度越来越高，校对的客体和要求不断发生变化，校对的手段和方法也不断更新。现代校对方法是指人们在现代校对工作实践中，创造和运用的新方法，主要包括人机结合校对、文字技术整理等。

1. 人机结合校对

人机结合校对是指人工校对与电子计算机的"自动校对"互相结合的方法。它具有校对客体无纸化、校对功能"是非"化、校对方法通读化、校对模式编辑化等特点。校对软件以词语检查为主，与人的校对互补，起辅助作用。完全的"自动校对"是不切实际的，甚至可以预见在将来也不可能做到。计算机代替不了人，我们对此应有清醒的认识。

校对软件的优点主要有：（1）校对范围广，查错率高。现行的校对软件一般依据《现代汉语词典》、《辞海》和国家语委颁布的各项规定，采用语法分析和语料库统计相结合的方法，具有先进的语句切分技术和语法分析技术。可用于校对中文字、词（包括普通语文词汇和各种术语、专业词汇以及人名与地名等），还能查出不符合汉语语法和语义习惯的词语搭配，常见的知识性差错，以及数字、量和单位、标点符号、汉语拼音、英文拼写等方面的差错，并可对查出的差错提供修改意见或建议。（2）校对速度快，功能多。校对软件可对稿件自动快速地进行校对，每小时可校对 40 万字或者更多。校对软件的功能也很多，有批量查找、大样转小样、小样剥离、成语查询，有各种专有名词、固定搭配等知识性资料库。校对软件一般采用简单直观的操作界面，即使是对计算机不很熟悉的人，经过短时间的学习也能掌握使用。（3）开放性能好。校对软件允许用户自行编辑用户学习词库且在校对过程中使用，从而扩大使用范围，纠错功能更多。比如，校对软件能在预处理时就把生词自动提取出来，让用户有选择地添加到用户学习词库中；用户也可将被计算机作了标记但不是真正差错的词或短语添加到用户学习词库中。另外，校对软件在程序设计上可以根据情况的变化作出修改和调整，能够做到与时俱进。

校对软件虽然具有以上优点，但也存在缺点：（1）误报。校对软件的辨错功能完全取决于事先输入词库中的词汇量、数码信息、语法分析技术的多少，对事先没有输入的，它便无法辨认而可能出现误报。（2）校对软件的局限性。目前的校对软件还仅适用于一般的社科类稿件，对一些专业性较强的稿件（如古籍、科技类）和一些语法较为复杂的文艺类稿件，则作用不大。（3）不能校是非。校对软件不能代替人的头脑来进行思维，不能用各种逻辑方法来判断、推理，所以对书稿的是非问题，则显得无能为力。

2. 文字技术整理

文字技术整理，简称"技术整理"或"整理"，即对校样主要从体例、格式方面作全面检查和处理。这是一项技术性较强的工作，它要求整理人员不仅要有扎实的校对业务基础，而且还要有丰富的知识，遇到复杂的难题，可以在不影响内容的前提下灵活应变，使文字、公式、图表长短有序，转合得体。技术整理的内容和意义主要是：（1）改正排版造成的差错。收齐原稿和校样，清点校样更码是否衔接，校对校样上的版式是否符合原稿标注要求，包括：字体、字号、行距、注文、插图、表格、公式、计量单位，等等。具体说来有：检查字体、字号是否统一，引文格式是否一致，目录内容与正文内容是否对应；封面、扉页、版权页上所记录的相关信息是否一致；注意外文字母的大小写、正斜体，校对修改时还要注明外文文种；辅文是否齐全，版式是否符合要求，书眉或中缝文字是否与相应章名、节名一致，参考文献著录项目是否齐全，顺序是否与正文注码一致；检查插图的内容与文字说明是否相符，插图、表格位置和序号是否正确，等等。（2）弥补版式设计时的疏漏。现在版式设计强调创新，形式上日趋复杂化和多样化。版式设计人员有时也有疏漏，在原稿中漏批、错批的现象也时有发生，以致稿件排出后出现版式差错或者前后规格不一致的情况。在设计时还有考虑不周全的地方，排版后显得不协调、不美观，这样就要通过技术整理作相应调整，达到统一、协调、美观的效果。对于篇幅长的稿件，往往由若干校对人员分篇分章校对，由于各人的文化素养和业务水平各不相同，这样在校对质量和版式处理上也可能存在差异，这就更需要通过技术整理使全书（全刊）达到统一。

文字技术整理也同样存在着"校异同"和"校是非"两个方面。校异同是校对所排版式与原稿批注不符之处；校是非是检查所排版式中不规范或不符合版面要求之处，以弥补版式设计人员的疏漏和失误。

第二节　期刊的出版

近年来，期刊的读者市场不断细分，对象竞争日益激烈。许多期刊试图以特色和品牌立足，既强化本土意识，又强调国际视野。诚然，一本好的期刊，既要有独到的视角，又要有精彩的内容，也需要有精美的印刷和新颖的装帧。

一、开本的基本常识

期刊的成品尺寸大小通常决定于两个因素，一是纸张的选择，一是开本的选择。

在我国常用的纸平版张规格有 787mm×1092mm、850mm×1168mm、880mm×1230mm 等 3 种全张纸，相应的卷筒纸规格也有 787mm、850mm、880mm 等 3 种类型。另外，695mm×960mm 型纸张也多为期刊采用。

在实际工作过程中也常使用 889mm×1194mm 规格的全张纸，这种规格的纸张多用于封面和彩页的印刷。

把一定规格的全张纸切成同样大小的多少小张，每一小张就叫多少开。例如，把某一全张纸切成大小相同的 16 张，每一小张便是 16 开，如果切成 32 张，则每一小张叫 32 开，依此类推。纸张的开切方法一般有几何级开切法和直线开切法两种。

（一）几何级开切法

这是将全张纸按二等分开切，可开出 2 开（俗称对开）、4 开、8 开、16 开、32 开、64 开、128 开、256 开等。因为这种方法开出的开数呈几何级数，故称为"几何级开切法"。我们将凡是内芯纸张采用这种开切方法的图书、期刊叫几何开本。这一开切法的优点是：开出的开数规整，便于折页和装订，可以有效缩短印刷周期，且最经济合算。缺点是：开数的跳跃性大，可选择性相对较差。

（二）直线开切法

这是将全张纸横向和纵向均按直线开切，可开出 18 开、20 开、24 开、36 开、

40 开等。在实际出版工作中，我们将凡是内芯纸张采用这种开切方法的图书、期刊叫非几何开本（异型开本）。这一开切法的优点是：开数的可选择性相对较多，能适合期刊装帧设计的需要；有标新立异的效果，以满足不同读者对象的要求。缺点是：无法使用机器折页，给印刷装订带来不便，同时，可能单页较多，也给装订质量留下了隐患。

二、期刊的开本

期刊的内芯是某一规格纸张的多少开，则这种期刊就是多少开本。例如，内芯纸张是 16 开，则该种期刊便是 16 开本；内芯纸张是 24 开，我们就认为这种期刊是 24 开本。国家标准规定，我国图书期刊的开本尺寸分为基本开本和辅助开本两种（均为几何开本），其中基本开本均采用常用纸张规格，辅助开本均采用异型纸张规格。

在几何开本系列中，期刊常见的基本开本有 16 开、32 开和大度 16 开、大度 32 开四种。我国的期刊以 16 开本为主体，约占期刊总数的 80% 以上。其中 16 开和 32 开一般采用 787mm×1092mm 的纸来裁切，而大度 16 开和大度 32 开则采用 850mm×1168mm 或 880mm×1230mm 的纸来裁切。在实际工作中，为了便于区分，又将采用 880mm×1230mm 纸张的 32 开本、16 开本分别叫做国际大 32 开本和国际大 16 开本。

在非几何开本系列中，期刊常见的开本有 18 开、20 开和 24 开。这些异型开本连同辅助开本，大大丰富了期刊的开本形式。

期刊开本的选择，是期刊装帧设计的首要工作，其中最主要的原则是根据期刊的内容、读者对象、刊物风格和定位来选择适合不同期刊的开本。内容决定形式，形式又反作用于内容。适当的开本形式能够起到有效表现内容、吸引读者和方便阅读的作用。例如，我国的高校学报和其他学术类期刊多采用国际大 16 开本，而幼儿、少儿及部分中学生刊物多以形式活泼的异型开本呈现。

三、期刊的印刷

期刊的印刷过程，简单地说，就是将编辑加工后的原稿（发排稿）变成成品的过程。现在，期刊均采用平版印刷技术。根据平版印刷工艺的要求和特点，这一过程一般包括：图文的输入、版面的制作、组版出片、打样、晒版、上版、印刷、折页、配帖、包封、裁切、打包等过程。为了工作需要，人们人为地将这一过程分为印前、印刷、印后三个工艺过程。

（一）印前工艺

印前工艺包括图文输入、版面制作、拼版出片等过程，期刊的彩色页面（包括封面）通常还需要打样。现在这一过程均在计算机上处理完成。图文的输入是指利用计算机及相关设备将期刊原稿转为数字信息，并保存在计算机存储器内的过程。文字的输入一般采用键盘录入，图像的输入主要有扫描输入和数字化直接输入。版面制作是指将所输入的图文加以处理，将文字、图像拼合在一个版面上，达到责任编辑和美术编辑所要求的版式和效果。文字的加工处理主要是字体、字号的选择。文字的字体是一种规范了的文字书写体式，不同的字体代表了不同的书写风格。文字的字号是指文字的大小。我国对文字大小采用以"号数制"为主、"点数制"为辅的原则来进行度量。字的号数与点数可以互换，现在期刊编辑在日常工作中仍多沿用"号数制"。图像（形）的编辑加工都需要在相应软件的支持下完成。图形处理常用软件有 Freehand、Corel DRAW 等，它们可以进行图文混排和有机组合、图形绘制、图形变换和图表制作。图像处理软件常用的是 Photoshop 软件，它可以进行图像的变换（如缩放、旋转、变形、裁剪、拼接、晕化、浮雕等）以及图像颜色的变换等。

印刷过程中采用的印刷机幅面多为对开机或四开机，即印刷时的印版是对开或四开大小的幅面，而印前制作过程中我们一般是以期刊的开本大小的页面制作，如 16 开、32 开等。拼版就是根据期刊的印量和印刷的具体要求，将小幅面的版面拼成可以上机印刷所需要的大幅面版面的过程。出片是将计算机和出片设备相连接，将版面的图文信息转移到感光胶片（也叫"菲林"）上的过程。黑白版面的只要出一块黑版片（K）就可以了；而彩色版面的则需另外增加黄（Y）、品红（M）、青（C）三块色版片，这三块版再加上黑色版在印刷过程中能还原原有图像的色彩，给读者奉上一个彩色缤纷的真实世界。

（二）印刷工艺

现在期刊均采用平版印刷，平版印刷也称胶版印刷，简称胶印。期刊的感光胶片出来以后，并不能直接上机印刷，必须先要制成印版。平版印刷的印版称为预涂感光版（Pre-sensitized Plate），简称 PS 版。它由感光材料和版基组成，印版版基大多采用铝版。PS 版在使用一次后，如果版基保存完好，可以重新涂上感光材料再次使用，这就是通常所说的"再生版"，只不过"再生版"的感光效果一般比新版要差。将菲林上的相关信息借助于晒版机、显影机等设备转移到印版上的过程就是平版印刷的晒版；将印版安装在印刷机器上的工作，我们称之为上版，上版完成后，就可以准备印刷了。现在 CTP 版（Computer to Plate）在平版印刷中使用得越来越多，这一技术免去了胶片这一中间媒介，使文字、图像直接转变为数字，从计算机直接到印刷，减少了中间过程的质量损耗和材料消耗。

胶印印刷机器在印版滚筒和压印滚筒之间加入了一个橡皮滚筒，使金属印版上的图文先转移至橡皮滚筒的橡皮布上，然后再转移到纸张表面，完成一次印刷。因此，胶印印刷是一种间接印刷，它利用的是油、水相斥原理和选择性吸附原理。

（三）印后工艺

将经过印刷的纸张（俗称"胚"）加工成人们所需要的形式或符合使用性能的生产过程，叫作印后加工。对于期刊来说，这就是期刊的装订，它包括订和装两大工序。订就是将期刊的胚页经过折页成帖、配帖后订成本，是期刊内芯的加工；装是期刊封面的加工，是期刊装帧的重要内容。期刊的装订方法主要有骑马订和无线胶订两种。

骑马订的方法是：在骑马配页订书机上，把一个或几个帖和封面套合跨骑在订书架上，将两个铁丝钉从期刊的背脊折缝外面穿进里面，再压紧订牢的装订方法。骑马订法具有工艺流程短、出书快、成本低、阅读方便等优点；其缺点是：铁丝容易生锈，牢固度不够，长时间使用后封面和内文中间页容易脱落，而且期刊的装订厚度受到一定限制。因此骑马订工艺多用于薄本和保存时间较短的期刊。发行量大的期刊的装订工艺一般借助于骑马订联动生产线完成，这也是较先进的骑马订方法。

无线胶订是指用化学胶黏剂（又称热熔胶）将每一帖沿订口相互粘接为一体的固背装订方法。目前，常用的无线胶订机有直线和圆盘两种。自动化程度最高的是无线胶订联动生产线，从配帖到成品整个工艺过程，可以在一台机器上连续自动完成。无线胶订的优点是：翻阅方便、不占订口；其缺点是：有时会因胶粘不牢固而出现内芯页脱落的现象，同时，热熔胶降解速度慢，不利于环保。

装订好的期刊经过加压、固定、烘干等工艺，然后用切纸机将天头（期刊上端空白处）、地脚（期刊下端空白处）、切口按照开本规格尺寸裁切整齐，使毛本变成光本，期刊就可以阅读了。印刷厂常用的裁切机械有单页切纸机和三面切纸机两种。

期刊封面整饰主要有覆膜、上光等工艺，其目的是增加封面的光泽感和亮度，增强封面的质感和挺度，提高艺术效果，还具有保护期刊的作用。

四、期刊的印刷成本与核算

期刊的印刷成本主要包括排版费、出片费和印刷费，其中印刷费由原材料费（主要是纸款）和加工费两大块构成，期刊的排版费、出片费、加工费因期刊的开本、印数、印刷色数、装订方式不同而变数较大，而且，目前我国是各省（市、自治区）分别制定印刷工价标准，所以这一部分费用要视具体情况而定。在这里，我们着重探讨一下期刊印刷内芯用纸的计算，它包括印张的计算、用纸令数的计算和用纸吨数的计算。

（一）印张的计算

一个印张，是指一张经过印刷的全张纸的二分之一，即对开张。这是因为全张纸一般要切成对开张以后才能上机印刷，故称每一对开张为一印张。每一张全张纸包含 2 个印张。在开本确定的前提下，一个印张上的期刊内芯面数与开数相同，页数是开数的一半。例如，16 开本的期刊，每一个印张上有该期刊内芯的 16 面，8 页；32 开本的期刊，每一个印张上有该期刊内芯的 32 面，16 页，等等。异型开本的期刊与此同理，如 24 开的期刊，每一个印张有该期刊内芯的 24 面，12 页，依此类推。因此，期刊印张的计算，只需用期刊内芯的全部面数除以开数即可得出。例如，一本有 64 页的 32 开本期刊是 2 个印张，一本有 48 页的 16 开本期刊是 3 个印张。为了便于印刷和装订，期刊最好是整数印张或整数印张加 0.5 个印张，这样也能有效节约印刷成本。

（二）令数和吨数的计算

令，在印刷行业中是纸张的计量单位，500 张全张纸为一令。因为每一张全张纸由 2 个印张组成，所以每一令纸折合 1000 印张。我们可以得出用纸令数的计算公式：

用纸令数 = 印数印张 ÷1000

在纸张厚度（克重）确定的情况下，我们可以将期刊用纸的令数和吨数互相换算。

例题：某一期刊内芯 3 个印张，用 60g/m²、787mm×1092mm 规格的双胶纸印刷内芯，每期印刷 15000 册，试计算该期刊每期内芯印刷用纸的令数和吨数。

解① 150003÷1000=45（令）

② 45÷（1000/0.7871.09260÷1000500）=1.16（吨）

注：②式中 1000/0.7871.09260÷1000500 是计算每一吨该种纸的令数，即令/吨数；分子 1000 是指每一吨即 1000 公斤，分母是每一令纸的重量（公斤）。

期刊出版单位在选择印刷合作单位时，应坚持"质量、价格、周期"六字方针，即以合理的印刷价格为基础，印刷厂确保期刊的印刷质量和印刷周期。具体说来，要着重考察印刷厂的资质、设备情况、技术力量、服务意识、信誉等因素，期刊出版单位和印刷厂紧密配合，互相协作，力争给每一位读者奉上一本内容丰富、印刷精美的期刊。

第三节　学术期刊出版工作中编校一体化问题及解决策略

学术期刊是科学研究活动的重要组成部分，它既展示了各学科领域的技术创新成果、传播了专业知识、共享了行业信息和经验，又为相关专业人员提供了有较强针对性的学习交流平台。随着信息技术、网络技术和通信技术的快速发展及其在出版工作中的普遍运用，学术期刊也逐步迈入了数字化进程，它在相关企业和专业人员中的影响力进一步扩大，稿源和读者数量也随之增多，这就对学术期刊的编校质量提出了更高的要求。加之传统纸质稿件的数字化迫使编校工作的内容、方式方法和技巧发生改变，原有的编校工作也浮现出一系列不可避免的问题。

一、编校一体化现象产生的背景

（一）出版单位人员编制受限

学术期刊编辑部多数设在学术研究一线单位，如科研院所、各种研究学会、高等院校等，这些单位的工作人员一般具有事业单位编制或者合同制身份。因此，学术期刊主办单位在招录编校人员时不仅要遵循事业单位的人事制度规范，而且还要受到主办单位人员编制数量的限制，直接导致很多学术期刊出版社或者非法人编辑部的编校人员往往只有2～3人。在这种情况下，专业、全职、在编的校对人员更是严重不足，各学术期刊主办单位一般是采用"由编辑人员进行校对"的方法解决校对工作问题，编校一体化应运而生。

（二）确保学术期刊的时效性和周期性

学术期刊的时效性和周期性特点十分显著，编校工作面临着时间紧、任务重、工作量大等问题，这对编辑人员和校对人员的工作效率和工作质量都是很大的挑战。而编校一体化将编辑、初排版、校对三个阶段的工作融为一体，在对稿件加工整理的同时进行"三校一读"，有效缩短了编校时间，保证了学术期刊出版的周期性和时效性，因此成了学术期刊出版过程中一种主流的工作模式。

（三）降低运营成本

编校一体化的内涵应该包括两个方面的内容，一方面是指编辑工作和校对工作一体化的过程，另一方面是指编辑人员与校对人员之间相互融合的过程。编校一体化使得同一批工作人员在完成编辑工作的同时也完成了校对工作，身兼多职，却只占用一份办公资源并且只领取一份工资，这在很大程度上省了学术期刊的人力、物力和财力，降低了运营成本。尤其是对那些经费有限的出版社或者非法人编辑部来说，编校一体化更是其生存发展的不二之选。

（四）专业校对人员缺乏相关学科背景

学术期刊的校对工作一般分为两个层次——"校差错"和"校是非"。一般情况下，校对人员在出版工作中需要完成的是"校差错"的相关任务，特别是对数字、标点、符号、批注、字体字级、错别字、专业术语和语言文字表述、图标公式排列、体例格式统一等的校对。由于学术期刊的专业性和学术性较强，校对人员在缺乏相关学科背景的前提下，要完成"校是非"的相关工作就会明显感到吃力。加之，我国实行出版专业技术人员职业资格登记注册管理，既具有相关学科背景又通过全国出版专业技术人员职业资格考试的校对人员较少，促使编校一体化现象进一步扩大。

编校一体化出版工作模式由来已久，早在官方修书占主流的古代社会，就已经集中于上层社会。学者们对这一现象褒贬不一，有的认为编校一体化是导致书、报、刊差错率上升的重要原因，让编辑人员完成稿件的编辑加工整理工作后继续进行校对，实质上就是取消了校对这一出版工作环节；而更多的学者在认识到这些问题的基础上，主要还是在积极思考如何更好地适应编校一体化现象以保证学术期刊的质量，促进出版社或非法人编辑部的发展。笔者认为：我们应该充分考虑当下出版业所面临的严峻生存环境，在承认编校一体化现象具有合理性的前提下，分析其存在的问题并有效解决，这既是一位编辑自身职业技能和综合素养的体现，也是出版社或非法人编辑部适应社会发展的选择。

二、编校一体化工作中存在的问题

（一）编辑工作后移延迟了稿件问题的排查和纠正

校对工作的相对独立是为了弥补编辑工作中的不足，完成编辑工作之后再进行校对工作可以进一步有效提高出版质量。在出版实践中，笔者发现：编校次数与出版质量之间成正比例关系，一般情况下，每完成一次编辑和校对工作都能有效提高出版质量。编辑工作之前，虽然已经进行了"三审制"审稿，但是在这个过程中并不能审查出稿件的所有问题。编校一体化使得审稿之后的编辑加工整理工作和"三校一读"的校对工作同时进行，并且一般由同一编辑人员完成，这就直接导致了编辑工作后移情况的出现，自然也延迟了原本应该在编辑加工整理环节中早排查早纠正的稿件问题，同时也间接地增加了编辑的工作量和工作时间。一方面，编校一体化使得编辑在编辑加工整理环节就查找出了相关问题，这时再由同一编辑进行校对工作无疑是在重复工作、浪费时间；另一方面，在进行编校工作时，编辑每发现一次稿件问题都要退作者修改，作者完成修改后编辑还要再一次进行编辑校对工作，直至稿件达到出版要求，这实质上增加了责任编辑的工作量。而且，编辑人员为了保障学术期刊的学术性、时效性和周期性，在编校过程中往往更加重视对稿件内容的编辑，而忽视对细节的校对。但是国家新闻出版署颁布的相关标准要求期刊的差错率只能控制在万分之二以内，这又恰恰说明了稿件细节校对的重要性。

（二）编辑使用的校对符号不规范

常常有同一错误经过多次往返修改直到最终核红时仍然没有改正。究其原因，第一，除了与编辑、排版人员的工作责任心有关以外，还与他们对规范的校对符号不熟悉密切相关。一般情况下，编辑人员在编辑加工整理过程中使用的修改符号与校对人员使用的规范校对符号不尽相同，很多编辑人员都习惯使用自己熟悉的符号，除了规范的校对符号以外，他们还经常使用自创或习惯的修改符号。第二，学术期刊从事编辑、校对工作的人员，除了通过全国出版专业技术人员职业资格考试并且每年都参加出版专业技术人员业务培训的工作人员以外，还有新入职的全职在编人员或者兼职的科研工作人员和专业教师。这些科研工作人员和专业教师没有参加过系统的学习、专业的培训和出版专业技术人员职业资格考试，对规范的校对符号不甚了解，在进行编辑校对工作时要么自创修改符号，要么直接不使用相关校对符号全部改用文字表述……不同的编辑、校对人员使用各不相同的校对符号修改同一错误，互相都看不懂对方的修改意见。第三，有的老编辑或高级职称编辑沿袭了较多陈旧的校对符号或者习惯性修改方法，从而增加了其他编辑人员和排版人员辨识、修改的难度。尤其是随着信息化快速发展，各环节分工细化，异地校对、排版、印刷时有发生，校对符号不统一、不规范直接影响了出版质量和效率。

（三）编辑过度依赖校对软件

计算机技术的高速发展在一定程度上减轻了校对的工作量，不同种类的校对软件因其"方便快捷"的优势而逐渐运用到日常出版工作中。编校一体化过程中，学术期刊的编辑人员为了减轻工作量，追求时效性，保证周期性，也基本选择使用校对软件完成校对工作。例如，最常使用的"黑马校对软件"，虽然此款校对软件的功能相对全面，特别是在识别文字性差错方面优势明显，但是仍然存在几个严重问题：一是，此款校对软件更新速度较缓慢；二是，设置不同参数时可能导致版本与操作系统不兼容，进而产生校对错误、校对时不能发现差错、前面发现的差错在后面不显示等问题。即便编辑根据专业知识和工作经验在校对软件中添加常见的自定义字词后，校对软件也不能达到国家要求的校对标准。编辑人员如果完全依赖校对软件来完成校对工作，最终的校对结果肯定不能令人满意。

（四）编辑过度依赖作者"自校"

学术期刊的稿件因其学科专业性和学术创新性，并非所有的编校人员都能完全驾驭。编校一体化减少了编校工作的人数和次数，更加无法确保编校人员可以掌控稿件内容的知识性、逻辑性等。因此，很多出版社或非法人编辑部选择在三校后或者其他出版环节将稿件的清样发给作者进行校对，但是作者"自校"往往会出现很多不可避免的问题。一是，部分作者不能灵活运用校对软件或者相关文档的校对功能。学术期刊中，虽然尚有部分出版社或非法人编辑部采用 WPS 文档格式将清样发给作者，但是绝大多数都已经采用版式固定、兼容性好、国内外采编都适用的 PDF 格式来发送清样。尽管出版社或非法人编辑部已经向作者提供了简单明了的 PDF 校对说明，但是作者仍然普遍反映使用 PDF 相关校对功能进行稿件修改的难度较大，年龄较大的作者运用 PDF 进行"自校"感到更加吃力。二是，作者在校对清样过程中随意增减署名、变更署名、调换署名顺序或修改基金项目标注。署名、作者简介、基金项目等原本应该是在投稿时就确认的内容，很多作者却在清样校稿时才提出修改意见，一旦作者修改其中任何一项内容，编校人员都需要对作者、简介、单位、基金项目、中英文目录等相关内容进行重新校对，无疑增加了后期编校人员的工作量。三是，作者"自校"时存在错改、误改、错误使用校对符号问题。很多作者在"自校"环节中，还会因为各种原因将原本正确的字词、标点、图表等改错，抑或因为不小心触碰键盘而误改稿件内容。而有的作者虽然修改正确了，但却错误地使用了校对符号或者把版面改得太乱导致编校人员看不清具体的修改内容。

在编校一体化背景下，以上这些都给编校人员带来了较重的工作负担，进一步增加了他们的工作量。

三、解决措施

很多的出版社或非法人编辑部为了保障学术期刊的周期性，已经将收稿时间提前了半年，可这样做又在一定程度上影响了稿件的时效性；为了解决稿件时效性的问题，编校一体化出版工作模式逐渐普及，但它在加快出版速度的同时又会降低出版质量；为了有效提升出版质量，适应信息化时代背景下的学术期刊数字化发展趋势，出版社或非法人编辑部陆陆续续地开始使用校对软件，然而校对软件本身也存在很多尚未解决的问题。如此多的矛盾环环相扣，学术期刊出版工作中编校一体化的前路在何方？出版社或非法人编辑部如何有效规避编校一体化过程中存在的问题，并利用相关资源优势来提升编校质量，是我们作为出版专业技术人员亟待思考和解决的要点。

（一）严格"三审"以减轻编校压力

加强"三审制"审稿环节的把关作用，尽力将编辑工作中的部分问题提前解决，不给后面的编校环节增加麻烦。在出版工作中，部分已经通过三审的稿件仍然存在一些问题，甚至有的稿件还隐藏着细小的错误观点，而这些问题往往要在三审之后的编校环节中才会被发现，此时再进行退修就直接增加了编校工作的负担，延长了出版时间，降低了出版效率。倘若能够将这些问题提前到三审过程中来解决，在三审时除了坚持原有的审稿原则外再有意加强对稿件内容和细节的审读，同时利用 Office、PDF 等软件进行常见错误排查，不因错小而忽视，必定可以有效避免这些问题的出现。

同时，针对学术期刊的时效性和周期性特点，应该在保证出版质量的前提下，尽量缩短收稿与出版之间的时间，对于具有特殊学术价值的稿件应坚持"特事特办"的原则，在加强三审制度、编校工作的前提下优先出版，不能因为时间紧、学术性强而降低编校质量。

（二）使用规范的校对符号

整个出版过程中，所有出版工作人员都应该使用规范的校对符号，以便各个环节之间的有效交流。第一，加强编校人员与排版印刷工作人员之间的联系和沟通。尤其是针对某些特殊的修改要求，编校人员应制定并提供相应的特制校对符号样本或标准给排版印刷人员参考，以避免彼此间产生误会而影响出版质量和效率。第二，要加强编辑队伍建设。增加编辑人数，扩大编辑队伍，提高编辑的业务能力。不论是专职还是兼职的编校人员，一律都应参加并通过全国出版专业技术人员职业资格考试。通过考试的人员应该积极参加出版专业技术人员业务学习和培训，与时俱进地提升自身的业务水平。与此同时，还要加强同行之间的经验交流，使更好的编校模式得到推广。第三，所有编校人员，不论年龄大小、职称高低，都应该及时更正自身的不良习惯，拒绝使用不规范的校对符号。

（三）合理使用校对软件

编校人员应该合理使用校对软件，坚持"以人为本"的理念，做到人机结合。一是，出版社或非法人编辑部应努力适应信息化时代背景下学术期刊发展的新形势，根据经济条件、学术期刊定位、编校要求等因素积极引用并竭力推广适合本刊需求的网上投稿审稿平台、校对软件等，以提高编校效率和质量。二是，适当增加校对软件的校对次数，以提升其校对准确率。根据个人使用校对软件的实践经验，笔者认为：校对软件至少应重复校对两次，才能有效筛查出相关问题。可即便如此，"机校"也不能完全取代"人校"，"人机共校"是目前最理想的校对模式。编校人员在使用校对软件完成初步校对工作后，还应继续进行"人校"——由编校人员校对，并根据"机校"结果适时增加或减少"人校"次数，既可以避免因为校对软件自身的缺陷而造成误改、漏改、错改等问题，同时也可以规避编校人员的经验局限性、效率低、易出错等问题。三是，编校人员严格执行交叉校对。在交叉校对过程中，编校人员应全部参加，尤其是责任编辑，因为每一位编校人员的学科背景、知识水平、业务能力、编校能力都有所区别，交叉校对可以取长补短，提高编校质量。在完成一次"自校"、一次"他校"之后，再进行一次"自校"，既节省了时间又保证了校对质量。

（四）规范作者"自校"并提升编辑综合素养

编校人员需要向作者提供一份简明扼要的编辑规范和校对说明，并以清单的形式列出，以便告知作者本期刊的编校规范、应该关注的修改内容、常用的规范校对符号等，必要时还可以通过电话、QQ、微信等通信手段向作者作进一步细致的讲解，避免作者因误改、错改、漏改而增加编校工作量。但是，编辑人员也不应该过度依赖作者"自校"，甚至将"校是非"的重担完全落在作者身上。作为一名合格的编校人员，除了要熟练掌握编校工作的业务技能，还应精通所在学术领域的专业知识并深入研究相关学科知识。编辑人员需要不断地学习以丰富自己的学科知识，积极参加培训和交流以及时补充新理论、新知识、新技术与新方法，经常向相关学术领域的专家请教以了解和掌握该领域的发展动态、前沿信息和热点，然后尽可能地挖掘出新思路和新观点，力争将具有较高编校水平和学术价值的内容展现给读者。

总而言之，在信息化时代背景下，学术期刊数字化出版工作面临着各种新的问题和矛盾，编校一体化是出版社或非法人编辑部适应社会发展的必然选择。编校一体化作为一种不可避免的现实存在，对编辑人员来说是一项严峻的挑战，尤其是那些规模较小的出版社或非法人编辑部的责任编辑，他们除了要完成策划、组稿、审稿、编辑工作外，还要继续完成校对任务。要解决这一难题，编辑人员除了要加强自身业务能力和综合素养的培养之外，还应充分利用各种资源来提高出版质量。

第六章　期刊选题策划与栏目策划

第一节　期刊选题策划概述

一、选题策划的概念

期刊的诞生伊始是由策划开始的：期刊名称、刊头 Logo、内容定位、栏目构成、标题版面、影像元素、纸张开本、印刷油墨、终端渠道摆放等。期刊编辑从来就不仅仅是报道者（Reporter），还是设计者（Maker）和懂得策划（Mastermind）的高手。

如今，策划成为期刊生存的不二法门，这是因为：

其一，夹缝生存状态下的本能需求：策划与创意是期刊看家的两把刀。

其二，周期性需求：电视、报纸、网络抢占先机，期刊必须以"话题策划"抵消时效的弱势，做事后整合提升或挖掘事件的意义。

其三，读者需求：资讯越是极速爆炸，人们越是需要缓慢的、讲求质量的、追求有趣的东西，他们是期刊的忠实读者。

其四，客户方需求：期刊媒体成为营销的一环，成为品牌营销、公关活动最有效的载体。

其五，期刊人自身的需求：理想主义者，与其他媒体大异其趣，无策划、无创意毋宁死。

（一）选题活动

现代期刊大多已认识到期刊策划的重要性，而策划活动也逐渐成为期刊工作的重要组成部分。期刊策划是在对期刊市场规律和读者需求进行仔细考察研究后，对期刊的定位、风格、议题设置、版面编排、印刷装帧等各项内容进行周密的安排和筹划。刊物能否成功，很大程度上取决于期刊的策划工作。按照期刊工作流程来划分，现代期刊的策划工作大致包括：

1. 形象策划

期刊作为一种文化产品，形象策划是首要问题——将以一种怎样的形式呈现在读者面前，使它的读者受众很快能够通过这个形象辨识这就是我所中意的期刊（用纸，版面设计所形成的外在风格），接下来如果能够从封面文章上找到自己感兴趣的选题，那这本期刊很快就会成为读者打算购买的期刊之一了。

2. 内容策划

内容策划在形象策划之后。形象策划完成后，一般而言，不宜频繁调换。换句话说，期刊的形象策划完成后，可以不再费很多神。接下来便是内容策划，内容策划不同于形象策划的地方在于，内容策划是每一期都要执行和完成的——期一期的内容策划加上形象策划，共同形成期刊的风格与特色。内容策划包括选题、广告、版面设计。

3. 选题策划

选题策划是内容策划的一部分，选题策划是选题活动的核心环节，也是最主要的策划活动。选题策划的方法有头脑激荡法、专家意见法、关键词法、热点事件法、热门人物法。头脑激荡法是期刊编辑部最常用的选题策划方法；专家意见法是指向权威专家征求选题意见；关键词法是指将近期发生的新闻事件或未来趋势，通过关键词精练表达出来，再拓展成选题进行扩展；热点事件法是期刊选题策划的主要方法，选题的主要线索便是近期发生的热点事件或者有代表性的事件；热门人物法是找到事件核心人物，做深度访谈。

4. 版面策划

版面策划包括版式设计和正文与广告的版面安排，尤其是后者。广告对于期刊来讲，具有两面性，一方面，广告多，代表期刊的广告收入颇丰，对期刊盈利而言是利好；另一方面，广告对读者而言，稀释了正文的可读性，过多的广告，读者自然会有不满。因此，怎样给正文和广告的页面设置读者可以接受的比例，是版面策划的重要内容。

5. 包装策划

在完成形象策划、内容策划、选题策划以及版面策划后，包装策划及营销策划就是后续的策划活动。如果期刊的风格并不十分先锋或者别致，期刊的包装应该尽量从简。

6.营销策划

在数字化环境下，期刊的营销策划方式与渠道非常多元化。除了传统的广告宣传外，期刊自己的网站、博客、微博、微信等都可以作为期刊营销策划的渠道与方式，数字媒体宣传的经济成本低，期刊本身作为一种媒体方式，在进行宣传时，进行媒体置换宣传是一种可以有效节省宣传成本的方式。

当下，我们处于一个"信息大爆炸"时代，电视、广播、报纸、期刊、图书等传统大众传媒和以互联网、手机为代表的新媒体时刻在交互传播着各类新闻事件、社会现象、人物观点。"无新闻环境"之下，期刊要生存、发展，必须具有强大的内容挖掘能力即选题策划能力，通过独具特色的"主打文章"表达期刊的立场和态度。

此外，对于充满市场活力的消费类期刊来说，主流盈利模式决定了内容之于其生存发展的重要性。消费类期刊市场是典型的"二元市场"，期刊产品进行二次销售，即先在内容市场将内容销售给读者，表现为期刊的市场覆盖率和发行量；然后在广告市场将广告版面销售给广告主，就主要依靠广告盈利的期刊而言，广告商的投资是其生命线。

因此，为了达到期刊"立言立点"的目的，选题策划是所有策划工作的重中之重。对报道内容、议论话题的精心策划，不仅可以树立媒体形象、提高办刊质量，如果期刊内容叫卖，可以吸引潜在的广告客户，广告收益就越多，盈利能力越强，优质内容和服务的生产资金投入越多，为期刊运营提供资金保障。

根据期刊性质和出版周期不同，选题会议的召开周期也不相同。出版周刊的期刊社需要频繁召开选题会议，每周召开一次；出版月刊的期刊社则是每月召开一次。以新闻时政类期刊为代表的内容时效性较强的期刊选题周期较短，这样可以让选题更贴近时事发展；以文学、家居、旅游类期刊为代表的时效性较弱的期刊选题周期较长，部分这样的期刊会在期刊出版前两个月确定期刊的主题内容。

（二）栏目设置

栏目是期刊的骨架，栏目设置和栏目内容具有系统性，服务于期刊整体设计风格以及市场、内容和读者定位。为了期刊的完整和编辑制作流程的规范，栏目一经设置通常不再轻易改变。栏目的设置风格和内容决定选题策划的方式和内容。

（三）期刊风格与定位

选题策划是期刊编辑制作环节之一，关乎期刊内容质量高低、品位高下，进而影响期刊的销售和收益。

选题策划的精髓体现在栏目设置中，选题策划产生"封面故事""专题报道""独家策划""总编专访""本期话题"等最能体现期刊编校、采写水平的栏目。

期刊风格与定位决定选题的内容和文章风格，选题突出期刊风格，巩固期刊定位。

所谓期刊的选题策划，就是期刊编辑部门定期召开选题会议，遵循期刊编辑制作流程的规范，以受众和市场为导向、以期刊风格与定位为服务对象，酝酿、提出、筛选以致最后确定单期或多期主题内容的活动。

二、选题策划的意义与价值

通过对期刊主题的精细化运作，一方面，编辑能够对选题有一定的预测，快速找到有价值的选题；另一方面，选题策划起点高，如能"标新立异"，则能在同质化竞争中脱颖而出。

（一）把关人

美国社会心理学、传播学的奠基人之一库尔特·卢因在 1947 年的《群体生活的渠道》一书中，阐述了"把关人"理论，该理论认为，在群体传播过程中存在一些"把关人"，只有符合群体规范或者"把关人"价值标准的信息内容才能进入传播渠道。1950 年，传播学者怀特提出了新闻筛选过程的"把关"（gate-keeping）模式。

这个模式说明：社会上存在大量的新闻素材，大众传媒的新闻报道不是也不可能"有闻必录"，而是一个取舍选择的过程。新闻选择过程中的"把关人"包括记者、编辑、编审和总编。而期刊的选题策划是一个内容挖掘、内容筛选和制作加工的过程，记者、编辑参与其中，行使"把关人"的职能。

（二）杂志立点

几乎每一本消费类杂志都有响亮的口号和明确的办刊宗旨，如果说期刊的运作如同海上划船，那么办刊宗旨就是彼岸的灯塔。选题策划最大的意义在于通过一个个选题、一篇篇精心策划的文章树立杂志的权威，发出有影响力的声音，在众多的市场竞争者中间脱颖而出。

（三）专题塑造风格

中国期刊生存环境的特点之一是期刊业竞争日趋白热化，市场区隔精细化，难见空白区，新刊的蓝海罕至；二是免费期刊、会刊、DM 的泛滥；三是基于互联网和手机平台的电子期刊虎视眈眈于后。

第二节　期刊选题策划的主要原则

专业人士将期刊分为消费类期刊、行业期刊和组织期刊。其中消费类期刊主要为了满足大众消费的需求，行业期刊指特定行业期刊或者商业期刊，组织期刊包括协会期刊（如由美国退休人员协会出版的《摩登老年人》）、公共关系期刊（如美国金融集团的内部刊物《评论》）和促销期刊（如 DM 杂志）。

一、顺应市场和读者需求

期刊能够向读者提供价值观、内容的深度、情感和评论空间。读者是期刊质量最普遍的评定者，期刊的核心竞争力集中建立在广泛的受众市场和受读者欢迎的内容定位上。因此，策划期刊主题必须顺应市场变化和最新情况，并满足读者的需求。为实现这项原则，期刊编辑需拥有以下意识：

（一）信息意识

为了选好主题，期刊编辑必须浏览和阅读大量的社会信息，以便从中发现热点和焦点，满足读者对该主题相关信息的需求。

（二）读者意识

期刊的选题是挖掘读者信息需求和精神需求的活动，不是编辑自娱自乐的文字游戏。选题必须契合期刊的读者群特征。

二、体现办刊宗旨

专业人士将期刊分为消费类期刊、行业期刊和组织期刊。其中，消费者期刊主要是为了满足大众消费。

每一种期刊都有自己的宗旨，期刊的选题就是落实这一宗旨的具体活动。选题体现期刊宗旨的同时也是强化期刊风格和特色的主要活动。为了坚持自己的办刊宗旨和特色，策划主题必须与期刊的风格和特色保持一致，避免出现破坏期刊风格的情况。这一原则要求期刊主编和编辑高度清楚地了解期刊的宗旨和特色，并有强化宗旨和特色的意识。

三、时效性原则

期刊出版具有强烈的时效性。相对于报纸来说，期刊又有深精广的特点。所以，期刊的时效性是在深度广度基础上的时效性。这就要求期刊编辑策划选题的目光和标准必须随着时代的发展、社会的变化、读者的兴趣变异而不断调整。编辑选题的时效性还表现在对社会新焦点现象的快速反应上。达到这一点就要求期刊编辑必须关注社会发生的重大事件，并拥有快速搜集资料、整理资料、梳理时间发展脉络的能力。

四、前瞻性原则

期刊选题要求计划性，选题是期刊出版之前进行的活动，所以选题内容必须有前瞻性。期刊编辑需要有超前意识，通过分析当前社会信息和舆论方向把握未来一个月或半年可能的热点，进而在信息传播过程中抢占先机，扩大影响力。这一原则要求期刊编辑有敏锐的发展意识，能够从众多社会信息中找到能够引起读者共鸣的主题内容。

五、独特性原则

期刊业竞争十分激烈，处于同一细分市场中的期刊常常会在选题上出现雷同情况。应该尽量避免选题雷同，这就要求编辑有独到的文化品位、话题策划能力，使期刊选题做到别致、独特。

六、完整性原则

为了发挥期刊精深广的报道特点，立体地反映选题的整体特征，期刊编辑应针对某一个事物或社会问题展开多角度透视，深度挖掘，集中反映，力求囊括所选主题的所有信息面，使读者在有限的时空里得到相对全面的信息知识，掌握较完备的信息量。

七、丰富性原则

为了满足读者在有限的时间空间里信息获取最大化需求，期刊的内容还应该尽量丰富和多样，避免主题过于单一而不能满足用户的多样化要求。这种原则要求期刊编辑既要扩大稿件来源，又要去芜存精，保留与期刊风格、特色及当前选题相关的最佳稿件。

在贯彻期刊选题内容丰富性原则时，需要避免过犹不及。内容太过丰富可能会导致期刊丧失明确的市场定位，导致期刊风格变味。编辑在设计栏目选择文章时应做到内容丰富与风格明确的统一，切不可捡了芝麻丢了西瓜。

八、系统性原则

期刊的优劣反映在选题上，选题又归类在栏目中，因此期刊的栏目构架会限制选题内容。期刊的固定栏目、名牌栏目、专栏、专刊，都体现了选题策划的系统性，反映了策划者的整体构思。

第三节　期刊选题策划的方法与途径

一、选题策划的方法

（一）头脑激荡法

头脑激荡法是期刊编辑部最常用的选题策划方法。往往一期选题的诞生，首先要在编辑部内开一个选题会，大家交流自己打算去做的选题；然后由编辑部主任或主编点评并取舍可以实施的选题。一期刊物出来后，根据各选题的反响，编辑部再开一次选题交流会，交流各选题的优劣得失，为下一期选题汲取经验。

（二）专家意见法

专家往往对领域或专题更加专注，如果能集中业内专家进行选题策划，往往会获得优质的选题建议。但专家意见法的缺陷是成本高——除了邀请专家的成本高，支付给专家的顾问与咨询费也将是一笔不小的费用。专家意见法应作为编辑部期刊选题策划的一种学习方法，定期（如每半年或每年）进行一次，固定下来。

（三）关键词法

关键词法是指将近期发生的新闻事件或未来趋势，通过关键词精练表达出来，再拓展成选题进行扩展。关键词法的核心是找到有代表性，合适而又独特的关键词。

（四）热点事件法

热点事件法是期刊选题策划的主要方法，选题的主要线索便是近期发生的热点事件或者有代表性的事件。也可对某一事件主题进行梳理抑或回顾，如每到张国荣、梅艳芳等在一代读者心目中留下深刻印记的明星周年祭时，总有大幅回顾文章飘到大街小巷的报刊亭上。再如食品安全问题：奶粉、矿泉水、火锅底料等，这些牵动每一个人利益的公共话题，都可以做事件回顾的选题策划。

（五）热门人物法

热门人物选题策划法与热门事件选题策划法类似，共同指向"热门"，关注读者关心的热点。不同之处在于，后者的突破口是事件；前者的切入点则是人。往往一个热门事件牵涉的人物并不止一个人，要通过热门人物进行选题策划，就要找到事件的核心人物，并在有合作意向的情况下，做深度访谈，否则可能即使找到人，也找不到事件的深层肌理。

二、选题策划的途径

（一）编辑部内部选题

在选题原则指导下，期刊社的多数选题和策划都是在期刊社内部完成的。

通过定期召开由主编、高级编辑、实习编辑、美编等人员参加的选题大会，集中讨论备选选题，这些备选选题主要由主编、普通编辑和记者独立提出。在讨论会上，参会人员会对每头个选题进行评论，选出最佳选题，然后进行过程策划和任务分工。在讨论不决的情况下，由主编决定最后的结果。

（二）邀请专家帮助选题

对于多数期刊来说，倾听专家或权威人士的建议有利于提高选题的质量。编辑部总是会邀请这样一些人士参与选题过程，请他们给出认为重要的报道题目，这样更能引起读者共鸣。

（三）邀请作者和读者参与选题

邀请作者和读者参与选题也是期刊的一种选题策划方式，这种方式有助于改进期刊的质量，使期刊内容和形式更贴近读者偏好。但是，期刊主编必须对这种情况保持警惕，防止发生以偏概全的毛病，即部分读者喜欢的内容和主题往往可能是另外一些读者讨厌的，所以期刊主编应该时刻记得保持自己的个性，选择性地接受作者和读者的意见，毕竟期刊社最了解读者的整体情况，而不是作者或单个读者。

（四）试验性选题

为了提高期刊选题的质量，找到能够引起更多社会关注的主题，期刊编辑可以对某个选题或多个选题进行小范围试验。方法如：在某个网络社区内发表与某一主题相关的简短文章，测试大众对于该主题的关注程度。如果关注的人和回复的人很多，表明该主题拥有较强的社会注意力。

这种实验性的选题策略只能在部分领域使用。使用该策略必须注意不能完全暴露该选题的全部内容，避免主题内容过早外泄，导致期刊社丧失优先发表权。

第四节　期刊栏目策划

一、期刊的栏目策划和栏目设置的基本表现特征

刊物栏目的通常释义，即期刊将特定反映、讨论和研究某事件、某方面、某学科、某领域，乃至某问题组织的专门文稿，按类别（内容）性质冠以名目，编排组合的版面。尽管寥寥数语就能将栏目的定义勾画出来，但是具体落实到编辑工作实际，欲办出别具一格、独领风骚的栏目，绝非易事。它首先涉及编者对文化科学知识与刊物文化内涵的融会贯通，然后关系到对期刊办刊宗旨、编辑方针的心领神会及对编排技巧的独具匠心。通过精心策划的优秀期刊栏目能将各类文稿有序地组合，突显出期刊的办刊特色，不仅给读者带来耳目一新的阅读视觉冲击，而且给刊物带来画龙点睛之功效和生机勃勃的活力。

严格地说，栏目设置既不能随心所欲，也没有一成不变的模式可循。不同种类的期刊办刊宗旨不同、载文的内容与体例相异、读者阅读群体不同，栏目设置也迥然各异。例如文艺刊物常针对不同时期文艺流派的特点，依据读者的阅读心理设置栏目，也有特设读者喜爱的作者专题栏目，或按文艺写作体裁分设栏目，即按长篇小说、中篇小说和短篇小说归类分目，以吸引各类读者，扩大期刊发行量，提高刊物的知名度；社会科学类的学术性期刊重在以形势发展的需要和以刊

物研究学科的特点为优势，开设各类栏目，旨在从不同角度探索和解决国家政策与社会的有关理论及现实问题；自然科学类的学术期刊则多以国家、地方重大科研项目为主，分设学科研究栏目，从多角度、多层次进行基础理论和实验技术上的论证，或以专栏推介学科研究成果，其主要任务是给国家经济建设提供科学依据，发挥科学技术的第一生产力作用；科普期刊应注重收集和选组最新的科技信息和科普知识，根据读者的生活、工作及学习对科技知识的需求，开辟集知识性、趣味性与实用性于一体的多样性栏目，引导读者了解国内外科技新动态，掌握、运用科普知识。

由上可知，不论是社会科学类期刊，还是自然科学类刊物，期刊栏目总的形式可分为两大类：一类是完全按照读者阅读心理和阅读需求开辟的栏目，可称为动态性栏目。此类栏目在消费性期刊中表现尤为明显，即常见于以文化市场和读者文化娱乐需求经营的期刊，如文艺生活、科普刊物等。另一类是根据学科分类和学科研究，或围绕科研与技术攻关项目，或围绕办刊特色等设置的栏目，通常称为非动态性栏目。相对而言，这类栏目在非消费性期刊中表现突出，即多见于学术、技术性期刊。前者的表现形式具有多样性、灵活性，重在新颖、活泼，取材广泛、生动。后者强调科学性、严谨性，注重学科导向，受专业学科和技术门类所限，或由刊物办刊性质与内容所决定，栏目表现形式稳定、有序。动态性栏目和非动态性栏目的表现形式最大区别有以下两点：一是前者设定具有选择性，栏目调整变化快，后者固定，每期必须确保栏目有文稿，栏目长期保持不变。二是表现在两者的栏目设置时限上。动态性栏目通常视来稿情况轮换、调整设置，或常随读者阅读需求，适时策划新的栏目名，此类栏目一般设置时间较短。非动态性栏目主要以稳定为特点，栏目设置时间长，出现频率高。特别是非消费类专业性学术期刊，受专业学科分类所限，刊物从创办开始，就以专业学科名为栏目，一般不再作改变。值得提出的是，任何种类的期刊都拥有自身的特色栏目，按照动态性和非动态性栏目的概念区分，常规性的特色栏目在策划设置确定后，通常不作变换或少作变换。刊物的特色栏目表现多为非动态性的。

二、栏目策划与设置的基本方式

前节已讨论了期刊栏目的两种基本表现形式。无论哪种栏目的表现形式都应依据文化策划的原则组织策划工作。若从栏目策划的前提分析，又可分为主动性策划和被动性策划，显然，各类期刊的动态性栏目主要采用的是主动性策划。栏目刊物编辑要适时把握市场和读者的阅读需求，做到与时俱进，内容应及时地更新，在确保刊物特色的主体栏目基础上，积极创新、超前、准确地策划出新的栏目，以求替换原有的特色栏目，不断增添刊物的活力。对于消费类期刊而言，其栏目策划多为主动性的。经文化市场和读者的检验后，收效好的栏目将保留下来，收效差的则被淘汰掉。换言之，消费类期刊的动态性栏目在一定的条件和前提下，可转换为非动态性特色栏目。

期刊设置栏目应较好地把握三点：一是栏目应该展示与刊物特色密切相关的内容；二是栏目名要言简意赅，读者一看就明白，不要生涩拗口，也不宜过长啰唆；三是栏目在目次页的排序，通常动态性与非动态性特色栏目应穿插编排，并在栏目中将要重点传播内容的文稿放置前列或显要位置。为引起读者的注意，可采用醒目的字体标示文章题目，以示突出和区别。

下面再讨论非消费性期刊的栏目设置情况。为探求此类刊物栏目设置的基本规律，将确定具有相当代表意义、约占我国期刊出版总数四分之一的并属于非消费性学术类期刊的高校学报为讨论对象，寻找其规律性的特征，以求指导占我国期刊总数50％的、非消费性期刊中社会科学和自然科学类学术性刊物的栏目设置工作。

首先探讨高校哲学社会科学学报（下简称文科学报）设置栏目的情况。应该说，高校文科学报在这方面已做出了许多卓有成效的工作。为讨论方便起见，特在综合性和师范性大学中分别随机抽取了中国人民大学、复旦大学、中山大学、四川大学、江苏大学、河南大学、湖南大学、湘潭大学和北京师大、湖南师大、河北师大、山西师大、青海师大、内蒙古师大、徐州师大等重点和一般本科院校的二十余家文科学报。通过分析文科学报的栏目设置，可归纳如下三点基本特征：一是被抽样的所有高校学报都举办了相同学科的专题栏目，例如文学、史学、经济学、哲学、法学等具有代表人文社科的主体学科研究特色的非动态性栏目。二是师范性大学文科学报还普遍增设了更具自身学科研究特点的教育学、心理学等非动态性栏目。三是不论综合性，还是师范性大学学报均具有各自高校拥有的优势研究学科栏目。在这些栏目中，既有各高校为其所独自拥有的强势研究学科设置的特色非动态性栏目，例如中国人民大学、复旦大学学报的新闻与传播学研究，中山大学学报的宗教学与宗教史研究，四川大学学报的宋代文化研究，湘潭大学学报的毛泽东思想研究，湖南大学学报的岳麓书院与传统文化研究，河北师大学报的古籍整理与研究，青海师大学报的青藏高原文化研究，湖南师大学报的现、当代文学研究，河南大学学报的新闻编辑与出版研究等专栏，也有各高校在某阶段或某时期内为重点攻关的研究学科或重大科研项目所设的动态性栏目，如徐州师大学报的留学生与近代中国研究，四川大学学报的"三农"问题研究，中山大学学报的泛珠三角区域治理与社会发展研究，江苏大学学报的中国文化诗学论坛，青海师大学报的西部开发等专题栏目。应提及的是，有部分名不见经传的地方本科院校的文科学报，抓住地域及自身高校特色开展栏目策划，精心选题、组稿，以其独家"经营"的专栏特色，在全国强手如林的高校学报中争得一席不容忽视的地位，有的还蜚声海内外。这一成功的经验是值得所有期刊编辑，特别是高校学报编辑很好地借鉴和认真地研究的，也充分表明期刊栏目设置确实能为提升刊物影响、扩大对外传播起到重要作用。

其次，讨论自然科学学报（下简称理科学报）栏目设置情况。通过长期的办刊编辑实践和总结，当前高校理科学报的栏目设置有了很大的改观，所有公开发行的理科学报都开办了栏目，其栏目设置的基本特征与高校文科学报相似。同样可简要归纳为三点：以高校办学的学科设栏目；以高校优势学科研究设栏目；以高校承担的重大科研课题设栏目。

综合上述，概括非消费性学术类期刊栏目设置的基本方式有五点：（1）根据专业学科研究优势开设栏目；（2）针对刊物所在地的历史名人和典故、地理条件和环境设置栏目；（3）认真抓好学科系列选题，再延伸扩展形成特色栏目；（4）栏目的选题具有普遍性意义，有较大的学术价值，并有明确的目的性，尤其注意学术讨论、商榷中出现的分歧观点，及时加以引导，设置专栏，开展系列性探讨，形成新的特色栏目；（5）将少数人研究的，并有较大理论和学术价值的"冷门"课题，扩展为众多专家学者关注的"热门"专栏。

从以上期刊栏目设置方式的探讨中，可知消费性期刊与非消费性期刊的栏目设置最大的不同之处，就是在前者的同类刊物中，除部分文学艺术类外，均没有出现相同的栏目名称，而在后者的同类刊物中，由于受专业学科性质所限，多数非动态性栏目名称相同，例如高校学报中按专业学科而设的栏目名均相同。因此消费性期刊设置栏目时要注意的是，在同类性质的刊物中，避免设置相同的栏目名称。20世纪90年代，我国的《读者》《家庭》和《知音》声名鹊起后，新创办的同类文摘、文化生活类刊物陡然增多，尽管众多刊物的类别性质相似，但同名的栏目却没有。这样才能显示出自身的特色。

第五节　学术期刊编辑选题的策划

新媒体时代，传统媒体的生存空间被不断压缩，期刊之间的竞争也更加激烈。纸质期刊尤其是学术类期刊要变被动为主动，立足自身定位，抓住良好发展机遇，坚持办刊特色，以提供高质量的内容来吸引更多读者，保证期刊的质量，从而提升期刊的社会效益和经济效益。高质量文章的刊发，需要期刊编辑做好选题策划工作。选题策划，是编辑工作的关键，是编辑根据期刊定位和特色，运用所掌握的专业知识，分析当前学术热点、难点和焦点问题，提出相应的选题，组约优质稿件，从而提升其在同类期刊中的影响力和竞争力。

一、编辑应提高学习力，提升综合素质

学术期刊的质量与编辑的选题策划水平紧密相关。而责任编辑是否能够根据所属期刊的定位提出并顺利实施选题策划，又与其自身的政治素质、学术素养、编校技能息息相关。学术期刊尤其是社科类学术期刊作为社会意识形态成果的物质载体，担负着传承文明、启迪智慧、引领思想、提升国家文化软实力和竞争力的使命，是人们判断主流意识形态发展态势的风向标，具有鲜明的政治倾向性。因此，学术期刊的编辑必须具备过硬的政治素质。在选题策划、选稿用稿的过程中必须保持高度的政治敏锐性，坚持正确的政治方向，坚持正确的舆论宣传导向。要做到上述几点，需要编辑在日常工作中始终坚持出版活动"为社会主义服务、为人民服务"的方针，坚持以唯物主义实践观指导自己的工作；不断深入领会学习党和国家的大政方针、政府公告，使策划的选题能够聚焦时代问题，突出时代特色，弘扬主旋律。以《中国特色社会主义研究》杂志为例，编辑部多次组织邀请了中国社科院、北京大学马克思主义学院等相关科研机构的专家学者开办专题讲座，深入详细地讲解各次全会公报内容，带领编辑们领会全会精神，提升编辑的政治素质，保证在日常的选题策划中政治上不出偏差，在稿件的编校中把握正确的政治观。编辑工作是一项主观能动性非常强的实践活动，这就要求编辑自身

具有较高的专业素质和良好的学术素养，才能对稿件作出合理的分析和判断。学术期刊编辑应结合自己所负责的栏目，不断拓宽知识面，扩大学术视野，培养学术思维，追踪学术热点，跟上学术前沿的脚步，才能与专业领域的专家学者进行深入对话，策划出读者关注、学界关心的好选题；才能在面对稿件的时候，准确判断出稿件的创新性和学术价值。此外，编辑还应广学、"通识"，善于涉猎学习各类文化知识，增长见识，才能在面对不同稿件的时候做到心中有数。以《中国特色社会主义研究》杂志为例，编辑部除了例行举办的读书会、学习会外，还鼓励编辑每年参加所负责学科的各类学术会议、学科年会、专题研讨会，扩大学术视野，提升专业素养，打造"学者型编辑"。此外，学术期刊编辑还应具有较强的编校技能，除了具备编辑工作的基础知识，还应顺应编辑工作的规律和特点，从而顺利地完成选题策划、组约稿件、出版发行等一系列工作。学术期刊编辑的专业素质和编辑业务能力二者缺一不可。责任编辑还应每年参加新闻出版广电总局举办的各类编校业务培训，学习最新的行业相关法规、编辑业务实务以及新媒体融合技术，不断更新知识结构，提高编校技能，保证组约稿件的顺利出版发行。

二、立足刊物定位，策划突出刊物特色的选题

刊物的定位体现了刊物的宗旨，是刊物生存发展的基础。新媒体时代，传统媒体的生存空间被不断压缩，学术期刊之间的竞争也更加激烈。期刊必须明确自己的定位，特色化、品牌化战略能够帮助期刊在竞争中立于不败之地。特色化建设要以刊物的定位为基础，而特色化建设的成功反过来又能够强化刊物在作者、读者心目中的形象，提高读者忠诚度。因此，编辑在实际工作中要牢记刊物的定位，策划突出刊物定位的特色选题。学术期刊的品牌化发展，有赖于高质量文章的刊发，这就要求编辑的选题策划要具有科学性、创新性。编辑的选题策划不能脱离实际，凭空捏造。要以事实为依据，具体而言就是要以当前社会发展的现实情况为依据，使选题具有现实基础的支撑；要以学术研究的现状为依据，使选题具有理论基础的保障；以读者的阅读需要为依据，使选题具有明确的指向性。创新性要求学术期刊选题的观点要新、理论要深、价值要高，站在学科前沿，抢先反映这一学科的新理论、新成果和新动态。编辑要能够突破原有思维，在充分调查作者、读者需求的基础上，大胆创新，策划能够突出刊物特色，吸引读者眼球的选题，使刊物成为同类期刊中的佼佼者，在市场竞争中立于不败之地。上文提到，中特杂志力图从理论研究上为中国特色社会主义实践提供学术支撑，理论性、

学术性是中特杂志始终秉持的原则。多年来，编辑部注重以前瞻性的思维挖掘新颖、高品位的选题，深入发掘选题的学术价值、应用价值和社会效益。

三、立足学术前沿，策划引领学术研究的选题

学术期刊是学术创新的呈现者，要走在学术研究的前沿。因此，学术期刊的编辑在日常工作中要始终保持积极的工作态度，善于捕捉学术创新点、党和国家重大方针政策的变化、改革及发展社会变革中的热点难点问题，在选题策划中将这些问题落实成稿件，引领学术创新，提高学术期刊的影响力。第一，编辑要根据已储备的知识，积极分析研判学术研究领域的热点难点问题，联系所属学科的专家学者，与其进行详尽沟通，策划出针对热点难点问题的选题，落实成文。第二，编辑要积极参加所负责学科的学术论坛，通过论坛接触该领域的高端学者，了解该领域当前的学术热点及今后的学术生长点。编辑与专家学者的某次对话，参加论坛所获得的某些信息，获得的某种感悟，都可能成为选题策划灵感的来源。第三，编辑要培养对信息的分析研究能力。要以文献计量学为基础，以中国知网、SCI 等数据库为依据，通过分析论文质量与学术影响力，对收集到的资料进行分类整理与关联整合，获得更多辅助选题的参考信息。

四、立足读者需求，策划满足读者需要的选题

是否能够服务好读者和作者，是检验学术期刊发展水平的标准之一。一方面，学术期刊刊文质量有赖于忠实的读者群和稳定的作者群；另一方面，学术期刊的发展亦是其读者不断提高的需求的反应。如上文所述，编辑在提升自身学术素养，搜集学术前沿信息的基础上策划编发的稿件，还要及时收集这些稿件刊发后读者的反馈信息，验证其所策划的选题是不是读者研究所需的内容，根据反馈的内容以及同类期刊所发文章，及时调整选题思路，提升刊物在读者中的辨识度，提高读者对刊物的忠诚度。具体而言，编辑应及时跟踪相关课题的研究进展，分析所发文章的被引频次，预测学术热点问题的走向，以多种形式调查读者需求，关注竞争期刊的发文情况，发挥自身学科优势，以此提升选题策划的能力。总之，学术期刊的核心竞争力在于所提供内容的质量，而编辑的选题策划能力是其重要保障。编辑只有在不断提升自身素质的前提下，立足刊物特色，追踪学术前沿，研判读者需求，才能策划突出刊物特色的选题，提升刊物的社会效益和经济效益，打造精品期刊，推动学术研究的深入发展。

第七章　期刊经营策划

第一节　期刊价格策划

期刊经营策划首先体现在期刊价格上，我国目前期刊市场上，价格从 2.5 元到 50 元乃至更高不等，期刊价格集中分布于 5 元、10 元、20 元，这些价格分别是大销量文摘类期刊、行业期刊、时尚类期刊的定价。价格对发行市场的影响，一直是传媒营销管理研究的一个重点。价格变动在媒体市场营销过程中影响力的大小是与特定因素相联系的，并在其制约下发挥作用。对于期刊同样如此。

一、期刊成本

期刊价格首先取决于期刊成本。最高价格取决于目标市场需求，最低价格则取决于这种产品的成本费用，价格通常都应该高于成本。以内容销售为主的期刊，如等印张较少，图片较少并且纸张低档的文摘类期刊，成本通常较低，低廉定价就能取得收益。但高档消费类期刊通常采用铜版纸全彩印刷等印制方式，成本偏高，通常价格和成本就相当接近，在高档期刊加大加厚的周年纪念刊上，往往成本会超过定价。

期刊的经营策划还涉及期刊的媒体成本问题。媒体成本是在媒体策划上必须预先考虑的问题，期刊同样也不例外。期刊上的媒体成本具体为制作阶段资料收集、制作整理、加工、成品发布等并且还存在发布后利润资金的回笼运转问题。期刊成本可以简单地划分为物资成本和人力成本。

（一）期刊物资成本

物资成本的计算相对简单，对于期刊来讲，印前编辑阶段、印刷过程中胶片印版费用、纸张和油墨的费用以及物流费用，都属于物资成本，一些耗材折旧费用也可以统计到物资费用中来，这些物资因素中，任何一项费用的增加都会带来总成本增加，如国家为治理水污染关停小型造纸厂，直接带来了纸价上涨，引起印制成本上升，最终形成了全国出版印刷业整体价格上调，也带动了期刊界一次整体的价格提升。

从这个角度出发可以解释一些期刊现象，在期刊市场上为了扩充期刊的内容，季刊改双月刊、双月刊改月刊、月刊改半月刊，以及页码扩大，增加印张，都是为了在竞争中首先以内容扩充来取胜，向读者提供更多的内容来吸引购买。同时，扩版扩容也是在同步扩充广告版面，是在不增加其他成本的前提下，增加版面以增加内容和广告投放的办法。

（二）期刊人力成本

人力成本是期刊成本中最为复杂的问题。

期刊的人力成本首先是期刊作者的稿酬，作者向期刊提供内容，期刊理论上应及时、足额向作者支付稿酬。

1999年国家版权局出台的基本稿酬标准，每千字30～100元，至今仍为全国发行的报刊的"行业指导价"，我国稿酬偏低是不争的事实，就国内期刊的稿费来看，少儿期刊目前平均100元/千字，成人故事刊在100～200元/千字，时尚期刊能达到300～500元/千字。事实上，很多期刊是根据作品水平分稿费档次，比如60元、80元、100元、150元、200元几个档，但往往每期中大部分都在80元这个档。知名作家的稿费、特约写稿会高，但不是行业普遍现象。此外，稿费周期长，杂志大多是二审、三审制，提前三个月组稿，从投稿、确定用稿到审稿等，最后期刊上市后一个月左右拿到稿费，这个周期很长。一些文摘类期刊会用翻译稿，提供原稿，大约也在120元/千字。转载稿费多的有80元/千字，少的有50元/篇，整体而言，稿费对作者的生存和持续内容生产非常重要，但出版界稿费制度整体滞后。

期刊工作人员的薪资最终也是要体现在期刊人力成本中，人力成本在一定程度上来说属于媒介经营管理部分。在媒介内部，是部门间各种资源配置最优化；在部门之外，是媒介整体对于外界环境的（信息、政策等）的灵活反应。对于期刊来讲，不仅涉及职能部门的运作，也涉及各个部门的协调。因此在本书期刊运作部分中，专门体现了期刊社的部分构成及人员配备，但这些部门运作、人员薪酬等运营商的人力成本，都需要期刊盈利或者其他渠道资金来完成。期刊应该在稿费以外的其他人力成本支出上进行有效管理。如最负盛名的《读者》，虽然其发行范围遍及全国乃至开拓海外华文市场，但编辑部人员精干，并在全国各地设立分印点，在减轻印制压力之外也减轻了印刷成品在物流运输和发行上的难度，降低了铺设全国发行网络的成本。《读者》在内容上采用文摘性文章作为期刊主题，并且由读者向编辑推荐稿件，这些都节省了成本，这些措施的实行都使人力成本得到了最优化控制。

（三）期刊赠品成本

从期刊"赠品"角度也可以反映期刊的成本。在期刊征订中，为吸引读者，打折销售和捆绑性销售已经出现，并在邮发渠道上频繁使用。但在期刊零售上，吸引读者购买使用期刊赠品营销也是常见现象。

期刊赠品对于期刊而言，首先成本增加，期刊本身印制和发行等产生费用，再加上赠品支出，会增加期刊成本，压缩期刊利润空间。但赠品却成为期刊长期以来重要的营销方法，有着特殊的原因。

早期期刊赠品多数为年末赠送新年年历等低成本印刷品，但随着时代发展，高档期刊出现之后，赠品也开始了多样化趋势，一方面低价位期刊的年历、书签等赠品还继续存在，也开始了订阅即赠等优惠手段。高档期刊的赠品往往以大幅面彩色图片和与读者兴趣紧密相关的赠刊、别册等形式出现，一些高档期刊在赠品上开始了更多的实践。期刊创刊号在市场推广初期也往往以赠品形式来辅助销售。

期刊赠送高价值赠品主要出于两方面考虑：一是期刊本身推广，另一种是赠品产品推广。产品推广以新品为常见，产品通过期刊推广，直接面向核心消费群体，是成功定向销售，期刊提供版面，赠品的成本主要由厂家来承担。期刊送出丰厚的赠品，能够有效实现期刊渠道共享和增值服务，期刊吸引到了更多读者和关注，厂家也获得好处，将读者的群体转化为产品忠实的群体，是期刊商业化运作一个阶段的标志，是多赢的结果。

但在赠品为期刊带来优势之外，也存在不利影响。低价值印刷品赠品增加的成本有限，高价值赠品也往往由厂家提供，但期刊营销中的赠品策略容易走到极端，在期刊选择用赠品来作为打开销售路的策略时，很容易误导期刊购买者关注期刊赠品而非期刊本身。在正常时尚类期刊营销中，每种期刊市场份额是一定的，如果某本期刊出现当月销量猛增的情况，很大可能就是所附加的赠品被固定读者之外的增加读者认为值得为赠品而购买。用赠品在实质上打价格战已成为时尚杂志惯常营销手段，从胸针、手链、化妆包、帽子围巾、眼霜甚至拖鞋，都可以通过包装附加在当期时尚期刊上。在报刊零售摊点，一旦出现期刊赠品，也是摊主竭力显示的现场促销手段，甚至也出现了读者买下期刊拿到赠品，对期刊根本不予阅读的情况，杂志反倒成了赠品的附属品。

虽然从期刊成本角度来看，赠品主要由厂家承担，期刊只是起到了辅助渠道的作用，并没有带来直接的成本上升。但赠送大量赠品的期刊也面临着尴尬，能够送得起高价值赠品的期刊几乎全部都是高档期刊，尤其是时尚、休闲类期刊，这样的营销方式中随刊赠品由厂家承担，期刊还能拿到一定的广告费用，为期刊社留下足够的利润，但在这些期刊中，广告商品价格几乎都是以千元、万元计的奢侈品，能够进行这些奢侈品购买的读者却要为几十元的赠品来主动购买期刊，从这个角度来看，则相当于是在这些期刊上出现了大的无效广告投放，长期使用这样的营销操作，广告主会做出新的考虑。并且赠品间的恶性竞争也会损害期刊形象，得不偿失。期刊"轻内容、重赠品"的现象，从短期看可能会增加一定的销量，也给读者带来一定好处，但从长远看，将带来更多的负面影响。

对于期刊的成本，必须进行多角度的全面考虑。

二、期刊市场需求

期刊价格和期刊市场需求之间有着密切关系，在期刊市场需求大的情况下，期刊有价格上升空间，而如果期刊没有太多市场需求，期刊价格如果上扬，就会加剧期刊发行量的萎缩。市场需求大的期刊可以采取高定价，而市场需求小的期刊在定价上必须谨慎。

期刊市场需求可以从三个基本方面考虑。

（一）读者收入

读者收入直接关系到读者消费能力，由于期刊消费属于文化消费，必然是在基本生活消费满足之后才能进行，因此读者收入直接关系到读者能够负担的文化消费的数量和质量。较高收入的读者才能消费高定价期刊。因此高端传媒产品，尤其是以娱乐、时尚、旅游、保健为主要内容的期刊属于此类通常定价都在20元上下，面向大众市场的期刊，其定价普遍不高。

（二）价格影响需求

在正常情况下，价格提高，市场需求就会减少；价格降低，市场需求就会增加。但也有例外情况，如果期刊品牌具有显示读者身份地位的作用时，期刊价格提高，其发行量也不会受到太大影响，甚至反而可能上升。当从整体来说，期刊价格上涨对期刊购买不产生影响的只有几种情况：市场上没有替代品或者没有竞争期刊，读者重视期刊品质高于价格因素，读者使用习惯转换成本较高，也不积极去寻找较便宜的替代品或读者认为期刊质量有所提高，价格较高是可以接受的。

（三）竞争媒体对需求的影响

期刊定价时还必须考虑竞争产品之间的互补性或替代性。具有互补性的两种期刊，一旦某一期刊价格上涨导致销量下降，则另一期刊销量也会随之下降。互为替代的两种期刊，在其中一种价格上涨时销量下降，另一期刊的需求量则上升的可能性很大。

在对影响期刊价格的基本因素进行分析后，进行期刊营销策划，就应该明确期刊价格。期刊不可能孤立地制定价格规划，而必须按照目标市场环境及其市场定位要求来进行。如果是面向购买力较强的目标市场营销，期刊价格规划空间就会相对大一些，反之，则会相对较小。

三、期刊价格规划

期刊价格规划的影响因素应该包括定价目标、产品成本、传媒市场需求、竞争者结构、行业管理政策等。

（一）期刊价格规划目标

期刊价格规划目标主要有以下四种。

1. 维持期刊的影响力规模

如果期刊处于成熟期或者衰退期，市场上产品趋向于饱和，竞争成本增高，有时候会威胁到期刊影响力规模。在这种情况下，维持规模比利润增长重要得多，期刊必须制定较低价格，并针对目标市场中的价格敏感者集中营销。出现的征订折扣、捆绑征订等都是针对这类群体来保持对目标市场使用关系的维持，然后通过广告市场的交叉补贴实现利润增长。

2. 保证当期期刊的利润最大化

期刊的利润通常来源于发行收入和期刊广告。

发行收入是期刊最基本的收入，也是期刊最稳定的收入。就期刊的发行收入而言，发行量相对稳定，其发行收入就会相对稳定，但纸张物料、印刷、运输费用等的上涨会压缩期刊的利润空间。

广告收入是期刊的一个重要收入，广告主选择期刊刊登广告，需要支付广告费，期刊刊登广告，让渡的部分的版面空间，但广告利润远远大于广告印制成本，甚至能够让期刊以低于印制成本的价格发行。

通常期刊发行收入和广告收入都相对固定，利润也较为稳定，但社会经济变化会对媒体的广告吸纳能力产生影响，不同的广告商品的利润空间不同，不同行业的广告主的广告支付意愿也不同，这些作用于期刊，直接期刊广告与期刊版面占比关系，如房地产广告投放减少，产业升级带来的转型等，都会直接影响广告投放，这种情况下期刊必须利用价格、折扣等手段，降低发行亏损比率，提高总体收益水平，实现当期利润最大化。

3. 维持期刊市场占有率最大化

期刊如果采取低定价策略扩大发行量，降低潜在挑战者进入市场的机会，来使市场占有率最大化，这种情况适用于目标读者对价格敏感度较高，和期刊制作与市场扩散的单位成本会随着市场经验的积累而下降的情况，以及低价位对现有和潜在竞争者具有强烈的威慑作用的期刊。

4. 实现期刊价值最大化

价值最大化是指寻找和满足最佳消费者最高层次的需求，以使产品形成最大价值的过程。当期刊以价值最大化为市场目标时，必须考虑期刊质量和服务领先于竞争对手，并在整个制作和市场营销过程中始终贯彻这一操作原则。这就要求用高价格来弥补高价值提供和研发的高费用，使期刊伴随高价值的提供获得高额收益。

期刊价格除由期刊成本、期刊市场需求和期刊价格规划目标决定外，期刊市场竞争结构和期刊管理政策也对期刊营销策划产生影响。

在完全竞争市场上，期刊价格完全由整个市场的供求关系决定，媒体只是价格的接受者，而不是价格的决定者。价格规划也只是对市场规定的回应，没有多少可以变动的空间。在垄断竞争市场上，由于各个传媒产品之间存在一定的差异性，或多或少具备一定的市场势力，所以可以获取较大的价格规划空间。同时，由于市场又存在一定竞争性，传媒产品之间的差异性只是相对而言，相互之间的替代性又使期刊定价不能过高，否则会失去市场。行业管理政策期刊价格受到政府的干预以及政策法规的制约，不会出现期刊价格过高或者过低的情况，甚至在期刊以赠品形式进行价格竞争时，期刊行业管理者也往往会采取措施制止。

第二节　期刊发行方式策划

各种期刊的生存和发展都有赖于期刊经营，期刊最基本的经营是从期刊发行中获得发行收入。读者在期刊消费中，需要付出不同数额的金钱进行交换。期刊最基本的收益就来自这些发行收益。进行期刊策划，需要预估期刊的发行量，由发行量来决定印量。同时，期刊读者分布全国各地，期刊从印刷厂出库到到达读者手中，需要物流运输，因此，期刊发行量的多寡会直接影响到物流运输成本的多少，必须考虑期刊发行带来的影响。

一、期刊发行收入

（一）低价位大发行量期刊

以《家庭》《知音》《女友》为例，这类期刊的显著特点是定价低廉，每期定价在 3 元到 3.5 元不等，在内容上以社会底层人士经历、励志故事等为主，在内容上和社会上数量最大的读者直接相关联，能够持续吸引读者阅读和购买。这些期刊每期三四百万册的销售量从本质上来说都是基于其内容和价位与目标读者的紧密联系，庞大销售量带来的文本发行收入是期刊经营中最基本的价值实现。这类期刊的定价策略是一致的。

（二）高定价小发行量期刊

在现代期刊中，发行数量大的低定价期刊和发行数量小的学术类期刊都能够以文本发行来实现期刊基本收益。在现代期刊中，还存在这样一些期刊，在内容上偏重于综合类期刊，涉及时政、时尚等和现代都市人生活紧密相关的内容，在定价上偏重于高定价，但还在读者可承受范围之内。如时尚类期刊，定价通常都是在 20 元左右。这种期刊在内容受到读者欢迎的同时，在发行数量上通常不是非常大，如时尚类期刊月销售量只有几万本。

但这种高定价小发行量期刊通常都是铜版纸全彩色印刷，内容上以图片为主，文字内容相对贫乏，虽然表现大量图片需要较多版面，导致期刊厚重，无形中增加了期刊的成本，但相应的高质量、高表现力的内容也使得这类期刊在目标读者群中有很高的忠诚度，能够在定价偏高的情况下实现销售，虽然发行量不大，但这类期刊的发行收入也能保证期刊运营。

（三）科技学术类期刊

从内容上来看，科技学术类期刊内容很少和社会大众发生直接联系，发行范围很小，只是在学术圈内的小众读物，单纯地以经济效益实现来考虑，学术类期刊，尤其是学报，几乎没有市场生命力。学术类期刊虽然不产生直接的出版效益，但是对于社会文化和科技水平的提高则发挥着重要的作用，科技学术类期刊对社会生产力提高、精神文明建设提升所起的作用是最为重大的。从期刊经营上来看，这样的期刊很明显不是以扩大发行量，赚取高额收益为目的，甚至很多这样的期刊是以"交流"的形式来完成最基本的发行量，这类期刊的定价也不遵循市场经济规律，衍生了"版面费"等特殊经营方式，也成为目前期刊管理中的难题。

二、期刊发行量合理控制

对上述三种不同类型期刊发行情况及由此带来的盈利情况进行简单分析后，涉及对期刊发行量进行合理控制的问题。

期刊出版利润主要来自发行收入和广告利润，低价位高发行量期刊、科学技术类期刊、高价位小发行量期刊在盈利本质上都遵循这一基本原则。虽然存在发行量不同，但期刊发行量并不是越大越好。虽然从理论上来讲期刊发行量越大，也就意味着越高的发行收入，也能吸引到更多的广告客户。但期刊发行量需要进行合理控制。

（一）低价位高发行量期刊

低价位高发行量期刊已经在市场上有了较高地位和较强竞争能力，高发行量也说明了这些期刊的读者支持度。但如果不对发行量进行控制，其庞大数量所产生的印刷成本和发行成本费用将和利润的增长之间呈现不同比关系，在这种情况下，印制成本和发行成本将上升，压缩期刊正常利润，同时，高发行量对应的庞大读者群也会使大多数广告主产生疑惑，认为该期刊没有明确市场指向性，广告效果不佳，从而撤出广告，这样，以广告收入来弥补发行亏损的做法将难以为继，这样期刊就会在经营上出现危机。

（二）高价位低发行量期刊

在媒体中，高价位期刊通常为高成本制作的时尚期刊等生活、娱乐类内容期刊，或者是直接针对少量的高端人群的期刊。

虽然客观上高价位期刊发行量增大，能够吸引更多广告来增加利润。但高价位期刊经营中需要营造高价位期刊的"稀缺性"，这种高价位期刊如果降低定价，发行量会有所上升，但这种期刊本身就是小众读物，能对这些小众期刊进行阅读和购买的人群通常具有较高经济收入水平，期刊定价降低反而会让他们彰显不出自己的经济地位。因此这种高价位低发行量期刊需要在发行量上维持一个临界点的水平，造成这种高价位期刊的资源稀缺性，从而保障期刊盈利。

（三）科技类期刊

作为学术出版的重要载体，科技类期刊承载了大量学术出版的任务。由于内容范围不是大众趣味，科技类期刊发行量通常也比较小，尤其是高校学报。但科技类期刊发行量也必须进行合理控制。由于科技类期刊读者本身数量就不多，以科技类期刊读者数量，加上科研院所、高校等相关机构，科技类期刊本身市场就不大。虽然客观上来看，提升国家科技文化水平需要科技类期刊，但从期刊经营角度而言，科技类期刊发行量提升在资源的浪费之外，也会对科技类期刊的公信力造成伤害。

综上所述，期刊经营在期刊发行收入方面，必须找准销售利润与发行量之间的最佳结合点，使得期刊发行收入能够平稳。

三、期刊发行方式选择

在出版业中，"发行"指为满足公众的合理需求，通过出售、出租等方式向公众提供一定数量的作品复制件。发行完成出版物的物流、信息流、商流的交换，是文化传播中的重要环节，尤其在当今社会，发行工作承担着出版物价值实现的任务，更显得重要。

按照我国法律法规的要求，出版物发行的主体包括出版物总发行企业、出版物批发企业、出版物零售出租企业、出版物连锁经营企业。出版物发行的一般过程，包括进货、储运、销售、退货、宣传等。

出版物发行的方式（即商品交易环节）有总发行（指出版物总发行单位统一包销）、批发（出版物的所有者向经营者批量销售出版物）、零售（指出版物的经营者直接向消费者销售出版物），还存在图书俱乐部、连锁书店等特殊形式。

在当代各种信息载体中，期刊以其出版形式多样，周期可长可短，出版方式灵活，刊载内容丰富多彩而独具特色。然而，如何把期刊发行到读者手里，是期刊出版商面临的最困难的挑战。

对于期刊而言，发行量就是生命线。发行量的提高能够扩大期刊的影响力和读者群，相应地给期刊带来更多的经济效益，使其广告收入大幅度增加，为促进期刊的自身完善和进一步发展提供经济支持。

国内期刊市场目前种类繁多，市场极大繁荣的同时，竞争异常激烈，几乎每一个兴趣点、每一种信息需求都会有一种期刊。期刊的竞争不仅存在于业内，同时也要和电视、报纸、广播、电影、网络等媒介进行竞争。面对如此境况，各期刊社纷纷使出浑身解数以求得发展。各种期刊发展的基础和直接表现，就是期刊的发行量。期刊依靠庞大的发行量的文本收入来维持自身的运作，期刊也依靠庞大发行量所能吸引到的广告主来为期刊增加广告收入。因此，现代越来越重视期刊发行工作。

在我国现阶段，中央级期刊，省、自治区、直辖市级期刊，省会、区首府所在地市级期刊，经济特区和计划单列城市的市级期刊可向全国发行。

对于期刊的发行，在满足上述关于出版物发行的总的规律之外，还存在自身的特点。目前我国期刊发行的形式是邮局发行、出版单位自办发行、新华书店及民营渠道发行。其中主要形式是邮局发行，目前许多杂志社采用几种渠道相结合的立体发行形式。

（一）邮政渠道

我国报刊长期试行"邮发合一"的方针，期刊在邮局发行，邮局健全的邮政传递、分发网络、服务网点多，延伸到城乡各个角落，长期以来，邮局一直是期刊发行的主渠道，邮政渠道是我国期刊所使用的最为广泛、时间也最为长久的渠道，是指邮政系统以自身的网络和传递方式，将期刊由各个期刊社，通过邮政系统的配送方式，完成期刊由期刊生产单位向读者传递的过程，邮政系统每年11月前后印发下一年度的报刊征订目录，由各种读者选择并在邮政部门登记和缴费，邮政系统将所缴费用与期刊社按照协议分配，并完成下一年度的期刊邮递业务。自1953年实行"邮发合一"（报纸杂志发行划归邮局的简称）以来，我国报刊的发行业务一直由国家邮政局承担，现在仍然代理60%左右的报刊发行工作，遍布全国发行网络的邮局是大陆中国报刊发行的主要渠道。

我国的报刊邮发甚至发展出了邮发代号这样的情况。邮发代号是国家邮政部门编定的代表某一种邮发报刊的专用号码，有助于简化发行业务处理和进行科学管理。邮发代号由两部分号码组成，中间用"-"连接，前一部分代表出版地所属的省（自治区、直辖市），报纸用单号，杂志用双号；后一部分号码代表报刊的发行号码，报纸、杂志均由各省（市、区）局分别从1号起顺编。

国内统一刊号是指国内出版的所有报刊统一编定的号码。以中国国别代码"CN"为识别的标志，由报刊登记号和分类号两部分组成，中间用斜线"/"隔开。前者为国内统一刊号主体，后者为补充部分，结构形式为：CN 报刊登记号 / 分类号。登记号由6位数组成，前2位为地区号，后4位为报刊序号，其间用"-"连接，即报刊登记号＝地区号＋序号，报刊序号的范围一律从0001至9999，其中0001-0999为报纸序号，1000-4999为期刊序号。如《人民日报》为CN11-0065，《今古传奇》为CN42-1050。在期刊的国内统一刊号上如果出现ISSN的国际标准期刊号，ISSN×××-××××，其中"ISSN"代表"国际标准中心"，后面为（书）报刊登记号和分类号。

但"邮发合一"的产销分离，发行费用居高不下，期刊没有自主权，并且邮发的方式不能实现期刊的即时有效的送达，造成读者阅读上的不便，邮政系统在运输过程的损耗等转由读者自己承担，都在很大程度上造成了读者的不满，我国的杂志数量已由1953年的295种增加到2006年的9468种，绝大多数仍挤在邮发渠道里，庞大的邮发数量使得邮政系统很难提供高效的服务；而邮局一贯重预订，轻零售，许多著名杂志在市场上都买不到，新创刊的杂志，读者更不知道，这种垄断发行的旧体制，已不能满足广大读者日益增长的求知欲的需要。邮发费用的高涨也在迫使越来越多的期刊社转变发行策略，选择其他发行渠道。

（二）期刊社自办发行

自办发行是期刊社在邮发之外的一种重要的发行模式。一些发行量较大或发行量很小的期刊社，为了降低成本，甩开邮局，自行组建发行公司或成立发行部门，自己寄订单给用户，订户汇款给编辑部来邮寄期刊，具有灵活、多样、机动等特点，其发展由小到大，自办发行成为期刊发行的重要渠道之一。

自办发行，期刊社可以直接控制和掌握市场的各种信息和营销动态，有很强的自主性和灵活性，不受制于人，也减少了流通环节，可以降低营销成本，提高竞争能力。期刊社采取自办发行的形式实现了产销一体化，编辑、印刷、出版、发行一条龙经营。但期刊社一般规模有限，财力、物力、人力在完善的发行网络的组织上都存在困难，批发和零售业务要广泛依靠二渠道，款项回收上也存在问题。大部分的市场份额依赖直接订户。

（三）期刊发行代理商（公司）

期刊发行代理商（公司）也是现代期刊界中一种常见的期刊发行方式。随着杂志出版发行工作的发展，出现了一批期刊发行代理商，专门代理期刊的订阅发行工作，主要服务对象为图书馆等集体订户。期刊代理商是杂志社和订购单位之间的中介机构，一方面它作为刊社的代理人，每年完成收订工作后，将各种期刊订单和订费交给刊社；另一方面，它又是订购单位的代理人，提供订户单一的订刊渠道，汇总一次向订户收取订费和开具发票，以及提供期刊编辑部不能办理的其他服务，主要包括：客户可以选择各种订购方式，半年订或一年订；办理所有杂志每年的续订通知；提供新刊报价单和样刊等。由于有了期刊代理商这个中间人，期刊编辑部无须同成千上万个订户打交道，办理复杂的订购手续。同时图书馆也不用同无数杂志社进行联系，实际上是原来由图书馆做的大量烦琐工作，都由期刊代理商做了。因此，三方良好的合作关系使得这种代理制度越来越完善，而且有非常好的发展前景。采用这种代理商发行模式的期刊社目前数目逐步增多，并且也出现了一批知名的期刊发行代理商。

办理期刊订购业务是期刊代理商的主业，每一商家都在简化订购手续，提高工作效率，客户可以选择自己喜欢运用的电子订单、在线订阅、手工订单等方式进行订购。期刊代理商提供发货和查缺的快速服务。在具体发行上，代理商将订单汇总后交编辑部，由编辑部通过邮局直接寄给用户，或者期刊先由杂志社发给期刊代理商，经过验收，代理商的物流部门将各户的刊物集中打包，通过邮寄或其他物流方式再送交图书馆，客户自行验收。如果出现期刊漏缺等情况，客户整理出缺期清单，寄给期刊代理商向编辑部催缺，或者由期刊代理商每次发货时附装包清单及缺期清单，一月内可向发行商直接催补。期刊社采取委托代理商的期刊发行方式，发行公司反馈读者信息迅速，能让期刊社及时调整内容，并能给半年或全年的订户以一定程度的优惠，并且这样的发行公司的管理和物流配送水平明显优于邮政系统，对期刊的准时送达有保证，并且允诺送达准确率，以及损毁的赔偿方式，这相对于邮政系统是一个明显的经营上的进步。

这样的方式与邮政渠道的服务相比，显然有着很大的吸引力。

期刊代理发行商在我国，除北京、天津、上海等几地外，数量很少，且规模也较小，在近万种期刊发行的信息时代，仅有2000种至3000种期刊供用户选订。因此，应加大宣传和广告力度，吸引更多的期刊出版者和订户。

目前期刊代理商已经建立自己的发行网站，利用电子数据库进行期刊出版信息的检索与咨询，开展网上征订，扩大合作关系。

（四）特约书店发行

期刊也有依靠新华书店和一些图书发行公司及产销一体化的出版集团来发行的。新华书店有丰富的发行经验和较多的网点，新华书店和图书、音像制品发行系统，包括各地的报社组建的自办发行系统，通过这些发行网络的利用，也是目前的部分期刊发行运行的渠道。部分期刊在发行上还利用不同地区的图书集散点书店代理在当地的发行，这种特约书店发行的形式在很多期刊上都可以找到特约书店的联系方式上可以证明。

（五）特殊题材期刊发行

部分的期刊社采取的是特色发行，把自己的期刊与期刊内容紧密关联的单位合作，由这些单位代销。例如，《妈咪宝贝》与各妇产医院和妇幼用品商店合作，零售杂志。还有部分期刊是通常被称作酒店期刊、旅行期刊的，这种期刊以高档酒店、飞机为场所，期刊的内容是关于饮食、旅行、保健等，整体费用由期刊内的广告主承担，读者可以自行取阅、带走。这种发行方式不具有普遍意义，但是部分期刊的未来趋势，在南方沿海一些城市，免费报纸已经出现。

（六）其他发行方式

上述各种期刊发行方式中，邮政系统、自办发行、期刊发行代理商、特约书店发行虽然都是期刊的发行方式，具体的期刊可以根据自身的特点进行选择，但这些方式是可以兼容的，期刊社可以采取立体发行的方式，多渠道进行期刊的发行工作。

期刊的立体发行是期刊在自办发行和邮发相结合的渠道之外，期刊社往往先成立发行部，然后在省市征集代理商，利用二渠道发行，二渠道主要分为批发商和零售商两种。出版商、中间商、零售商、消费者之间建立起有效互动的期刊营销服务体系，建立一种捆绑式、互利双赢、长期合作的关系。这种方式可以使期刊和读者直接见面，以提高读者对期刊的认知能力，加强读者对期刊的感性认识，这样对扩大发行量有较大帮助。

我国加入 WTO 后，国家允许外国资本进入我国报刊业的批发零售业务领域，国外的成熟模式成为期刊发行的新的模仿点。国外的期刊发行模式有委托寄销制、销售代理制、批发经销代理制、混合销售制、调拨配货制、自办发行制等。发行机制有产销一体化、经销商经营、联进分销与产销联营等。

期刊的发行渠道、发行模式和发行运作机制有多种，所以期刊社应根据自己的情况加以选择和利用。期刊自身是以订阅为主还是以零售为主，也是期刊发行要考虑的一个很重要的因素。市场零售也是期刊发行的一个重要途径。目前期刊零售现象已日趋改善，一方面，邮局本身加强了报刊发行业务，纷纷扩充门市及零售点；另一方面，民营渠道集合体发行系统也渐渐自成体系，使书报摊的货源大幅增加，同时在车站、机场、酒店、超市等人流聚集处都设有报刊零售站。此外，书店、超市等也开始贩售杂志，凡此均使杂志与读者见面的机会增加不少，但是零售期刊份额不多。

在新的时代技术下，各个期刊社开办的网站除展示期刊内容，与读者良性互动之外，网上的期刊订阅服务虽然从整体上来讲还是属于期刊自办发行的范畴，但也提供了新背景下新的期刊的发行方式。

第三节　期刊广告策划

广告对于媒体受众，是受众了解商品基本信息的最常用手段，广告相对于媒体，是为媒体直接带来基本收益来源，媒体把版面或者时间售卖给广告主，由广告主将媒体版面和时间置换为广告，直接宣传商品。广告是媒体受众了解商品基本信息的最重要的渠道。媒体广告沟通了商品购买者和商品之间的联系，是消费者和生产者之间的桥梁。读者在对期刊进行阅读时，也在同时对期刊广告进行浏览。广告主认可期刊的广告传播质量，向期刊购买版面，期刊由此获得收益。

广告主和广告公司在现代期刊广告中是最为积极的活动主体。广告主是现代广告中向媒体提供金钱以购买媒体版面或时间来对广告产品进行广告宣传的组织或个人。广告代理公司是现代广告中的常见的经营形式，广告代理公司不直接拥有媒体，但广告代理公司预先向媒体进行版面和时间收购，并转而向商品生产商销售这些媒体版面和时间价格差，广告代理公司在这个转手销售过程中进行专门广告设计、制作、发布。这个过程中节省了媒体和商品生产商的互相寻找时间，也解决了广告技术难题，加速了广告投放，最终促进了商品的流通。

同时需要注意的是，期刊刊登广告，必须遵守国家法律法规的相关规定。期刊广告发布和广告刊载内容都必须严格按照有关规定执行。

一、期刊广告的意义

从广告定义可知广告在对消费者进行商品信息告知上发挥了巨大的作用，广告主正是认可广告作用才会在媒体上刊发广告，并愿意为此付出巨额广告经费，也正是由于广告经费注入，才能保证媒体能够有更多资金来投入和改善自身运营。因此，广告必然要选择媒体进行投放，期刊作为媒体，自然也就存在期刊广告。

（一）传递广告信息

期刊借助广告产生的巨大而稳定的收入，弥补了发行盈利不足的缺陷。具体来说，广告经营对期刊产生积极和消极两个方面的影响。

积极影响在于广告经营收入增强了期刊经济实力，使期刊有更多资金投入到提高刊物质量，改进刊物形象工作中。雄厚经济实力本身就向外界传递了一个强大的期刊形象；期刊广告设计的匠心独具、印刷精美，不仅增加了刊物提供给读者的信息，同时也美化了版面，给读者以美的享受和熏陶。

但就期刊广告对期刊消极影响而言，读者进行期刊购买的目的是进行期刊内容阅读，期刊广告不可能不占用期刊的内容版面，并且这个趋势还存在扩大化倾向；期刊广告内容能否适应期刊精神内涵，期刊广告制作能否得到读者认可，也都存在问题，因此在期刊广告不可避免成为期刊伴生品甚至成为期刊一部分之后，也必须对期刊广告进行研究。

（二）增加盈利，弥补期刊发行收入的不足

世界上一些主要国家的期刊广告收入与发行收入的比例为：美国69：31；德国62：38；捷克59：41；意大利55：45；墨西哥42：58；英国38：62；西班牙37：63；瑞典37：63；法国35：65；比利时35：65；芬兰30：70；澳大利亚27：73；爱尔兰27：73。从这些比例数字可以看出，在大多数国家，期刊广告收入通常要高于内容文本销售收入，即使期刊广告收入不占优势，但期刊的广告收入也是期刊总体收入中举足轻重的部分。我国一般情况下期刊广告收益是比较丰厚的，甚至很多期刊将广告收益作为期刊主要收入来源。

（三）期刊定位的直接传递

在期刊广告中还存在期刊是否刊登汽车广告的情况。汽车广告是判断一份期刊价位以及读者社会地位和文化品位的试金石，刊登汽车广告的期刊一般为成熟的城市期刊。产生这种判断，是因为汽车在目前中国还属于比较高档的消费品，虽然在市场上汽车销售中所宣传的有普及型低配置、小排量汽车，但汽车市场的主体是高、中档的基本型、豪华型、大排量汽车。汽车价位在整体上远远高于社会上其他商品，并且在中国市场现状中，汽车从本质上来说还是奢侈品，广大消费者对汽车这样的消费品有着强烈的消费欲望，但不一定有足够的消费能量。因此在汽车广告中就必须增加大量的心理暗示的广告设计。

汽车广告的主体是中、高档汽车。这样的汽车价格在 10 万元、20 万元乃至更高范围梯次展开，读者能够购买中高档汽车，是经济能力的体现。选择合适的期刊刊登汽车广告，是广告主的研判能力的体现。广告主认为，只有阅读高档期刊的读者，才有可能进行高档汽车的购买，因此，在一般情况下，刊登中、高档汽车广告的期刊都为高档期刊，或者为财经或新闻时政类品牌期刊，如《三联生活周刊》《中国新闻周刊》等。

在其他社会商品中也存在类似情况，商品的期刊广告来传递出期刊定位，如各种高级手表和数码产品等。

二、期刊与广告的匹配

（一）期刊对广告的选择

期刊一般的盈利模式是读者为阅读期刊而通过邮购、零售等各种途径购买期刊本身，期刊社拿到的是期刊"一次售卖"的销售收入。而期刊庞大的读者对于广告主来说都是潜在的商品购买者，他们通过在期刊上刊登广告，来向期刊读者传递广告产品信息，期待读者转化成广告产品的消费者。为此广告主需要向期刊购买版面刊登广告。期刊的版面在刊登广告时在期刊的编辑和印刷过程中相当于在编辑印刷图文，但广告主支付给期刊的广告版面费远大于同等印张的图片印制费。这种期刊社把期刊读者"二次售卖"给广告主过程中的广告收入是期刊收入的重要来源之一。

期刊刊登广告能给期刊带来直接的经济收益，期刊广告在期刊中占有的版面呈上升的趋势，很少有完全不刊登广告的期刊。广告从期刊封二、封三、封底的传统位置，发展到期刊内部各个版面都可以刊登广告，甚至部分期刊封面也带有广告色彩，这是在商品经济时代媒体特色在期刊的反映。当前期刊市场，畅销期刊均在刊登各种形式的广告。

1. 期刊类型与广告品种

从期刊对广告选择上来看，首先要考虑广告品种和期刊类型搭配。由于期刊分类不同，而广告产品也不具备普适性，因此，一方面不是同一种广告产品能在所有期刊上来做广告，另一方面不是每一本期刊都能刊登所有产品的广告。专业性期刊的广告一般限制在本专业，普适性的广告一般不选择在专业期刊上做；低档（价位低）期刊上的广告内容有限，广告主的投放比较少；高档期刊的广告内容丰富，广告的选择上存在广告内容和期刊内容的一定的吻合程度。

对于期刊来讲，是根据办刊宗旨和读者对象来决定能够投放的广告种类，根据期刊发行量和印刷用纸来确定广告价位，在考虑读者阅读意愿的情况下调整广告版面数量和版面位置，并且也要在保证广告收入前提下，为广告主提供最佳版面位置。

2. 期刊广告数量与读者接受心理选择

读者接受心理也在制约期刊刊登广告的数量，期刊经营以获得最大化利润为目标，因此完成期刊内容一次售卖、对广告主二次售卖之外，期刊还在探索其他盈利途径，多次开发期刊资源。而对期刊读者来讲，购买期刊本质目的是浏览内容，而非浏览和接受广告，在出现广告的情况下，读者希望广告尽可能少，期刊内容尽可能多。同时，期刊广告与期刊共生，读者对期刊反复阅读也使得期刊广告需要耐读。因此期刊广告从内容制作到版面位置都必须考虑到读者因素。

在广告数量选择上，期刊编辑部门希望能够尽可能地增加期刊广告的数量，在达到读者的阅读限度之前，期刊刊登广告数量越多，期刊的收益就越大；读者则是希望尽可能多地把版面留给正常的期刊内容，读者认为自己是花钱买阅读的，期刊中的广告存在已经伤害了读者的期刊内容阅读。因此，期刊编辑者和读者之间在期刊的广告数量上必然存在矛盾。通常广告数量和读者心理平衡的结果是广告的数量在期刊总页码中占有 20% 左右。

期刊广告数量在广告总版面与期刊版面之间的数量对比之外，还存在期刊广告在期刊前、中间、后部分的数量对比，必须合理分配期刊广告在不同期刊部分之间的数量，避免广告集中出现的情况，也要避免期刊广告无序出现的情况。

3. 广告版面位置选择

广告版面在期刊中的位置也必须纳入考虑范围。不同版面位置吸引的读者注意力不一样，好的版面位置更能够直接吸引读者。

在期刊版面中，注意力从大到小的依次排列是封面和封底、封二、封三、扉页、正中内页、底扉、内页。研究表明，对于期刊，普通读者一般情况下仅翻阅大约 80% 的版面，只有 60% 的读者会翻阅 90% 的版面，这样按照读者阅读期刊时候从前到后的阅读次序，从版面位置上来讲，广告信息位置越靠前，广告效果越好，放在前 10 页的广告效果要比放在期刊页码总数的前三分之一要好。

并且现代期刊大多数的翻页是由右向左，按照读者眼睛注意力的先后次序，放在期刊奇数页码的广告信息比放在偶数页码的广告信息的效果要好。

三、广告主对期刊的选择

虽然已经存在大量广告代理公司，但期刊广告操作中更多还是广告主和期刊直接联系，较大的期刊社通常都设立专门广告部，而广告主一方，也都普遍存在产品推广部，广告主与期刊的互相选择上存在比其他媒体更为苛刻的对应关系。

对于广告主来讲，吸引其投放广告的是期刊所拥有的巨大读者市场；对于读者来说，刺激其购买的是期刊的丰富内容和最新资讯。对于期刊，广告经营固然重要，但内容编辑更为重要，期刊因内容取舍失去读者，也必然会随之失去广告主。因此期刊通过增加页码来解决广告与内容之间的矛盾，在不削减内容前提下，增加广告页码，整体上使期刊的厚度增加，但是增加的广告收益在够满足纸张、印制费用的成本增加之外，能够稳定期刊价格和增加期刊利润，对读者和广告主而言是一个双赢的结果。

广告主对期刊的选择更接近于一个双向的选择，广告主必须寻找商品消费群与读者群尽可能重合的期刊来进行广告投放，而期刊也会从期刊定位和文化品位等角度出来对广告进行筛选和把关，避免出现因不实广告信息或者虚假广告等因素造成广告对期刊形象的损害。广告主和期刊的这个双向选择的情况在期刊上比其他媒体表现得更为突出。

期刊能够反复阅读，这点对期刊广告也提出了要求。期刊读者在对期刊广告进行浏览时把期刊广告作为图片，在印刷的精良质量以外，也会注意到广告内容能否与期刊自身相吻合。因此在广告主对期刊选择上，就必须考虑以下两方面因素，一方面是期刊广告产品的预期消费市场要与期刊读者群吻合，另一方面是期刊广告制作上要与期刊内容吻合。而这点其他媒体广告上很少被顾及。

四、期刊广告形式

期刊不同的位置能够收取不同的广告费用，可资利用的位置封面、封面折页（外拉）、第一跨页、第二跨页、第三跨页、封二、封三、封底、前扉一、前扉二、前扉三、版权旁页、目录对页、后扉页、内页整版、内跨页、内页1/2（横）、内页1/2（竖）、内页1/3（横）、内页1/3（竖）、内页1/4（横）、内页1/4（竖）、内页硬插页（157克铜版纸）等，这些不同的位置都可以用来作为广告刊登位置。广告已经成为现代媒体不可或缺的一个重要组成部分。

随着印刷技术和装订技术的进步，香味广告、音乐广告也逐渐成为新的广告形式选择。

（一）实物广告

在《三联生活周刊》，曾出现小包装茶叶粘贴在广告页码上的广告行为。在女士时尚杂志中，小包装的化妆品试用装也屡见不鲜，在餐饮期刊中甚至出现了小包装的调味酱包赠品，这在本质上也属于实物广告。

（二）折页广告

折页广告是期刊广告中，由于期刊开本限定了版面大小，对广告版面大小造成限制，部分需要大幅面表现的广告采取在期刊中以折页的方式，将单一的期刊开本决定的版面扩充开，折页广告可以在期刊的内文和期刊的封面、封底等处使用，在实际使用中可以将广告版面扩充为开本版面大小的二倍、三倍甚至更多，大的版面使得期刊广告的效果更加突出。

（三）联页

联页广告本质上是折页广告的一种，是在直接以连续的一个偶数页码（起）和奇数页码（止）相连的页码上做广告，这样相当于直接是期刊的开本版面大小扩大一倍，增加了同样大小的广告版面。

（四）跨页

跨页广告是以连续相对集中的页码为版面的期刊广告，这样的广告形式相当于将同质的广告内容进行连续强调，并在整体上保持较大的广告版面。

（五）夹页

夹页广告是期刊以比设计开本小的纸张夹带在期刊中作为广告版面，这样的广告投放较为集中，并且通常不占用正常的期刊页码。

（六）联券

联券广告是期刊广告中，以相对集中的页码对同一广告商品进行连续刊登的情况。联券广告通常分为三个以上的广告，单一组成可以是整个期刊页码，也可以是三分之一或者四分之一期刊页码，每个单一组成着重表现广告商品某一方面的特质，但单一部分的叠加和组合能够全面介绍广告商品。多次跨页码地翻阅也使得联券广告具备了同样版面的整页广告所没有的反复传播效果。

当然还存在其他不同类型的期刊广告形式。

第四节 期刊其他经营形式策划

期刊在文本发行、广告经营和品牌经营之外，还存在一些特殊经营形式。如在期刊文本发行中提到的"版面费"情况。但这些期刊经费方式之外，在期刊经营中，还存在行文中加入软文广告、赠阅期刊的情况，甚至出现了一些类似期刊的广告宣传册的情况。

一、期刊软文

期刊在刊登占用页码的广告之外，在内容上也存在大量"软广告"的形式。

将占用期刊广告页码，在期刊广告页目录上能够直接体现，对消费者进行直接商品宣传以求销售的广告称为"硬广告"；不占用期刊广告页页码，但对读者进行特定信息传播的内容称为期刊"软广告""软宣"。

期刊的直接广告和软文广告之间的表现形式上存在差别，但就其对期刊读者所起的作用来看，期刊软广告在某种程度上而言影响力比期刊的直接广告要大。期刊的软广告本质上来说是依附于期刊精神属性的基础上的，用"软广告"这个词来表达软文广告对读者进行的精神传递和说服。期刊软广告更多是和经济利益集合在一起的，如很多期刊举办"排行榜"，这种排行榜中有一部分就存在宣传成分。

此外，在现代期刊上可以看到大量采访性文章、采访记，很多文章都带有软广告性质，如在医学医药类期刊上经常出现的关于名医的采访，报道内容中，在医德报道、医术报道，及对所在医院或者先进医疗设备的宣传之间的界限就极为模糊。

期刊软广告更多是把要宣传的内容用报道的形式编辑整理，以"包装"后的形态出现，这些软广告在内容上是和期刊正文内容完全混杂在一起的，但在实质上，更多的是对所报道人物或者事件的宣传。

二、免费期刊

在期刊中，还存在免费期刊，或称赠阅杂志，主要包括航机读物、旅店读物、娱乐读物（娱乐节目表中夹杂剧情介绍和广告）和DM期刊。

以DM期刊为代表的赠阅期刊同付费期刊在经营上有很大不同，付费期刊则是在阅读内容中夹杂广告，赠阅期刊相当于是在广告之中夹杂阅读内容。

DM期刊发行量一般不大，发行范围也比较有限，但针对性非常强，主要是面向特定人群或者是在特殊区域。DM期刊针对特定商圈为商家对特定受众进行区域性的宣传单/册、试用装/品等的入户投递。一般商家都在相对固定的商圈，如1公里、3公里、5公里范围内投递；DM期刊投递密度高，因为在一定商圈中几乎都是其商家的潜在消费者，所以往往在此区域只要能够投递的，商家都进行投放，密度很高；DM期刊投递对象广泛，因为在一定的商圈中很难再把受众细分，一般在此商圈内所有的社区居民都是其投递对象；DM期刊投递时间短，由于与竞争对手竞争，对促销信息保密等原因，一般留给投递的时间比较短，广告效果反馈迅速，由于商家的宣传单/册多数带有促销信息，并且商家离住家很近，所以广告传播速度快，反馈快。广告带来的销售额明显提升，由于商家在相对固定的区域投放多次，社区居民一般对商家有了一定的了解和认知，所以在促销信息的刺激下，容易产生购买冲动并容易形成习惯性购买，带来的销售额明显。

航机期刊、专门的酒店期刊也可以视为免费期刊的一个门类，如在机场、飞机上和高档酒店等场所提供赠阅的航机期刊、专门的酒店期刊。

航机期刊是主要放在飞机上免费阅读，由航空公司主办的期刊。航机期刊有其自身的特殊性，就是每期出版的刊物不在市面上公开发售，仅作为机上读物供乘客翻阅。航机期刊在一些与航空公司相匹配的酒店大厅、候机室高档场所也有供应，作为免费阅读的公众读物，可另行购买。但是从整体上来说，航机期刊是免费期刊。但整体而言，航机杂志通常内容空洞，版位被大量广告、软广告所占据。当然，从免费阅读的角度来看，读者对航机期刊进行的阅读付费是以隐性的方式进行的，读者通常认为没有必要对免费期刊要求过多，一般飞机乘客不认可其办刊质量，但由于飞机飞行时间是有限的，国内航线在1个小时到4个小时之间，国际航班的飞行时间会更长一些。这样相对短的阅读时间使得航机期刊的阅读不是一种严格意义上的期刊阅读，更像是在进行一种泛性的期刊浏览，由于航机期刊的广告数量通常都在50%以上，这种泛性的浏览也更像是对一本广告宣传品的扫读。

航机期刊所对应的群体是一个小范围的，身份较为特殊的群体。经常乘坐飞机的旅客通常为商务人士，他们是航机期刊的主体读者，他们通常拥有较高学历，较高收入，也拥有较高社会地位，知识文化水平也相对较高，综合这些因素，这类读者对期刊阅读的要求也很高。

航机期刊成为免费期刊，其运作模式首先是各航空公司出资创办，将本航空公司创办的航机期刊作为本公司形象宣传和途径，也将航机期刊作为吸引其他广告主广告投放的重要领域，航空业的高额利润决定了航机期刊创办的资金和资源支持，广告投放也使得航机期刊利润更大，这两个方面的原因造成航机期刊可以做到免费向读者提供阅读。并且，在各种交通工具中，飞机的费用最为昂贵，这样昂贵的机票费用中包含饮料等服务，这些服务本质上都来源于机票的高价位。广告主其他广告的投放所带来的收益，也能够使得航机期刊将"免费"进行下去。

对航机期刊内容和广告进行对比，中国国际航空公司的航机期刊《中国之翼》基本上分为以下版块：旅游（Travel）、文化（Culture）、生活（Life）、时尚（Fashion）。其中，旅游和文化版块占全杂志内容的比重较大，均以较长篇幅的文章形式出现，而生活和时尚所占比重较小，多以资讯、广告的形式出现。海南航空集团承办的《新华航空》杂志是将杂志的内容定位在财经人物的报道及近期备受关注的人物与事件的点评，除此之外，也加入一些时尚的资讯，如国际时装发布会、世界小姐评选赛事、电影节颁奖现场、最新高端奢侈品推介等，但不加入任何地方旅游文化特色的内容，有别于一般传统概念上的航机杂志。

在广告的投放上，航机期刊登载的广告多为地方楼盘、汽车、高级奢侈品（服装、珠宝、书写工具等）、酒店餐饮服务等内容，有时以软文的形式出现。同时，因为航机杂志的特殊性，一般也会适时刊载属于本地区的广告、资讯、乘机服务表等。如《空中生活》，其广告先后涉及高档手机、旅行线路、高档酒店服务、高档化妆品、珠宝、笔记本电脑等，这些广告产品的消费水平偏高，但相对于经常乘坐飞机的乘客，这样的消费水平则是和他们的经济收入相适应的，在航机期刊上几乎看不到低档消费品的广告。

航机期刊由于发行投放渠道的局限性较强，发行渠道也是特殊而专一的。因不对外发售，属于内部期刊，从整体上而言航机期刊会根据不同航空公司配备在不同航线上，以及与航线相关联的机场、酒店等场所，定期由刊社直接提供给以上地点。

2007年，随着和谐号动车组开通，在动车组车厢中也免费放置了专门的期刊。类似的还有酒店期刊等类型，每期除了美食和旅游线路之外，都在提前预告近期的各种音乐会、茶座、沙龙、展览等非本土人士所需要的各种信息。这样的赠阅期刊的收入来源完全是广告主支付的广告费用，期刊的编辑、印制、发行等完全和通常的期刊相反，在开始投放市场的时段还需要向展示场地者提供优惠条件，不存在期刊本身的销售收入。

第五节 学术期刊的经营

笔者认为，要办好学术期刊，不论是从单本还是从集群来说，都必须从期刊产业链的三个环节全面提升工作质量—编辑工作、出版工作、市场工作。学术期刊的经营，应从学术经营、出版经营、市场经营三个方面入手才行。

一、学术期刊的学术经营

总的来讲，学术经营的目的可以概括为：维护学术声誉、提升学术质量、扩大学术影响、满足用户需求、带动全面发展五个方面。学术经营的任务可以分为两大方面，即以人为本、内容为王。

（一）以人为本

这是学术经营最重要的方面。以人为本，首先要强调重视学术期刊的编辑队伍建设，主要分为三个层次：主编、编委会成员和编辑部人员。

关于主编。国内外的经验表明，要想使一本学术期刊能长期发展，最重要的是人才，尤其是期刊的领军人物——主编。好的主编可以决定办刊的方向，组织得力的编委会和编辑人员，扩大稿源，争取经费，开拓市场，把好刊物的学术关。就《Nature》《Cell》这些国际大刊来说，挑选主编都是非常重要的工作。所以，挑选一位好的主编，是刊物学术经营的关键。

关于编委会成员。虽然国外一些超级大刊，例如《Nature》《Science》等刊物已经不再设编委会，但对我们发展尚不成熟的学术期刊来说，编委会的作用还是非常重要的。一流的编委会专家群体，对学术期刊发展的促进作用是非常显著的。许多期刊高质量的组稿、审稿都是通过国际上富有实效的编委会进行的。但目前国内不少期刊约请的编委，虽然是国内外知名的专家，但一味注重其名誉、名声的片面性使不少专家成为挂名编委，却未必对期刊发展产生积极的促进作用。所以，优秀的刊物应制定专门的编委会条例，对编委进行严格的选任与管理。

关于编辑部人员。编辑部的人才队伍建设，是许多期刊关注的人才基本建设。哈佛医学院主办的世界顶级医学杂志之一的《新英格兰医学杂志》（New England Journal of Medicine）的学科编辑们，均是有相关栏目学科背景的博士或博士后。《自然》（Nature）生物医药类系列杂志招聘栏目主管编辑时，要求必须是在具有相关杂志学科背景方面工作过 3~5 年的博士后，并且要在《Nature》这样的顶尖杂志上发表过研究论文才能录用。《Cell》杂志也是如此。

在办刊实践中，我们必须特别注重专业编辑建设，不遗余力地引进具有硕士、博士学位的专门人才做编辑，加强岗位培训，使之能迅速与学科专家沟通，这对组稿和稿件加工处理大有裨益。

另外，审稿人的队伍建设也非常重要，这是学术期刊开展同行评议的质量保障。要建设好国际化的期刊，审稿人队伍也必须面向国际展开。审稿人队伍建设须注意三个要点：入选标准、审阅水平、动态管理机制。要选取专业领域中一线的领军人物和优秀专家，要通过具体的审稿质量和审稿态度来不断地优化审稿人队伍。审稿认真，意见详细而中肯，将给刊物带来很高的学术声誉和高质量的稿源。当然，也需要防范审稿人不端行为，采取相应措施预防审稿人剽窃作者内容、蓄意压制作者和作者进行私下交易等不端行为。

再有，要注重作者队伍的建设。一流的期刊离不开一流的作者，尤其是国际化的作者结构。SCI 数据库选刊过程中，针对刊物学术水平，重点关注的指标之一就是看作者队伍是否国际化，作者是否在本领域有高引文的历史，尤其后者在评估新创期刊时非常重要。

（二）内容为王

期刊的内容质量取决于论文质量和编辑质量两个方面。论文质量取决于缜密、原创的思想，创新、合理的设计与方法，令人激动的突破性成果以及基于科学验证的大胆推测等。我们可以从原创性、新颖性、科学性、重要性、趣味性、表述性六个方面予以审核。

在保证论文的质量方面，《中国科学》和《科学通报》的经验是充分发挥中科院学部平台作用，积极争取院士和一流的专家参与两刊建设。

编辑质量问题。编辑质量是内容质量的重要保障，从个体角度来看，又有编辑创意、组织、加工三个方面。编辑质量，绝不仅仅是通过规范性的编辑加工（含人工语言、外语、形式的标准与规范加工）和校对就能实现，而是还要通过编辑的精心策划、组稿、审稿、编排设计等创意性工作来实现质量的优化与提升。

从集体角度来看，编辑质量取决于整个期刊学术体系的建设，包括：编委会的组织与实施，对期刊学术导向把关；审稿（同行评议）的组织与制度保障，对期刊学术水平把关；包括主编和编辑在内的策划和组稿工作，对期刊的学术影响把关。

为了保证编辑质量落到实处，我们特别强调在编委的责权利中突出对编委的"四个一"的责任要求，即要求作为期刊的编委，每年对该刊要有至少撰写一篇、审阅一篇、推荐一篇、合理引用一篇的贡献。而作为编辑部，在关注"三个重点"——重点项目、重点机构、重点作者的同时，要做好"三个动作"——"上会、下室、走出去"。《中国科学》和《科学通报》编辑部积极"走出去"，广泛参加学术会议，深入国家重点实验室，与科学家建立了广泛密切的联系。加强有针对性的组稿工作，对保障优秀稿源、促进期刊发展起到了积极的推动作用。

二、学术期刊的出版管理与经营

可以这样认为，"出版的价值＝传承＋传播"。只有通过有效的传承，人类优秀的智慧结晶才得以记载、存留；只有通过有效的传播，才有可能实现知识效能的最大化。做好这两点，出版才有意义。要做好出版，必须从出版管理和出版经营两个方面予以落实。出版管理与经营的目标，就是要使出版质控、时控、财控的系统有效与合理。

期刊的出版管理，重点体现在过程控制（出版计划的制定与全流程监控）、装帧设计（版式设计与录排）、印前质检（以控制差错率为核心的专业校对）、印制生产（印制、生产计划的制定与实施）、质量审读（动态审查与年检）、物流库管（发货、在途、库存的流动管理）、财务管理（数据统计与分析、效益控制与理财）、数字出版（设计、实施）等方方面面。

期刊的出版经营，重点体现在规范性工作（标准生产与精准传播：编辑加工与质检审读共同遵守的原则）与质量控制、时效性工作（周密的出版计划与严格的执行——质效同权）、策划性工作（选题策划、版式设计、资源集成能力等）、经济性工作（投入产出分析、保值增值能力、成本控制等）、影响力工作（营销水平与能力、传播渠道、传播形式）、服务质量和水平（知识集成、知识挖掘、知识服务）、文化建设等方方面面，其中，如何提升学术期刊的影响力，是出版经营中的重要话题。尤其要关注精品栏目建设，注重专题、专辑、专论的出版，实施保质扩容、编销互动、编媒互动、编研互动等措施，不断提高出版效率，缩短发表周期，采取数字出版、多媒体出版等方式，以不断扩大终端用户群。

三、学术期刊的市场经营

学术期刊的市场经营，应重点关注品牌战略、资源战略、人才战略、效益战略四大问题。

（一）品牌战略

一流品牌能凝聚一流的资源，吸引一流的用户关注，产生一流的社会效益与经济效益。我们办刊人的品牌意识亟待加强，主编们应认真思考：自己的刊物应该办成什么样的品牌刊物？留给别人什么样的印象？品牌建设是学术期刊市场经营的首要话题。

与刊物的品牌建设紧密相关的话题，是刊物的定位问题。定位决定了刊物的发展目标和发展任务。可以将中国的期刊按照办刊的层次定位，分成立足国内、面向国内，立足国内、面向国际，立足国际、面向国内，立足国际、面向国际四个不同的定位。我们的学术大刊，应该敢于跟欧美的大刊竞争，依托国际的资源，面向国际的市场，做出中国人办的国际大刊来。当然，对于办刊人而言，关键是要定好位，找到适合自己刊物的办刊模式，而不能在迎合评估指标的盲目跟风中迷失办刊方向。

（二）资源战略

市场资源是刊物发展的外部条件。毫无疑问，市场资源优劣直接影响刊物的品牌建设和内容建设。如何树立资源优势，把资源优势转换为刊物的生产力、发展力，也是我们开展期刊市场经营的重要话题。

一是政策资源，涉及主管、主办等方方面面的行政管理资源。要同各级管理资源紧密结合，有效沟通，以降低准入和发展的成本风险，获取更多特许资质（包括刊号）、资金和项目的支持。

二是条件资源，主要指发展的大小环境资源（主管、主办、出版单位）、软硬出版资源（历史、品牌、机遇、体制、机制、空间、技术、平台）。要充分利用文化体制改革形成的环境条件，转换出版体制与机制，使刊物发展增添活力和可持续发展的能力。

三是渠道资源，涉及生产印制渠道、信息发布渠道、发行推广渠道、广告渠道等各种专业渠道。要建立可调可控的渠道、优质价廉的渠道、畅通高效的渠道，而不是样样受制于人。渠道建设直接影响刊物发展的成本和收益。可以通过加盟优秀的发行集团、出版集团，制定合理的价格体系，全面推进销售工作。

四是合作资源，涉及国内外的专业出版合作，包括版权合作与平台合作。我们的合作经验表明：双赢是前提，合适就是好。不必刻意追求跟大牌机构合作，而是要注重获得对方实质性的支持。通过合作，提升内容质量，获取业务指导，打开海内外市场，提高刊物的国际影响力和显示度才是正道。

（三）人才战略

期刊产业是文化创意产业，最重要的资产是创意人才、管理人才、经营人才，从国内外发展较好的刊物看，队伍强才能刊物强。中国科学院上海生命科学研究院在最近几年形成了以《细胞研究》为代表的高端国际化刊群，其根本原因与其引进了一批有国际化视野的办刊专业人才紧密相关。《中国科学》《科学通报》近年来的快速发展，也和建立了一支年轻有为的专业编辑队伍紧密相关。这方面，我们采取的措施是：公开选拔、择优录用，注重学科背景和专业水平；引培结合、择优培养，培养编辑带头人和经营带头人；绩效优先、德才兼顾，考核"双效益"；继续教育、持续培养，注意学以致用，推进业务发展。

（四）效益战略

期刊经营的理想状态是社会效益与经济效益同增共长。对学术期刊而言，务必求得学术路线与经营路线的质效双赢，使被动传播与主动引领的需求相结合，使短期效益与历史传承的需求相结合。当然，刊物在不同的历史阶段，可以侧重不同的效益目标。但是，片面追求质量效益而忽略经营效益与片面追求经营效益而忽略质量效益均不足取。

改制后，我们关注的话题，已经从单边效益转移到双边效益上来，更加注重学术效益与经营效益的战略平衡。因而，在注重学术效益与经营效益的具体实现中，要制定有操作策略的当年度、三年度、五年度效益发展规划，要从落实学术计划（组稿、引用，推广的人、财、物）和经营计划（质控、时控、财控，业务拓展的人、财、物），到考核学术发展指标（总引次、影响因子、即期因子、半衰期、基金论文比、零引次论文比、退稿率、发表周期等）和经营发展指标（产值、销售额、利润、利润增长率、资产增长率、成本率、现金流、无形资产等），实施分类管理，权重不同，突出重点，绩效挂钩，以求得学术期刊质量效益的最大化。

总之，学术期刊的出版经营，是一项复杂的系统工程。对于我国学术期刊而言，与国际一流的刊物相比，各方面差距仍然很大，任务艰巨。我们只有努力找出自身的薄弱环节，加大改革力度，提高各方面的竞争力，才能真正走向市场，走向国际。作为中国学术期刊群体，应该自觉肩负起这个历史的使命。

第八章　期刊的数字化出版

第一节　数字化出版概述

一、数字化出版的概念

现行出版业界对出版有种简易的划分，一种叫传统出版，另一种称为数字出版。认为凡是将纸载体作为终端介质的媒体就叫传统出版。相对而言，把要通过声、光、电及网络技术，以磁带、光盘及手机、各类电脑等作为阅读介质的称为数字出版。

数字出版，顾名思义就是数字化出版，或数字化出版的简称。因此，从广义上讲，只要是用二进制这种技术手段对出版的任何环节进行的操作，都是数字出版的一部分。它包括作品创作、编辑加工、出版印刷、发行销售和阅读消费各环节的数字化，即在这些环节中利用手机、各类电脑及网络等数字技术工具来实施。其实我们当前的工作、学习与生活都或多或少、不同程度地使用或利用了数字技术，并且也早已离不开数字技术的应用及相关工具。

二、出版业数字化技术的应用与目的

如果仍从习惯的传统出版概念来说，将纸质出版视为传统出版，那么应该说，数字化技术推动了传统出版产业的飞速发展。具体表现在以下四个方面：

第一，完全改变了原有出版业传统的生产方式，最大限度地降低了传统纸质出版物的生产成本与劳动强度，并便于集约化生产。比较而言，传统出版印刷中的铅字排版、铅版印刷方式，工作量大、劳动强度大、环境条件差，操作时间长。总之费工、费时、费成本。现行的电脑数字技术排版与胶版印刷，方便、快捷、

轻松，并利于出版流程的集约化生产。

第二，使传统出版的编辑流程实现了自动化。从将初始的纸质稿件排版变为快速、便利，到早已实现的传输电子稿件，实施网络组约稿、审稿、编辑加工、校对，直至后续的数字技术制版、印刷等工作环节，数字出版的编辑流程、印制工艺已全部实现数字技术自动化。

第三，改变了传统纸质出版物的保存、检索方式，并总体提升了出版物的编排格式规范。纸质出版物保存要求容积量大，环境条件好，而查找检索繁杂。现在出版物的电子版可海量保存，几乎不受容积、时间所限，检索查找方便、快捷，且不受时间、出版地域限制。并且，电子版编排格式、符号整齐有序，规范统一。

第四，数字化技术大大提升与保障了传统纸质出版物的整体质量，促进与扩大了出版物的传播价值和影响力。由于实施数字化技术，纸质出版物在以上三个方面发生了根本性的改变。对于采用了数字技术的纸质出版物，比较之前未实施数字化技术的纸质出版物无论从内容编排质量，还是装帧设计与印制效果，都有了无可比拟的改观和提高，使出版物的传播作用与影响，得到了进一步的提升与发挥。

目前业界存在把单纯应用数字化技术误解为数字出版的目的。而对于利用数字化的真正目的：创新媒体，却没有得到应有的重视。数字化使图书、期刊、报纸、广播、电视等传统媒体的物理介质边界变得越来越模糊，媒体间的融合，内容资源的共享，早已成为现实。媒体融合过程，呈现传统媒体形态的转换，通过数字化技术，必然创造出新的媒体传播形态。

例如，数字化技术对传统媒体内容资源的集聚和整合，使互联网迅速成为影响巨大的"第四媒体"；而"第五媒体"手机不仅拥有互联网媒体所有的便捷，更是有效突破了内容直接传输到受众的难题。这是强大的物理分销渠道甚至网络分销渠道都望尘莫及的。这些数字新媒体，为受众提供了全新的体验，也诞生了全新的出版产业模式，为媒体找到了新的经济增长点。也就是说，数字化技术并不是传统媒体转型的终点，通过数字化技术创造出新媒体，这才是数字化的目的。

从另一个角度说，目前纯粹意义上的传统出版已不复存在，即使纸质出版（书、报、刊）的出版流程也早就离不开数字技术了。随着数字技术的进一步发展，特别是数码印刷的普及，以及推动各业技术革命的 3D 数字技术的出现，出版业的全流程数字化将得以实现，未来将不再有传统出版与数字出版这种划分了。准确地说，从人们的阅读习惯、阅读兴趣及阅读需求分析，当前出版传播业已进入纸质媒体与数字媒体并存的时期，也称为跨媒体出版的时期。从目前数字出版发展趋势来看，数字出版是构建当前跨媒体出版的主体，也就是业界通常所说的，即将迎来全媒体出版时代。由此数字出版是当前我国出版业发展的主攻和主要方向。换句话说，数字出版是未来出版业的方向，也将成为未来出版业的全部。

第二节 期刊数字化出版的传播特征与盈利模式

一、期刊数字化出版的表现形式

目前网络上传播的杂志，由于利用网络编排技术的程度不同，传输表现的形式相异。既有呈现出文字内容丰富、种类繁多的传统纸质期刊的形式，也有编排新颖，图、文、声、像俱全的网络创新的期刊和集刊形式。以上形式的网络出版物在数量、品种以及网络表现手法之上存在着明显的相异特征及区别。为了明确区分便于研究，特此按照网络传输技术表现的不同程度，将杂志的数字化出版分为两大类型。

（一）第一类为传统纸质期刊的电子版，又可称为电子版期刊

顾名思义，期刊电子版即为无需对纸质期刊的内容、图片、编排格式、体例、字体，乃至页码等作任何改变与加工，就直接通过网络传播与其一一对应的电子版面。

现在正式公开出版发行的各类纸质期刊，在网络上均有与其相对应的电子版传播形式。

（二）第二类称为数字杂志

此类是指利用网络技术，在文字、图片的基础上，采用声响、影视、动漫等全方位制作手段的网络出版新媒体。新媒体的基本编排格式有封面、目录、栏目、封底等，整体版式规范与传统纸质期刊相似。通常将其称为数字杂志，也称电子杂志。其既包含定期出版的数字期刊（或称电子期刊），又包含不定期出版的数字集刊形式。两者的区别主要在定期与不定期之上。

可将第一种类型的电子版期刊与第二种类型的数字杂志统称为网络杂志。

二、网络杂志的传播特征

（一）电子版期刊的基本传播特征

当前我国纸质期刊包括文、史、哲、经、艺等社会科学门类，又包含数、理、化、生、地等自然科学类别。电子版期刊与其纸质期刊相对应，除极个别纸质期刊不在网络上传电子版外，目前在网络，上传播的期刊电子版与出版的纸质期刊数量基本相等。如果说品种繁多、内容丰富是电子版期刊体现的主要优势特征，那么快捷搜索、方便查找是期刊电子版对纸质期刊阅读形式的一种网络传播的阅读与功能拓展。曾经在相当长的时期，期刊业界普遍存在一种误识，认为期刊电子版的网络传播会影响到相应纸质期刊的发行销售量。由此相当数量的期刊电子版均专门作了限制阅读、下载和打印的设置，即必须通过设定的相关网络技术程序，才能获取所需期刊的全文或打印文本。此点在学术类期刊的电子版中表现得尤为突出。

（二）数字杂志的基本传播特征

数字杂志的主要特征就是充分利用先进的网络传播技术，吸收传统期刊的基本编排形式，采用影视动漫的表现手段，集图、文、声、像于一体。

数字杂志作为一种网络新媒体，当它一问世，就以其全新的阅读视觉形式、独特的网络编辑方式，吸引住网络媒体爱好者。数字杂志的基本编排形式与纸质期刊相似，即按封面、目录、栏目、封底等顺序排列。其开本大小与电脑屏幕尺寸相关，小者相当于 32 开本，大者犹若 16 开本。封面图案醒目，色彩逼真，对比度强烈，视觉冲击力大。版面内容以图片为主，时而穿插着生动有趣的二维影视或三维动漫，动听悦目的轻音乐陪伴阅读始终，令人耳目一新。在视觉和听觉享受的同时，使人倍添浓厚的阅读兴趣。此外，电脑屏幕固定的背景图案经过精心设计，与数字杂志性质相关联的画面，既凸显了传播的数字杂志内容主题，又使两者浑然一体。电脑阅读数字杂志操作简便，在紧贴数字杂志画面的右下方设置了一排阅读刊物的按键标示，只需鼠标一点，前后翻阅快捷自如，且配有逼真的翻阅纸质刊物的声响，给读者舒展一种心旷神怡的阅读遐想空间。

三、网络杂志的盈利模式

有必要指出的是，网络杂志中的数字杂志通过前期各方面的投入创办以后，对于其后续出版与发展的盈利模式必须应该有可行性的论证与研究。其实这也是迄今为止，仍在困扰部分数字杂志主办者的主要问题。

数字杂志的盈利模式是伴随着其逐步发展而形成的。在其创办初期，阅读在线的数字杂志是全部免费的。除极个别拥有品牌效应的期刊传播公司，或借明星影响主办的相关数字杂志外，绝大多数均为亏损出版。而此阶段能够获得盈利的数字杂志唯一依靠的是广告收入。随着网络技术的不断提高，创办的数字杂志数量逐步增多，编排技术与内容质量也不断得以提升，数字杂志的受众也与日俱增。此时期部分数字杂志开始采取征订或阅读收费。发行销售盈利模式逐渐进入数字杂志领域。接下来，伴随网络终端服务器的扩展，及数字通讯工具的智能技术日趋完备，加之平板电脑等相关掌上阅读器的出现与多样功能，使得数字杂志有了更大的拓展传播市场。相应无论是数字杂志发布平台的网络技术商，还是数字杂志的主办者很快就根据市场变化和需求，纷纷将盈利模式推进到网络技术服务与版权交易服务的范畴。

在业界中，关于网络杂志盈利模式，有的属于同一方式，只是不同研究者阐释有别；也有研究者提出了一家之言的盈利方式。为了规范、准确地归纳相关模式，本书结合网络杂志经营实践，分别对当前网络杂志的四种可行性盈利模式作出简要阐释。

（一）征订阅读销售的盈利模式

网络杂志的征订阅读销售盈利模式主要是指网络杂志发布平台的技术运营商与网络杂志出版刊社（包含数字杂志出版刊社、电子版期刊的纸质期刊社）要求读者阅读付费或者下载付费来维持期刊运营的盈利模式。网络杂志改变了传统杂志的发行方式，以广袤纵横的全球网络系统作为自身的销售平台，数字化形式的出版销售使它显得更加经济环保。

此外，网络与纸质期刊的嫁接还产生了另外的类似阅读销售模式，即通过网络进行纸质期刊的征订与电子版阅读。这种经营服务类型是一种典型的电子商务模式，其服务内容比较广泛，包括纸质期刊的征订，期刊的全文电子版阅读，以及发布少量的数字杂志。此类具有代表性的有龙源期刊网和浏览网。龙源期刊网自1998年开通以来，以丰富的网络内容吸引了成千上万的中外读者，目前每日的造访者平均在100万人以上，而且还在不断增长。内容特色是以人文社科大众类杂志为主，其全文在线的杂志已达到3000多种，拥有完善的刊社管理和客户服务管理系统软件。龙源期刊网主要是与期刊社合作，代理纸质期刊的网上征订和有偿阅读。浏览网将自己定位成期刊订阅、在线阅读和广告投放服务提供商，集中了新加坡和我国港澳台地区的近万种中文刊物。读者可以免费浏览他们感兴趣的刊物以及这些刊物中的具体栏目和文章，包括与纸质期刊同步的内容和部分过刊内容。

类似网络杂志的发布平台（网站）还有不少，并且数量在逐步增加，当前约保持在200家以上。其功能大同小异，然术有专攻。例如知名的主要相关网站，还有中国知网、吾喜杂志网、道客巴巴网等等，以快捷、高效发布纸质期刊的电子版及其数据库信息存储齐全为特点而闻名。中国知网是全球领先的数字出版平台，是一家致力于为海内外各行各业提供知识与信息服务的专业网站，其收集囊括了国内全部纸质期刊的电子版期刊，中心网站及镜像站点年文献下载量突破30亿次，是全球备受推崇的知识服务品牌。吾喜杂志网则是中国知网利用多年积累的国际领先的数字出版技术，全新打造的数字读物在线阅读平台。道客巴巴是一个专注于数字文档的在线分享平台，用户在此平台上不但可以自由交换文档，还可以分享最新的行业资讯。

（二）刊登广告的盈利模式

刊登广告的盈利模式是指数字杂志主办者同意广告主在杂志上刊登广告，并要求广告主支付一定费用的盈利模式。从传播的形式来说，数字杂志广告分为文字（链接）广告、图片广告、视频广告、音频广告、flash 动画广告、3D 动画广告等；从广告信息与载体的关系来说，有软广告、硬广告、嵌入式广告等。目前广告收入是数字杂志盈利的主要渠道。

与纸质期刊广告比较，数字杂志广告的基本特征有：

①互动性强。数字杂志以网络为载体，因而它具备了网络的互动性特点。即广告投放者和广告读者可以实现有效的信息互动。用户可根据需要参与广告信息的传播过程，而数字杂志广告投放者也可以通过后台的信息收集系统，详细地了解目标客户群的特点，并据此制作出更符合他们接受习惯的广告。

②针对性准。通常而言，每类数字杂志都针对不同的读者群体。当杂志的主要读者是男性时，出现的将是汽车、运动、旅游度假类的广告，而当主要读者为女性时，出现的就是化妆品、减肥、生活用品类的广告。这样可以提高广告的有效到达率和广告的投放效益。

③反馈率高。数字杂志由于装有内嵌跟踪程序，可以把广告的下载量、阅读率、平均阅读时间、停留时间、点击次数，甚至读者的年龄、地区、阅读偏好、单位点击成本等数据在第一时间反馈给广告主。广告主通过后台信息收集系统，详细

地了解目标读者客户群的特点，并据此制作与投放更符合读者客户习惯的广告。

④感染力大。由于数字杂志为多媒体，所以数字杂志广告也具备多媒体声像并茂的优势，以平面、视频、音频、动画、游戏、3D特效为主要表现方式，全方位地展现广告信息，极大地提高了广告的感染力，从而增加了目标读者的关注度和数字杂志广告的效果。

⑤刊登费低。数字杂志制作周期流程短，能节省印制成本、发行投递成本、运作时间成本等。运营费用的大大降低，使广告价格与纸质期刊相比也相应地要低许多。

（三）技术服务盈利模式

技术服务是指网络杂志发布平台的技术运营商与网络杂志出版刊社通过为单位、企业发布网络杂志、提供数字杂志制作技术和维护服务来获取利润的盈利模式。

此模式的基本方式是：通常首先以技术服务为主的网络杂志发布平台技术运营商，通过吸纳外部资金，提速网络技术开发步伐。其次，在融资双方确定共同利益合作目标的基础上，技术运营商主要从内容搜集和技术处理两个方面进行资源整合。这种"整合"突破了纸质期刊单纯的平面文字和图画的限制，用音频、视频、三维动画、Flash等形式绚丽地对内容进行展现。为单位与企业制作数字杂志，提供信息搜索、BBS增值等技术服务。此模式属于数字杂志的拓展经营，虽只占数字杂志收入的很小一部分，但却拥有很高的利润。对网络技术运营商和杂志出版刊社而言，这是一个非常庞大的市场，拥有极大的潜力可挖。

无论是网络技术形式，还是数字杂志内容制作，即网络杂志发布平台的技术运营商不仅代理发行网络杂志，同时提供数字杂志制作技术，并且还开发自己的杂志品牌。

（四）版权交易的盈利模式

版权交易的盈利模式是一种新的模式。目前使用这种盈利模式的数字杂志还非常鲜见。版权交易盈利模式是指一些办刊内容资源丰富、具有市场的数字杂志通过出售自己对这些内容的著作权（版权）来获取效益的商业模式。它的产生基础是业界尊重知识产权、积极创新的结果，属于知识经济时代的产物。部分优质数字杂志拥有广泛的作者资源、较强的采编能力、较好的品牌效应。当其发展到一定阶段后，就会呈现出"产能过剩"的状况，而通过版权交易则是很好地缓解这种状况的最佳手段。

第三节　网络期刊的社会认知

网络杂志的电子版期刊仅仅是纸质期刊的一种传播载体的改变，因此它同样具备纸质期刊的信息、宣传、教育、文娱及广告等五大功能。通过网络传播后，使其拓展了纸质期刊传播的渠道和范围。由于在网络上发布的电子版期刊通常都要略迟于其所对应的纸质期刊出版时间，因此电子版期刊相对于纸质期刊而言，其主要作用是给受众提供对应纸质期刊的网络阅读与资料数据库。在网络上搜索查阅电子版期刊，具有比查阅对应纸质期刊无可比拟的方便快捷，并且不受时间、地域的限制。由此电子版期刊的读者多集中在学术、技术、医学等非消费类期刊的电子版之上，主体读者群多为高校、科研院所的教学、科研人员和企事业单位的专业人员、行政管理工作者。他们常为科研、教学、业务和管理工作的需要，通过网络对电子版期刊进行查找、引用，核实相关资料。读者中也有为撰写论文的高校在读学生。娱乐、时尚、生活、男人、女士、文艺、健身、旅游、财经与新闻等类消费性期刊直接发布的电子版也分别拥有各自不同的读者群。然而，这几类期刊略有不同的是，一般在其纸质期刊的内容基础上，采用数字技术，加工制作为数字期刊后对外传播。

从上节的讨论可知，当前网络上传播的数字期刊的种类多集中在纸质期刊的畅销期刊品种上。应该说创办者主要基于两点：其一，深谙媒体"内容为王"的基本准则；其二，利用数字技术，打造具有全新视听审美效果的新型网络媒体。

数字期刊与纸质期刊、电子版期刊比较有四个方面的"改变"。首先是改变了纸质期刊传统的传播载体形式，由纸质载体变为了数字工具载体；其次是改变了纸质期刊、电子版期刊读者的阅读审美方式，由平面阅读，变为三维动态画面与音响的视听阅读，使读者获得欣赏网络媒体三维动漫的视听享受和阅读愉悦；三是改变了电子版期刊单一的网络资料数据库的作用，已成为一种真正的新型网络视听媒体，四是在第二、三种变化的前提下，数字期刊改变了电子版期刊单纯的读者群体，或说恰巧填补了电子版期刊读者的"空白"，使广大爱好网络阅读的青年读者成为其不可动摇的主体读者群。

一、网络杂志在业界认知中不断推进

在社会科学文化发展的普遍规律中，任何一种新兴事物的出现，必将都能发现或找到有着与其相似或相近的旧事物。通过一定时期的演变，当新兴事物逐渐地被人们所接受，将会呈现两种现象。一是新事物将和与之相似的旧事物同时存在，而均强烈地凸显各自的独特个性特征，且互不可替代。二是新旧事物两者互为融合，优势互补，乃至前者逐步被后者取代。以上规律在同一门类的事物之中，更是如此。

众所周知，在传播业的变革进程史上，科学技术的快速进步推动着传播文化业的不断发展。从整个传播媒体的进化分析，主要体现为传播载体与传播方式的不断更新。最先出现的是纸质载体的传播，接下来发明了无线电广播传播，后来又有了电影、电视传播，直到现在的网络传播。在同一门类中后者的出现往往吸收与拓展了前者的长处，并具备前者所没有的、自身发展所需的及具有超越前者的独特优势。

网络杂志的传播，现正在逐步走出大体方式上模仿传统媒体，并也在通过展示自身优势超越传统媒体相交融的过渡阶段。其实电子版期刊，乃至电子版图书、报纸均只能被视为各自纸质媒体内容的"孪生兄弟"。数字期刊则是超越纸质期刊的新媒体。事实上，作为方兴未艾的数字期刊的外观表现形式，还不可避免地存在着模仿纸质期刊传播表述的痕迹。国内网络杂志经过几年渐变进程的缓慢推进，已从电子版期刊逐步过渡与转型到数字期刊的理性发展期。前节已提及最初的电子版期刊雏形是出现在高校自然科学学报建立的学术期刊中英文摘数据库的基础上，然后发展到几乎所有期刊均有其电子版的传播形式。可以说数字期刊是网络杂志传播发展的新阶段，是数字传播媒体技术上量到质的飞跃。关键之点是全面地体现了网络传播媒体独具的传播效果，充分地发挥了数字技术传播的最佳表达优势。

新的网络媒体数字期刊要超越传统纸质期刊，首先要具备与超越纸质期刊的传播优点，因为纸质期刊的整体传播形式，早已得到人们的认可，并形成阅读习惯。而且还必须具有纸质期刊所没有的传播个性特征，才能真正进入与纸质期刊竞相媲美、竞争共存的传播市场。

在期刊业界，20 世纪 80 年代末期，构建了学术期刊中英文文摘数据库，20

世纪 90 年代中末期，就有极少部分纸质期刊推出了电子版期刊。在相当长的期间内，业内人士曾误以为电子版期刊就是当今的数字期刊，也就是网络出版物传播的最高表现形式之一。直到 21 世纪初期，随着数字技术的高速发展，利用更新换代的数字技术，国内网络上开始出现与电子版期刊编辑方式完全不相同的数字杂志，业内才逐步有了对网络媒体传播的新认知。

二、数字杂志在市场认知中蓬勃发展

网络新媒体——数字杂志是社会文化、科学技术发展到一定阶段的必然产物。市场对新媒体数字杂志出现，同样也存在一个循序渐进的认知过程。媒体市场一般是由两种不同的市场概念组成的。其一是媒体的读者市场。读者的阅读兴趣、阅读需求和阅读选择形成了读者市场。其二是媒体的广告市场。读者市场是广告市场的基础。而广告市场又与媒体的内容种类密切相关。相对新媒体而言，此过程可分解为如下两个方面加以阐述：

（一）网络读者市场的认知

读者是媒体生存和发展的基础，即媒体拥有了相对固定的读者群体，才能生存。不断有读者群的扩充，媒体就能发展。

读者对媒体的认知主要是对媒体传播内容、传播形式和编排方式的认同。习惯于阅读纸质期刊的读者，对数字杂志有个接受认知过程。读者的阅读习惯和需求也是亦步亦趋的，而往往容易接受新事物的是青年人。数字杂志有一批固定的青年网络读者。随着网络技术的进一步发展，数字杂志的办刊手段更趋完善，品种不断增加，内容更加精彩，功能不断更新，服务更加周全，必将会赢得更多读者群体的青睐。

（二）广告市场的认知

广告主投入媒体广告，首先选择媒体的种类与其产品或广告内容是否相关联，因媒体种类与读者群体密切相关。然后在同类媒体中选择读者群体大的媒体。不同内容种类的媒体拥有不同的读者群体，实际上，媒体广告主最终选择的是媒体的读者群体。目前数字杂志迅速发展的市场正处于逐步地规范形成之中，一是因为当前数字杂志的主体读者还仅限于热衷网络阅读的年轻人；二是大多数广告主对还不太成熟的网络媒体的投入持观望态度。真正能够获得广告业务的数字杂志多为品牌纸质期刊主办的数字杂志，或在众多数字杂志中脱颖而出，已形成了自身办刊特色的佼佼者。然而，数字出版业势不可挡的发展态势充分表明，我国的

数字出版正在形成规模，网络读者群体在滚雪球似的膨胀扩展。在阅读数字杂志的读者与日俱增、传播市场不断扩大的情况下，数字杂志也必将从广告市场获得更大、更多的收益。

第四节 期刊数字化发展机制创新

数字出版的出现，使原来出版业中各种媒体间的界限越来越模糊，媒体与其他信息资源也出现融合，相互融合的速度也越来越快。以前不从事出版的技术厂商、网络服务商等纷纷向现代内容产业进军，极大地冲击着传统出版业。全新的产业链运作方式为数字出版的发展注入了巨大活力。目前，期刊数字化产业链主要是期刊社、出版社、报社、技术商、图书馆、机构用户、运营商、互联网增值商、硬件厂商、传统书店、跨平台渠道、大型网站等等。国家三网融合政策也为出版业带来了新的发展机遇，电信、广播电视和出版业三大产业正在多个层面、多个维度走向融合，出版业纵向的市场结构向横向市场结构裂变。传媒市场的竞争与垄断双双被强化，原高度垄断的市场结构演化成一种超出经典理论视野的结构——竞争性垄断。信息内容、传播方式和通信服务方式发生很大变化，极大地拓展了信息通道，在文字、动漫、视频等形式上给出版带来更多机会。三网融合对于出版业来说，意味着内容将会在更多的平台上发布，形成多渠道的分发通路。未来相互融合的业务将增加，主要体现在不同内容和不同渠道的结合，如 CMMB 手机电视、有线宽带、互联网视频和有线互联网等。据悉，中国卫星通信集团公司已经获得国家新闻出版总署颁发的开展基于卫星的互联网出版物总发行业务的许可证，并成立了直播卫星数字信息技术有限公司，将在全国范围内建设互联网出版物发行经营网络。面对数字出版浪潮，期刊社应该意识到现代内容产业和各种媒体的融合发展是不可逆转的趋势，要充分发挥各类出版内容投送平台的作用，打造基于互联网、移动通信网、有线电视网和卫星通信网等多网覆盖的新闻出版内容传播新体系。

期刊数字化机制创新就是要在内容生产机制、信息出版模式、阅读体验模式、营销服务方式、产品赢利模式上进行机制创新。在内容生产上，重视原创，以满足受众的高品质、多层次、个性化的信息产品需求为目标，提倡深度加工，从选题策划到组稿编辑都坚持高品质的标准；在信息出版模式上，倡导跨媒体出版、数字复合出版和个性订阅；在阅读体验上，以受众的阅读体验为核心要求，强调阅读载体的多样化、阅读形态的丰富化、操控体验的流畅化和体验感受满意化。在营销服务上，创建自己的网站，进行渠道扩张，通过网站营销、数据库平台营销、手机营销等策略，实现跨平台甚至是跨媒体发行。在赢利模式上，探索基于传统期刊的三次售卖模式，逐步实现从单一收入渠道向多元收入渠道转变。只有创新整个行业流程的采编、出版、营销模式，才能走在期刊数字化发展的前列。

一、期刊数字化发展的背景分析

（一）技术背景分析

期刊业的发展主要依靠科技进步、内容创新和期刊从业者素质的转变。随着信息时代的到来，网络技术、通信技术和计算机技术的迅猛发展和广泛应用，为新闻出版业科学发展提供了传播手段创新、内容形态多样化的持久活力，对我国传媒业的影响也愈加深远。技术在传统期刊数字化转型中的作用显然越来越重要，数字化技术不仅仅改变了传统出版及其运营模式，更多的是通过技术创新的核心价值——提供内容的集成，让传媒主体从"信息提供商"向"专业的信息服务提供商"转型。期刊业必须保持对新技术、新载体的灵敏嗅觉，充分认识到新技术在企业发展中的重要性。三大 IT 技术（云计算、三网融合、5G 技术）将影响媒介的数字化发展。集资源加工、内容生产、内容分享分销和电子商务功能为一体的综合性开放式云出版平台是最终的发展方向。随着三网融合，5G 技术实现终端的智能化，创新的空间在人机之间交互，智能终端和云服务的无缝结合会大大变革信息出版模式。

首先，技术使得表现形式更加丰富。技术发展打破了传统的地域和媒介形态限制，促进了多种媒体的融合。新媒体借助数字转换技术将内容充分数字化，通过综合运用文字、图片、音频、视频等多种手段表现原本单一的文字内容，因此，和以往传统的纸质期刊相比，多媒体期刊具有更加丰富的表现形式，实现了各种文字、数据、图像、音乐、动画、电影、视频信息的组合，具备了搜寻信息、发布信息、交流、谈话、编辑、存储、交换、放映、打印等多种功能。

其次，技术有效扩大期刊媒介的信息传播渠道，特别是智能手机、博客、播客、微博等新媒体技术的发展和应用，已渐渐影响和改变着原有的媒介生态，扩大了市场份额，加速了传媒市场的淘汰率，拓展了信息传播渠道。例如，平板电脑以及智能手机等新媒介，为期刊业发展带来了新的契机和挑战，为传统媒体的数字化转型搭建了一个新的发展平台。

再次，技术促进了内容资源的深层次整合。利用数字技术网络技术等搭建的集成出版平台，通过数据库技术、超链接技术、关联检索技术等建立不同刊次内容信息的关联，这种资源的重新整合、再利用为用户查找信息提供了极大的便利，促进了信息流通和科学进步。

最后，技术变革了信息出版模式。2012年我国科研人员自主研发的数字阅读技术——"联讯读报4.0"，成功实现了手机报刊的看、听、评、搜、存等数字阅读功能，为中国传统媒体的数字化转型提供了有力的技术支撑。据了解，借助这一技术，可成功实现在多平台上的无纸化阅读，并在阅读中实现多种互动功能。目前，该技术平台支持 iPhone、iPad、android、windows phone 等主流移动终端及可运行 Java 软件的移动终端，可以将报纸、杂志、新闻、图片、视频等内容，按照个人意愿聚合在一起，实现深度的个性化定制。同时，当使用者看到文章或者图片时，可以通过微博、短信的方式分享和评论。

（二）受众背景分析

数字技术拉近了期刊媒介与受众之间的关系与距离，受众与媒介能迅速有效地掌握彼此的供需结构，这种供需关系极大地拓展了媒介的双向互动功能。受众越来越强调参与到内容生产过程中，并对传媒产品提出意见和服务需求，媒介产品也越来越难满足受众需求。只有不断地开发出精确满足受众需求的小众化产品，实现"精确传播"，才能适应竞争的需要。受众需求的多样化和受众市场的细分化是数字时代营销服务的特点，传媒将市场细分以满足受众多样化的需求，受众按照自己的需要，只对喜欢的内容付费。

1. 受众行为从获取大众信息向获取个性化信息转变

随着数字化时代的到来，受众从信息的接收者变为信息传播的参与者。过去的受众，更多的是在媒体测量中充当"数字受众"的角色，是一种由收视率、收听率、阅读率所概括的受众，一种量化的受众。如今，有了新技术平台，受众逐渐成为"意见受众"，他们更注重自己的意见表达，更注重反映和表达他们的主观愿望，能够一定程度上反制和主导传播，变成一种质化的受众，主体性、个性化、主动的受众。正如尼葛洛庞帝在其《数字化生存》一书中所预言的："大众传媒将重新定义为发送和接收个人化信息和娱乐的系统，在后信息时代中，大众传播的受众往往只是单独一人。"

2.受众心理有需求，要求参与内容生产，分享话语权

传统的传播模式是：媒体→传播→用户；互联网时代的传播模式是：用户→传播→用户。传统的传播链是单向的，内容只能由媒体发布，通过传播，为受众所接受；网络上的内容传播与接收是双向的，用户既是内容的接受者，也是内容的创作者、评论者、分享者。受众不再只是被动地接受内容和信息，他们可以主动地选择内容，寻找内容，订阅自己想要的内容，然后，通过阅读器阅读自己感兴趣的内容；他们也可以生产内容、传播信息，诸如博客、微博、播客、视频、社交等分享性网站已经为用户提供了这样的技术平台。受众通过以上的技术平台发出自己的声音，分享传统媒体所独享的话语权，有些个人博客和交互网站甚至已经在一些新闻实践中占得先机，取得广泛的社会影响，对传统媒体构成一定的冲击和挑战。

3.在网络上获取信息的习惯已经形成

现代化使得受众的生活节奏普遍加快，于是新的信息消费模式必须要做出调整以适应新的生活模式，网络正好满足这方面的需求。美国《报业时代》杂志2004年5月发表文章，披露了美国西北大学读者研究所进行的一项全国读者行为调查，结论显示，互联网改变了年轻读者的阅读习惯，因此很难再恢复他们传统的阅读模式。美国"杰出新闻项目2008"报告发现，如今虽然人们看纸质媒介的时间少了，但他们总的信息消费时间实际上并没有减少，甚至有所增加了——这是因为人们更多地在网络上获取信息。

（三）产业背景分析

新闻出版业有两种属性，也就是两种功能。一种功能就是社会公共服务功能。像新华社、人民日报、中央电视台等国家的主流媒体，首要的任务是当好党和人民的喉舌，不能按照市场竞争的方式来生存和发展。另外一种功能就是要通过市场满足人们的多样化需求。只有补充更多的媒体才能满足不同人群、不同职业、不同文化修养、不同社会人们的需求，这就需要多样化的载体，通过市场化的发展以满足多样化的需求。近年来，国家新闻出版总署相继出台了《关于进一步推进新闻出版体制改革的指导意见》、《关于进一步推动新闻出版产业发展的指导意见》等一系列体制改革指导文件，新闻出版单位转换了体制机制，新型市场主体脱颖而出，中国期刊生产力和创造力进一步解放，传播力和影响力明显增强。

报刊出版体制和机制发生巨大变化，通过深入推动对内对外开放，以公有制为主体、多种所有制共同发展的产业格局和以民族文化为主导、吸收外来有益文

化的开放格局不断完善，报刊出版业发展格局发生重大变化，通过重塑市场主体，引入市场机制，实现经营性新闻出版产品与市场、资本和受众的接轨，增强了发展的活力。报刊出版业在国际上的影响力也大幅提升，传播手段不断创新，图书、报纸和期刊等传统出版媒介借助现代科技升级换代，产业结构加快调整，新兴业态迅猛发展，新闻出版传播能力发生了显著变化

从传媒产业层面看，数字化的发展使得期刊电子传媒产品的生产、经营模式都发生了变化。一方面，做强产业链条，需要最大限度地整合传媒资源，实现多元化、纵深化发展。通过以市场需求为推手，丰富产品类型，拓宽传播渠道，加快企业间的资源整合，最终实现规模的扩大，综合竞争力的增强。另一方面，在市场细分化日益加剧的情势下，要推动传媒产业规模化发展，必须实现规模化经营，才能使我国的电子传媒业在世界竞争中立于不败之地。

二、内容生产机制创新

期刊数字化发展必须有别于传统期刊的内容生产样式，通过创新采编模式，形成高效率的信息采编流程与生产机制。内容是一个媒体最重要的品牌资产的构成因素。任何一个成功的媒体都需要坚定其内容定位，纸质期刊原有的品牌及高质量、有特色的内容是期刊数字化发展的重要基础。"数字化"后的刊物是通过互联网、手机、电子阅读器等来阅读，而传统期刊是通过纸质介质，尽管形式不同，但目的都是要将内容展现出来，用于满足不同条件下不同读者的需求，这是市场细分的结果。虽然数字时代人们的移动性加强，阅读时间分散，对信息的获取有更高的要求，但是技术只是手段，内容仍然是核心。媒介融合下的期刊数字化发展需要重视原创，以为受众提供高质量、多层次、个性化的信息产品为己任；在信息生产方式方面，应突出传统期刊的内容优势，在内容生产机制和编辑理念上的创新，强调以受众的阅读体验为先导，强调交互性和人性化，尤其重视互动平台的搭建，对采编业务模式的核心机制进行大的变革。

（一）纸质媒体 + 专业数据库

技术提供商和运营商把传统纸质期刊的内容转换成 PDF 格式存储起来，以光盘或数据库的形式，为读者提供拷贝产品和数据库检索服务。比较著名的有：中国期刊网全文数据库、万方数据－数字化期刊群、维普资讯－中文科技期刊数据库、人大复印资料等 20 家。始建于 1999 年的中国知网是具有国际领先水平的数字出版平台，已经发展成为集期刊、博士论文、硕士论文、会议论文、报纸、工

具书、年鉴、专利、标准、国学、海外文献资源为一体的服务平台，中心网站的日更新文献量达 5 万篇以上。中国期刊网全文数据库（CNKI）、中文科技期刊数据库（维普资讯）和中国数字化期刊群（万方数据库）是国内影响力和利用率很高的综合性中文电子期刊全文数据库，这三家期刊数字化发布平台基本上是按理、工、农、医等的框架对期刊和内容进行分类，设有关键词、作者、题目、摘要、刊名、机构及分类号等多个检索入口，具有足够强大的搜索功能和超链接功能，能提供关联文献信息情况。

（二）平面媒体 + 发行平台 + 信息整合开发

传统平面媒体与发行平台合作，重新对传统媒体进行内容挖掘、整合、开发、精准分类和包装，通过添加多媒体内容，形成不同于纸质期刊的电子版内容结构，打造期刊的网络品牌，其网络品牌形成的核心因素在于：在信息生产、制作和编辑上注重对已有内容的深度开发，并且巧妙利用链接、书签等技术手段实现传统媒体和网络媒体之间的互动，以达到传播效果的最大化。通过文字、图片、音频、视频等丰富的多媒体形式表现信息，使优质的信息资源得到多次开发。通过 BBS、网络社区、读者调查专栏等进行互动，获取期刊的选题内容或者读者对期刊的反馈，使平面媒体内容的生产、编辑更主动，图片、摄影、设计制作等更精美。

（三）网络社区 + 原创信息 + 网站

即期刊内容交由社区用户生产，社区用户通过大型的网络社区、个人空间、博客等自带的 DIY 工具设计制作产品信息，源源不断地输送原创的文字、图片、动画、视频等多媒体资源。编辑扮演着网络信息聚合者的角色，主要负责主题策划，根据主题和表现形式的需要从社区上撷取高品质的内容进行加工和编辑。在网络时代，受众借助电脑、软件、网络、数码相机等数字化工具来生产内容信息。受众已经不再是单纯的信息接收者，他们是传播者 / 接收者、生产者 / 消费者的统一体。这种采编模式将受众纳入整个信息采编流程中，使受众参与内容生产，内容资源丰富，容易获取。

（四）主编 + 约稿 + 网站

期刊每期的主题由主编拟定，主编可以按照自己的意愿和兴趣策划主题，在专题策划的精、新、深上取胜，对整个杂志的发展方向具有较强的掌控力。这种模式以主题选择的敏锐性和策划专题的深度及广度著称，内容则主要通过执行主编约稿完成，组稿工作完成后由编辑负责对内容进行整合，再根据主题的需要设置表现形式。使编辑、主编从单纯的"文本把关人"衍生出"信息互动开发与营销者"。

（五）开放存取模式

在以市场为主导、读者第一、用户至上的理念下，期刊需要不断创新发展，提高资源利用率，开放存取（OA）也因此成为时下备受学术期刊青睐的模式。开放存取是一种基于网络的电子期刊出版模式。OA 期刊有可能成为印刷版学术期刊的终结者。开放存取模式必须具备五个条件：发表的成果可以通过网络免费地、没有限制地获取；取消订购费；获取的是文献全文；论文是经过同行评议的；论文永久性地开放存取。OA 模式不仅能更好地满足科研人员（不论是作为读者还是作为作者）的需求，还可以提高论文的传播扩散力，进而提高论文的影响因子和被引频次，例如，中国科协对 CJCR 中主要学科 OA 期刊和非 OA 期刊的引证进行了研究，研究表明：OA 期刊的被引频次、影响因子和即年指标的平均值分别是非 OA 期刊的 180％、150％和 159％。

三、信息出版模式创新

媒介融合背景下的传统期刊应该开展跨媒体出版、数字复合出版、个性定制业务，以满足受众多元化信息需求，走可持续发展的路径。载体可以是光盘、互联网、手机、平板电脑、电子阅读器甚至纸质载体，方式可以是电子出版、手机出版、互联网出版、按需印刷（PoD）、视频点播（VoD）等。

（一）跨媒体出版

跨媒体出版理解为："可以跨过多种媒体来重新使用内容而不须对原来的内容重新制作。"这种出版的基础是实现"无须对原来的内容重新制作"。此外，它对多媒体内容资源进行统一标识，并转换成相同的格式文件（如 XML 格式文件），然后将所有的数据文件输入内容管理系统，根据市场需求通过处理（类似"排版"的过程）再输出成 WML 文件、HTML 文件、CXML 文件、PS 文件等，分别发布到 WAP 手机、个人计算机、个人数字助理、印刷品和其他综合应用渠道。跨媒体出版中，出版物的内容经过一次加工后，可以根据需要在各种媒体终端上按照恰当的格式和版式同时显示，可以是个人计算机、手机、电子书、平板电脑等。例如信息内容经过加工后，能够在纸质期刊、网络、手机、电子书等媒体上同时发布，但内容深度和方式不尽相同。目前有 Quark 公司开发的 QuarkXPress，Adobe 公司开发的 InDesign 系统，Progressive 信息技术公司开发的 Vasont 跨媒体出版系统，vjoon 公司（原名 SoftCare）开发的 K4 跨媒体出版系统等。2010 年，北大方正公司也完成了完整的跨媒体数字出版解决方案，能够实现内容资源一次制作，多次使用，多渠道传播，全媒体发布。

方正期刊跨媒体出版解决方案的核心是，通过采编流程管理系统实现写稿、编稿、定稿、审稿、配图、校稿、签发、组版等稿件编辑、加工、审核及版面制作的全过程生产数字化管理，配合方正飞翔期刊排版软件真正实现采、编、排、发流程的无缝衔接，最终通过全媒体媒资管理平台实现内容的数字化管理，再与新一代动态发布引擎结合，得以快速生成基于互动网刊、手机期刊、移动阅读格式的多种新媒体应用数字期刊产品，实现与纸刊的同步出版。方正跨媒体出版系统包括三大部分：期刊内容数字化生产平台、全媒体媒资管理平台和数字内容新媒体应用平台。

当然，期刊跨媒体出版方案极大地减少了编辑部的重复劳动，提高了工作效率，实现期刊生产的规范化、网络化、无纸化、现代化，形成期刊内容资源采集、编辑、生产、发布、互动运营等全新模式。

（二）数字复合出版

在出版手段多元化的今天，单一的出版模式已经不能满足期刊数字化发展的需要。"一种信息、多种载体、复合出版"，采用数字复合出版技术使信息分化和整合从而产生增值是期刊数字化发展的趋势。

国家数字复合出版技术领导小组副组长田胜立教授指出，数字复合出版是"指信息内容的全媒体出版，包括多种符号的复合（多种文字、语言、图形、影像），多种信息媒体的复合（视觉、听觉），多种传播载体的复合（印刷、光盘、网络、磁盘、集成电路），多种传媒形态的复合（报纸、杂志、音像制品），多种显示终端（计算机、阅读器、移动电话）的复合以及多种制作技术的复合等，也包括传统出版全流程数字化并生成各种传统出版载体需要的形式和格式"。

期刊的数字复合出版要以自身内容为基础，采用声、光、电等多种表现形式，采用光盘、网络、短信等多种载体形式，实现作品"一次创作、多样展现"，采用多种符号复合、多载体复合、多媒体形态复合、多制作技术手段复合等，多种媒体发布，从而使刊物信息的效用得到最大限度的发挥。因为信息的结构化加工、数据库存储，突破了单一作品和媒体的传播局限，可以把作品和媒体分解之后再聚类传播，实现个性化的按需服务，从而构造信息社会出版新业态。

数字复合出版实现一种信息多种传播，信息处理、出版发行能够在一个系统里完成，而且，系统是多功能的，既可以出版书，也可以出版杂志和报纸，还可以出版游戏、卡通、动漫等等，在系统内就可以以多种多样的形态来出版。

（三）个性定制业务

随着传统期刊市场的萎缩，信息传播渠道的丰富化以及受众兴趣的多元化，大众期刊市场日益细分化和专业化。《中国学术期刊（光盘版）》电子杂志社常务副社长、同方（知网）北京技术有限公司副总经理汪新红透露，2009 年中国知网对出版文献做了一次二级学科统计，结果表明，内容分布在 5 个一级学科的期刊大概有 88 种，50％以上的期刊内容分布在 10 个以上二级学科。

显然，传统期刊内容高度分散，数字化技术能为读者带来按需定制的个性化阅读体验，这种态势促使传统期刊业根据日益个性化的受众需求，针对细分化市场，面向各种小众化群体，为特殊人群提供各种分众化的信息定制服务。个体在数字化时代体现了明显的独立性和需求差异性，期刊数字化的信息传播将由大众传播转为高度集中化的窄众传播，通过针对不同兴趣族群的最大程度的细分，建立起细分化的受众市场，这将为数字化转型后的传统期刊创造一个新的市场空间和成长领域。当然，这类期刊可随用户社群的集聚和分化衍生出更多形式，但纸质期刊此时已退居二线，新兴媒体将走向前台，信息服务将根据终端用户需求和信息定制而定。

众所周知，随着 Web2.0 技术的出现，以信息聚合、注重个人参与为特征，以个人信息媒体为形式的互联网时代正在来临。期刊数字化出版除了具备利用数字技术记录、存储、呈现、检索、传播、交易的特点外，还应在网络上运营，实现即时互动，具有创造、合作和分享的特性；更应满足大规模定制这一个性化服务的需要。我们当前所处的 Web2.0 时代具有受众聚合功能和鲜明的大众传播特性，使每个人可以参与其中，为人们提供个性化服务。将来的 Web3.0 则有更加人性化的人机交互界面，每个人可以按照自己关注的资讯类型、个人的需求和偏好进行设置，将促使各类信息服务更加个性化、人性化、实用化，保证用户获得更加个性化、精准化的信息。这种面向窄众量身定做的传播模式，将大大提高信息服务的有效性，催生期刊形态的多样化。在期刊日益分众化发展的驱使下，应进一步试着根据读者需要量身定做，提供个性化的网页、私藏网页以及互动网页等。

四、阅读体验模式创新

读者是通过阅读终端来接收信息的，阅读终端是人类信息传播的最终实现载体，是沟通传者与受众之间的桥梁。阅读终端的信息承载能力与类型，不仅决定着媒介的信息生产行为特征，而且深刻影响着受众的阅读体验。因此，阅读终端的创新与发展，一直是出版业的关键性环节。

只有当一种媒介和读者的某种阅读心理、阅读方式相契合的时候，这种媒介才会受到读者的欢迎。媒介本身的优劣并不是决定受众是否选择它的根本原因，在决定选择某类媒介的时候，阅读心理和阅读方式显然起着更重要的作用。受众可以借助图像直观了解动态事件的发展，可以通过文字查看信息内容的深层报道和分析，可以通过 Flash 和计算机模拟了解深奥难懂的科技新闻，还可以通过手机上网随意检索，链接到相关网页，多层次、立体化地获取信息。

媒体数字化不仅是媒体的电子化，更是一种全新的阅读方式。期刊数字化阅读方式的创新强调的是受众的阅读体验。互联网没有弱化阅读，只是改变了阅读的模式。读者的阅读体验或将成为整个数字出版行业最终的价值标准。精美的高清晰度图片、动人的背景音乐、令人兴奋的视频、书刊化的页面等等，这是"会说话的书刊"阅读体验的最终目标。

（一）阅读体验的载体多样化

数字传播技术的飞速发展，已经打破了报纸、广播、电视、杂志、网络媒体、移动媒体、通信服务等传统的行业界限，正在重构传媒产业的业务形态和行业边界。利用互联网和移动通信平台发展起来的新型数字化期刊，将以文字、图片、音频、视频、Flash 等多媒体形式呈现，并通过有线宽带和无线通信网络两大通信渠道实现多种信息终端的整合发布，以自建数字平台为主渠道，采用多样化的产品形态来传播信息，用户可以同时登录 PC、手机、电视机、便携式阅读器等多种信息接收终端满足信息需求。在网络时代，没有任何一种媒体可以仅仅依赖一种传输方式获得成功，因为广大读者正在习惯同时使用多种信息终端获取所需信息，电子书阅读器、智能手机、平板电脑等作为全新的阅读方式冲击着人们的阅读习惯。

计算机阅读。PC 即个人计算机，泛指台式计算机、电脑一体机、笔记本电脑、掌上电脑、平板电脑、嵌入式计算机等。电脑阅读有利于各种文化的更广泛的普及，促进出版物类型的增多，提高人们的阅读能力，改善和进化阅读行为。同时，PC 多媒体或超文本技术的发展正在改变着我们的阅读习惯，受众仅仅通过简单的鼠标点击就可以打开所有的信息，凭借它丰富的色彩、生动的图像、逼真的声音和录像构成了立体的、互动的阅读环境，这种新的阅读方式不断发展，以更丰富多彩的形式和不可否认的优点越来越受到读者的青睐。

手机阅读。随着 5G 技术的发展，期刊数字化传播适时向手机阅读等移动终端拓展，利用多样化的阅读形式向用户提供各类内容。手机媒体融合了纸质期刊的书写形式和互联网的交互性、移动性、即时性。手机阅读需要根据手机媒体的特点去策划筛选内容，充分利用传输优势，整合图片与文章的内容结构以适应处于移动状态的读者，以在线浏览和下载为主要阅读方式。现在通常是手机 WAP 阅读，WAP 是一项全球性的网络通信协议，通过 WAP 平台可以把网上的信息和业务引入移动电话等无线终端，把目前网上 HTML 语言的信息转化成用 WHL 描述的信息，显示在移动电话显示屏上。手机短信不只可以发送文本信息，而且可以传送包括图像、声音、数据等形式的信息内容，其信息容量也在快速增大。

电子阅读器。在电子阅读器终端领域，不少业内人士认为电子阅读器将是继电脑、手机等电子产品之后的又一新技术产品。电子阅读器采用的是 E-Ink 电子墨水技术，因其节能环保、超低功耗、无辐射、阅读视角接近纸张、轻巧便携、存储量大等优势，受到人们的追捧。

（二）阅读体验的形式丰富化

期刊数字化传播下呈现传统阅读习惯，电子期刊一般是先封面、版权页，后目录页、全文。第一种形式是采用 HTML 纯文本格式存储，可以复制、粘贴、下载、打印，使用快捷方便。第二种形式是采用 PDF 格式，将期刊纸版样式原样呈现，无需下载任何插件即可阅读。页面缩放自如，并可一键转到文本格式进行复制、粘贴使用。第三种形式采用 MP3 格式，在阅读文章的同时，还可以在线收听文章内容。第四种是现在倡导的多媒体版，这种形式采用 EXE 执行文件格式存储，打破传统静态的阅读方式，用文字、图片、音频、视频等丰富的多媒体形式表现信息。无论哪种阅读形式，它们的相同之处就是以读者为中心。未来的数字化生活将是"随选信息"的天下，期刊所传播的信息不再"推"给用户，而是人们（或他们的电脑）将所需要的信息"拉"出来。受众将根据自己的需要，依从自己的愿望，在足够丰富的信息库中任意选择自己的信息。

（三）阅读体验的操控流畅化

在媒介融合时代，移动数字阅读的终端主要以手机出版、电子书、平板电脑为代表。在种类繁多、琳琅满目的移动终端设备上，数字内容格式无法通用的问题也日趋凸显，这给移动阅读的普及造成严重的阻滞。《中国新闻出版报》联合中国电信天翼阅读发起"数字阅读用户满意度调查"，通过微投票及问卷对当前读者数字阅读习惯及满意度进行"摸底"。其中，"阅读资源有限，类别少，更新慢"，

"体验不好，缺乏精心排版设计"等项的投票率都超过了30%。很多读者对电子书的评价都是"体验差"，内容不完整、错别字多、图片显示错误、没版式或排版不美观、格式混乱等，如此"低端"的错误并不少见。期刊数字化发展过程中影响阅读体验的主要问题有：海量信息，但质量低且内容泛滥；浏览更快，遗漏更多；信息如图片、表格、公式甚至是棋牌乐谱文档排版混乱；过多的干扰如广告、超链接、视频、图片、弹出窗口、电子邮件、聊天信息以及硬件的限制，这些都使得读者很难保持专注的阅读状态，也很难安静地进行深入的思考。

新媒体从追求新技术转向追求阅读体验的升级。随着搭载新方案的阅读终端的陆续面世，产品硬件有了质的飞跃。读者希望在各种型号的手机、平板电脑、电子阅读器上获得更好的阅读体验，这就要求文档内容能够根据显示设备的特性进行自适应调整，比如在比较窄的屏幕上保持字体大小和图文关系不变，对版面内容进行重排。现在，屏幕从电阻屏变成了电容屏，屏幕尺寸从7英寸升级到了8英寸，甚至更大，处理器主频显著提升，有些还从单核升级到了双核，内存从256MB升级到了512MB。未来的媒体阅读的操控体验将成为衡量新媒体能否具有持久市场生命力的主要指标。

（四）阅读体验的感受满意化

复旦大学张国良教授将受众选择传媒时的期待总结为："（1）时间上的自由度如何？（2）空间上的自由度如何？（3）内容上的针对性、重要性、趣味性如何？（4）数量上的丰富性、检索上的便利性如何？（5）形式上的生动性、多样性如何？（6）费用上的经济性如何？（7）角色上的平等性、对话性如何？"等七个方面，凡是满足上述期待程度高的媒体，就会被受众注意，符合程度越高，受众的满意度就越高，媒体被选择的概率就越高。即凡是满足上述期待程度高的媒体，就会被受众注意，传媒被受众选择的概率就越高。读者阅读习惯的变化，对期刊造成了很大的挑战。新媒体的市场活动是以目标读者人群的阅读体验感受为中心，改变了传统的以编辑部（或传播者）为中心的传授关系模式。例如，网上的《花花公子》杂志不是将杂志的文字和图片内容简单地复制，而是在网上重构读者的新媒体体验，也就是互动的服务和人性化营销。这样，网络版《花花公子》非但没有冲击印刷版的销售，反而加强了读者对期刊的忠诚度，同时极大地扩展了期刊的品牌影响力。同时，由于读者的忠实，相关产品的销售亦成为一个崭新的收入来源。

五、营销服务方式创新

期刊数字化机制创新也包含营销服务理念的创新，即以读者的个性化需求为目标，通过资源的重新整合，实现传统期刊与现代媒体技术相结合的营销实践。具体而言，就是通过渠道扩张以及整合发行，将这种注意力资源和品牌的影响力进行策划营销，采用网络、手机、移动设备、电脑终端等新媒体，实现跨平台甚至跨媒体发行，促进广告、销量和浏览量的增长，实现品牌延展。例如《新周刊》就是通过加盟各种集成平台，打造品牌网站；通过 BBS、博客、播客、电子杂志、相册等技术形式打造全新互动的交流平台，并取得很好的营销效果。

（一）网络营销

网络营销是指利用数字化的信息和网络媒体的交互性来辅助营销目标实现赢利的一种新型的市场营销方式。目前，我国传统期刊的数字化营销已经开始起步，网络营销扩大了期刊的社会效益和经济效益，满足了读者的需要，降低了期刊社与读者的互动成本。

1. 自主网站营销

自主网站是期刊生存和发展的多功能平台。平面媒体和网站形成互动的格局，网站设立了网络专区，包括读者俱乐部、聊天室、问题解答和相关产品销售，直接推广和展示平面媒体。用户可以通过网站下载数字期刊，网站可以通过社区、栏目、新闻等多种方式来发布信息。网站社区具有良好的互动性，出版者可以运用社区论坛策划报道关注度极高的新闻热点以满足读者的多样化需求，从而为网站赢得更多的点击率和关注度。网站营销有助于期刊品牌的宣传推广、读者范围的扩大、期刊知名度的提升，从而巩固和提高期刊品牌影响力。网站还可利用网络的互动性满足细分受众的不同需要，打造不同的栏目空间，例如，知音网按人们所处的人生阶段进行了分类，设有恋爱、新婚、婚姻等几个主打栏目，满足具有不同的情感困惑的网民的感情诉求。

2. 数字期刊营销

是我国期刊数字化营销的最主要方式之一，也是目前使用最广泛的一种营销方式。数字期刊包括纸质期刊网络版和衍生的原创数字期刊。以电子邮件、手机彩信、手机二维码以及卫星传输等形式直接发送给订户，订户可以通过电脑、手机、电子阅读器等电子通信设备进行阅读，甚至可以通过一定的印刷输出设备实现纸质版本的阅读。

3. 微博和博客营销

博客营销是通过博客网站或博客论坛接触博客作者和浏览者，利用博客作者个人的知识、兴趣和生活体验等传播商品信息的营销活动。期刊利用微博和博客这种网络交互性平台，发布并更新相关信息，密切关注并及时回复平台上受众的相关疑问以及咨询，并通过较强的博客平台帮助媒介零成本获得搜索引擎的较前排位，以达到宣传目的。

（二）数据库平台营销

数据库平台营销是在保留纸质期刊的内容和版式的基础上，形成数字化的文件，集成到数字期刊发行平台，供读者线上阅读、下载阅读，从而获得收入。这种营销实际上是一种纸质期刊内容的二次售卖，是一种初级的数字化营销。如"维普资讯""万方数据"三大中文期刊数据库的营销方式为：对于集体客户，建立镜像站点、网上包库；对于个人客户，则采用购买上网卡实行流量计费。通过在国内各大图书馆和众多高校图书馆设立镜像站点或包库的方式进行销售，是数字期刊主要的销售渠道。

（三）手机 APP 营销

我国期刊现在已经开始尝试这种基于手机媒体的 APP 新型营销方式，如手机杂志、手机报等。APP 是一种第三方智能手机的应用程序，APP 上的每一种应用程序会拥有很多的使用者，杂志在 APP 上的传播路径比传统的互联网更有效。

六、产品赢利模式创新

期刊数字化发展下赢利模式是基于传统媒介的"三次售卖"赢利模式。把纸质期刊当产品销售，是期刊的第一次销售；以读者的注意力换取纸媒广告和在线广告，则是实现了期刊的二次销售；以期刊品牌为利润来源，提供媒体咨询、监测，以及公关和行业展会等增值服务，就可以实现期刊的三次销售，也是靠期刊品牌延伸来赢利。传统传媒的主流赢利模式是：首先，在内容市场将内容销售给读者，然后在广告市场将广告时间或广告版面销售给广告主，这就形成了"内容收入＋广告收入"的赢利模式。这种模式的收入渠道单一，传统媒体在内容市场亏损或免费，内容收入极为有限，广告收入是媒体的主收入渠道。在本质上，传统传媒是在"经营"传播能力：在内容市场"生产"这一能力，并在广告市场"销售"这一能力。在这一赢利模式下，传统媒体的收益主要取决于内容的受众规模，而与受众对内容的需求强度没有多少关联。在数字技术的推动下，传媒业依赖广告收入的赢利模式将成为历史，内容的多重销售使传统媒体可以获得多重收入。数字出版业除了内容收入，还在探索终端收入、服务收入和流量收入等新型收入模式，实现了从单一收入渠道向多元收入渠道的转变。

（一）内容付费赢利模式

基于内容的赢利模式是指出版物的生产经营者通过一定途径向出版物的使用者收取费用的一种赢利模式。内容付费赢利模式以产品交易为基础获得收入，是期刊数字化发展的赢利模式的基础，也是期刊的第一次销售，以为读者提供阅读内容来获取收入，主要来自读者的直接付费，例如自主网站上销售的期刊网络版、技术服务商（中国知网、万方数据、维普资讯和龙源期刊）提供的数据库期刊的销售。在学术性较强的出版网站上，如清华知网、万方数据等，对于个人用户，通过付费的方式来获取与期刊相关的内容，例如，个人收费阅读卡项目。另外，电子版期刊销售周期很长，传阅率也很高，其赢利可以通过和市场份额最大的网络服务商合作来实现。现在，随着 5G 时代的到来，手机订阅及制作电子杂志已没有技术障碍，手机期刊将会迅速发展，成为期刊数字化出版新的增长点。

（二）广告赢利模式

目前，我国的期刊主要依靠广告赢利。广告销售也叫做期刊的第二次销售。广告赢利模式是指出版物的生产经营者向出版物的使用者免费或低价提供内容，而利用网站的点击率获得广告收入和扩大期刊品牌的影响力，其利润来源于第三方，主要是广告主向内容提供商支付的费用。多媒体平台销售的多媒体杂志收入主要依靠广告。在期刊数字化发展的模式下，新媒体在促进纸质期刊发行量提高的同时，也促使广告呈现出迅速增长的趋势。越来越多的广告商将其广告投放方式从单纯投向平面媒体转向互联网、移动终端、邮寄直投、楼宇电视、大众媒体等。期刊可以在自己的门户网站设置如视频广告、滚动广告、弹出广告、浮动广告等，将内容和广告有机结合，通过用户有效的访问、新媒体的多媒体化和广告精准投递等手段，提高广告的点击率，进一步延伸和拓展杂志广告的版面空间，克服传统期刊版面的不足。

更为重要的一点是，最有价值的广告方式是定位投放。期刊由于其风格定位上对特定人群已经做出了细分，因此，企业利用期刊营销将更理性地保证广告投放的有效性，利用期刊的分众化传播特点，有针对性地投放广告，根据不同受众定制内容的特点植入针对特定受众群的广告内容，整合企业的营销传播资源。

（三）增值服务赢利

增值服务赢利模式是以提供某种服务来满足消费者的特定需求，通过收取服务费用实现赢利。这种通过发挥期刊影响力和品牌优势来实现期刊的效益的行为也叫期刊的第三次销售。在网络出版时代，期刊必须坚持以读者为中心的服务原则，利用自主网站推出个性化服务，如期刊的付费检索业务、有偿咨询、信息分析等等。同时，期刊还可以在自己的门户网站上提供一些动漫下载、手机铃声、电脑游戏、视频点击等服务项目。学术期刊编辑部可以通过与审稿专家的良好合作关系，为相关企业组织召开专家咨询会、产品论证会等，请相关专家为企业的发展把脉，为提高企业的竞争力提供决策咨询服务。另外，期刊出版者应该积极在手机杂志中增加互动环节，向广大手机用户提供更多个性化、多样化的服务。

总而言之，期刊数字化发展必须有别于传统杂志的发展机制，通过内容生产模式、信息传播模式、阅读体验模式、营销服务模式以及产品赢利模式进行机制创新，形成高效率的信息采编流程、生产机制以及赢利模式。在内容生产上，重视原创，提倡深度加工和报道，为受众提供高质量、多层次、个性化的信息产品；在信息传播上，倡导一种信息、多种载体、复合出版；在阅读体验上，以受众的阅读体验为先导，从阅读方式、阅读形式、编排技术上创新；在产品营销服务上，不满足于单一的发行渠道，通过网站营销、手机 APP 营销、微博和博客营销等实现数字化发展；在产品赢利模式的选择上，采用以内容和服务为核心的多元化赢利模式来发展。

参考文献

[1] 郭新义.大数据时代编辑工作的转型与创新 [J].出版参考,2021（02）: 66-68.

[2] 王源.数字出版技术与编辑出版工作的数字化研究 [J].传媒论坛,2021,4（18）:105-106.

[3] 王竞芬.关于出版融合与编辑转型的思考 [J].出版广角,2021（17）: 67-69.

[4] 张宇燕,张婷婷,宋薇.新媒体时代期刊编辑出版工作创新策略研究 [J].新闻研究导刊,2021,12（16）:226-228.

[5] 吴厚庆.新时代期刊编辑出版的理论与实践 [M].长沙:湖南大学出版社,2019.

[6] 利来友,黄品良.期刊编辑校对实用手册 [M].桂林:广西师范大学出版社,2015.

[7] 郑秀娟.科技期刊编辑探索 [M].北京:石油工业出版社,2013.

[8] 任培兵.科技期刊编辑与管理 [M].石家庄:河北科学技术出版社,2013.

[9] 韦雄.高校期刊出版社发展策略研究 [M].成都:电子科技大学出版社,2018.

[10] 吕志军.科技期刊出版业务流程再造 [M].北京:知识产权出版社,2013.

[11] 张立伟.中国期刊数字出版技术变迁研究 [M].北京:知识产权出版社,2019.

[12] 赵均.编辑出版与期刊评价 [M].中国广播影视出版社,2018.

[13] 胡晓春.电子数据库资源在期刊编辑出版中的应用 [M].兰州:甘肃人民出版社,2014.

[14] 王岩云.期刊出版业务的法治化审视 [M].北京:中国社会科学出版社,2017.

[15] 崔娟.探析新媒体时代对专业期刊编辑的要求 [J].传媒论坛.2021（01）:

88-89.

[16] 王慰，赵卫兵 . 新媒体时代期刊编辑的角色转型 [J]. 黄冈师范学院学报 .2019（06）：183-185.

[17] 庞达 . 论媒体融合时代科技期刊编辑的新角色与自我发展 [J]. 编辑学报 .2018（01）：21-24.

[18] 钟晓红 . 试析学术期刊与新媒体融合编辑必备的八大意识 [J]. 南昌师范学院学报 .2017（04）：137-140.

[19] 贾怡雯 . 媒体融合背景下行业期刊编辑素养的提升 [J]. 科技传播 .2020（14）：29-30+41.

[20] 林丽敏 . 高校学术期刊编辑边缘化问题琐议 [J]. 传媒论坛 .2021（14）：93-94.